Frank Jacob

Tsushima 1905

SCHLACHTEN

Stationen der Weltgeschichte

Frank Jacob

Tsushima 1905

Ostasiens Trafalgar

2., durchgesehene Auflage

BRILL | **Ferdinand Schöningh**

Für Maria-Theresia

Coverbild:
Japanische Darstellung eines sinkenden Schiffes
während der Seeschlacht von Tsushima, um 1905.
ullstein bild – TopFoto

Bibliografische Information der Deutschen Nationalbibliothek

Die Deutsche Nationalbibliothek verzeichnet diese Publikation in der Deutschen Nationalbibliografie; detaillierte bibliografische Daten sind im Internet über http://dnb.d-nb.de abrufbar.

2., durchgesehene Auflage 2021

www.schoeningh.de

Einbandgestaltung: Nora Krull, Hamburg
Printed in Germany
Herstellung: Brill Deutschland GmbH, Paderborn

ISSN 2629-9240
ISBN 978-3-506-76024-1 (hardback)
ISBN 978-3-657-76024-4 (e-book)

Inhaltsverzeichnis

Einleitung: Der „nullte Weltkrieg"?

Als sich der Rauch der Schlacht am Morgen des 28. Mai 1905 über Tsushima lichtete, war klar, dass Russland nicht länger als Großmacht in Ostasien zu betrachten war und fortan Japan zur ersten Macht dieser Region aufgestiegen war. Für das Zarenreich war die Niederlage eine der schwersten Demütigungen in seiner langen und ereignisreichen Geschichte. Während die russische Flotte alle ihre Schlachtschiffe, die meisten der vorhandenen Kreuzer und Zerstörer verloren sowie knapp 5.000 Tote zu beklagen hatte, waren die Japaner mit nur sehr leichten Verlusten – drei Torpedoboote sowie 177 tote Seeleute – als glorreicher Sieger aus der Schlacht hervorgegangen.[1] Aufgrund dieses unerwarteten Erfolges der japanischen Marine gegen eine aus europäischer Sicht als überlegener Gegner deklarierte Großmacht wurde die Seeschlacht von Tsushima sehr schnell mit dem Sieg der britischen Marine bei Trafalgar 1805 gleichgesetzt und der japanische Admiral Tōgō Heihachirō (1848-1934) zum Horatio Nelson (1758-1805) Ostasiens erklärt. Die Bedeutung dieser Seeschlacht geht weit über das Maß des Vergleichs mit vergangenen maritimen Erfolgen berühmter Vorgänger hinaus, denn sie sollte nicht nur das Schicksal Ostasiens, sondern in vielfältiger Weise viele weitere Ereignisse des noch so jungen 20. Jahrhunderts bestimmen. So hatte beispielsweise Rosa Luxemburg (1871-1919) die Tragweite des Konfliktes in Asien bereits am 1. Mai 1904, also nur knapp zwei Monate nach seinem Ausbruch, erkannt: „Der Russisch-Japanische Krieg lässt uns jetzt alle gewahr werden, dass Krieg und Frieden in Europa […] nicht in den vier Wänden des europäischen Konzertes entschieden werden, sondern außerhalb dessen, im gigantischen Malstrom aus Welt- und Kolonialpolitik."[2]

Tatsächlich war der „Kampf um Ostasien"[3] zwischen dem riesigen Kontinentalreich Russland und dem kleinen Inselstaat Japan nichts anderes als ein Expansionskrieg,[4] der jedoch weitreichende Folgen nach sich ziehen sollte und die Geschicke unterschiedlicher Nationalstaaten in den folgenden Jahrzehnten prägte. Deshalb wurde von dem Historiker John W. Steinberg die Bezeichnung „Nullter Weltkrieg" vorgeschlagen, um die globale Wirkmächtigkeit des Konfliktes zu unterstreichen.[5] Besonders mit Blick auf die globalen Vernetzungen, die sich in ökonomischer Hinsicht im Zuge des Krieges bildeten, die industrialisierte Form der Kriegsführung, die Opferzahlen und materiellen Verluste sowie die politischen Implikationen, die durch den Konflikt in Gang gesetzt wurden, ähnelte der Russisch-Japanische Krieg eher dem nachfolgenden „Großen Krieg" als einem der erst wenige Jahre zuvor gefochtenen Kolonialkriege – dem Spanisch-Amerikanischen Krieg (1898) oder dem Burenkrieg (1899-1902). Gleichzeitig war der Russisch-Japanische Krieg der seit langer Zeit absehbare Kulminationspunkt der kolonialen Ambitionen der russischen und japanischen Kaiserreiche, die danach strebten, den eigenen Einfluss in Ostasien zu festigen und zur Basis ihrer kolonialen Expansionsträume auf dem asiatischen Kontinent zu machen. Durch den Sieg Japans wurde der Krieg schließlich nicht nur zum erfolgreichen Startpunkt, sondern sogar zu einer Art Determinante des aggressiven politischen Kurses der japanischen Politik in der ersten Hälfte des 20. Jahrhunderts.[6]

Tsushima wurde deshalb ebenfalls zu einem Sinnbild dieses Kurses, sozusagen zum ersten großen maritimen Erfolg, der die japanische Marine veranlasste, in der Zukunft ähnliche Konflikte gegen eine überlegene Großmacht in Betracht zu ziehen.[7] Obwohl die meisten Schlachten des Krieges an Land geschlagen wurden, ist die maritime Perspektive der Konfrontation zwischen Russland und Japan von zentraler Bedeutung, da vor allem sie den lokal auf die Mandschurei begrenzten Konflikt zu einer wirklich globalen Auseinandersetzung machte. Die Entsendung der baltischen Flotte nach Asien, die das verlorene Pazifikgeschwader ersetzen sollte, verband den europäischen Schauplatz mit dem asiatischen, den zentralen mit dem peripheren.[8] Die ganze Welt blickte nun auf die Reise Admiral Zinovij Petrovič Rožestvenskijs (1848-1909), der mit seiner Flotte den Globus umrundete, nur um in der Seeschlacht von Tsushima seine Karriere jäh beendet zu finden. Der Konflikt als solcher wurde medial sehr stark wahrgenommen und beeindruckte viele seiner Beobachter. Inszeniert wurden die Schlachten als Auseinandersetzung zwischen David (Japan) und Goliath (Russland), wobei die Sympathien vieler Presseorgane, besonders in Großbritannien[9] und den Vereinigten Staaten von Amerika, auf Seiten der Japaner lagen.

Die aufmerksame Betrachtung des Russisch-Japanischen Krieges schien außerdem aus verschiedenen Gründen lohnenswert zu sein, zumal sich etliche Technologien und die Art der Kriegsführung in den letzten Jahren wesentlich verändert hatten. Tag für Tag wurde deshalb über die Ereignisse in der Mandschurei, aber auch über die verschiedenen Seegefechte auf unzähligen Titelseiten der Weltpresse berichtet. Der Krieg avancierte zu einem echten Medienspektakel, im Zuge dessen es zu verfolgen galt, ob die „mutigen Japaner“ den „russischen Bären“ bezwangen.[10] Darüber hinaus wurde das Interesse immer wieder durch die unerwarteten Siege der japanischen Armee und Marine befeuert. Während General Nogi Maresuke (1849-1912) Port Arthur zu Fall brachte, vernichtete Admiral Tōgō gleich zwei russische Flotten im Laufe des Krieges. Begleitet wurden diese Ereignisse stets von Karikaturen und Cartoons, in denen beide Kriegsparteien westlichen Stereotypen folgend – die Japaner als Affen, die Russen als Bären – regelmäßig verunglimpft wurden. Das öffentliche Interesse schien endlos zu sein, eine Tatsache, die einen findigen Geschäftsmann dazu bewog, in Deutschland Ansichtskarten mit Motiven vom Kriegsschauplatz vertreiben zu wollen.[11]

Neben dem öffentlichen Interesse an den Ereignissen bestand ein solches aber vor allem von militärischer Seite. Es handelte sich um einen ersten Härtetest der technischen Neuerungen der letzten Jahre in einem Konflikt ebenbürtiger Gegner, deren Armeen durchaus nach westlichen Standards zusammengesetzt, ausgebildet und ausgerüstet waren. Das Augenmerk galt neben den taktischen Manövern vor allem dem Einsatz der Artillerie und den modernen Kriegsschiffen. Die Erfahrungen des Seekrieges wurden schließlich genauestens untersucht, da allen Großmächten daran gelegen sein musste, ähnliche Fehler, wie sie die Russen im Krieg begangen hatten, in der Zukunft zu vermeiden.[12] Gleichzeitig sollten die von vielen Großmächten entsandten Militärbeobachter erkunden, wie genau das militärische Potential der japanischen Armee und Marine, deren Führungselite ja von Ausbildern aus Deutschland, Frankreich und Großbritannien gelernt hatte, einzuschätzen war. Aufgrund dieser Beobachtungen entstanden zahlreiche Berichte aus erster Hand, die in Augenzeugenberichten die durchaus als extrem zu bezeichnenden Veränderungen der Kriegsführung belegten und dabei gleichzeitig die immense Leistungsfähigkeit der japanischen Truppenkontingente herausstellten. Der Lerneffekt, der mit Blick auf diesen Konflikt in Aussicht gestellt wurde, war zwar so groß, dass kaum eine Militärmacht auf die Entsendung von Beobachtern verzichten konnte, Militärbeobachter waren jedoch nicht die einzigen, die die Front begleiteten.[13]

Erstmals wurden Korrespondenten in großer Zahl abgestellt, um Reportagen zu liefern, die die Ereignisse direkt vor Ort beschrieben und dadurch für das Lesepublikum noch greifbarer gestalteten. Schließlich hatten die Journalisten die Bedeutung des Russisch-Japanischen Krieges schnell erkannt.[14]

Besonders aus britischer Sicht schien es zudem mehr als geboten, den Kriegsverlauf genauestens zu beobachten, da nicht nur die militärische Führungsebene Großbritanniens aufgrund des Verlaufs des Burenkrieges der Ansicht war, dass detaillierte Studien und eine verbesserte Ausbildung für die eigene Armee, gerade im Bereich moderner Technologien, unerlässlich seien.

Ungeachtet der Menge an Publikationen während und in direkter Folge des Russisch-Japanischen Krieges ebbte das öffentliche Interesse an den Ereignissen in Ostasien schnell wieder ab. Die Auseinandersetzung zwischen Russland und Japan wurde schon bald darauf durch den Ersten Weltkrieg überschattet, in dessen Zuge sich Europa selbst zerstören würde. Die räumliche Distanz, die für ein schnelleres Vergessen gesorgt haben mag, wurde somit durch die Verdrängung aufgrund aktuellerer Gegebenheiten zunehmend verstärkt.[15] Darüber hinaus nahm die europäische Öffentlichkeit die in der Mandschurei kämpfenden Truppen als kulturell „anders“ wahr, so dass eine eigene Identifizierung mit den Ereignissen an der Peripherie oft gänzlich ausblieb. Schon 1925, also nur zwei Jahrzehnte später, wurde der Krieg kaum noch als relevant wahrgenommen, zumal der „Große Krieg“ und mit ihm die Russische Revolution den kurzen Zeitraum von 1904 bis 1905 fast gänzlich in Vergessenheit gerieten ließen.[16] Selbst die Erinnerung an den Russisch-Japanischen Krieg sowie das Gedenken an die, die in dieser Konfrontation gefallen waren, gestaltete sich schwierig, da die meisten Erinnerungsorte wie ehemalige Schlachtfelder geografisch weit entfernt waren und kaum besucht werden konnten. Mit der Gründung der Sowjetunion wurde zudem jeder Gedanke überflüssig, sich mit dem Gedenken an das imperiale Erbe des Zarenreiches zu befassen.

Ähnlich gestaltet sich die Lage mit Blick auf die Historiographie des Russisch-Japanischen Krieges. Japanische Darstellungen haben sich zwar mit etlichen Aspekten des Krieges befasst und im Zuge der letzten Jubiläen wurden stetig neue Arbeiten veröffentlicht,[17] in westlichen Sprachen sind bisher allerdings kaum Monografien zu diesem Themenkomplex entstanden,[18] so dass das Fehlen einer umfassenden monografischen Abhandlung zu Recht bemängelt worden ist.[19] Zum 100-jährigen Jubiläum des Krieges sind aber immerhin einige Aufsatzsammlungen und zahlreiche Aufsätze erschienen.[20] Viele Aspekte des Krieges wurden dennoch bisher nur unzureichend oder gar nicht untersucht. So fehlen in westlichen Sprachen nicht nur detaillierte Abhandlungen zur Seeschlacht von Tsushima, sondern ebenso zu Personen wie General Nogi oder dem russischen Befehlshaber Alexei Kuropatkin (1848-1925). Bedenkt man das Ausmaß des Krieges, verwundert diese Tatsache, denn es scheint, als ob sich die Aufmerksamkeit vieler Militärhistoriker heutzutage nicht auf den Bannkreis dieses peripheren Konfliktes richtet.

Die Welt erwartete beim Ausbruch des Krieges im Februar 1904 eigentlich einen schnellen Sieg für die russischen Streitkräfte, da man den Japanern trotz ihres Sieges gegen China 1895 kaum etwas zutraute.[21] Es sollte anders kommen und die japanischen Truppen bewiesen, nicht zuletzt im Zuge der Belagerung von Port Arthur, ihren Kampfgeist, ihr Durchhaltevermögen sowie ihre Opferbereitschaft für Kaiser und Vaterland. In einer der „blutigsten Auseinandersetzung, die die Welt je gesehen“[22] hatte, veränderte diese Einstellung der japanischen Soldaten die Geschichte, selbst wenn das nur durch das „Vergießen von Strömen voll Blut“[23] zu erreichen war. Die großen Schlachten zu Land und zur See boten somit einen eindrücklichen Vorgeschmack dessen, was Europa ein gutes Jahrzehnt später zu erwarten hatte.[24] Mit einer Gesamtzahl von mehr als 220.000 Gefallenen und Verwundeten[25] stellte der Krieg aus japanischer Perspektive den größten Verlust in der gesamten Meiji-Periode von 1868 bis 1912 dar. Nun hatte sich gezeigt, dass die Kriegsführung als solche ein neues Zeitalter erreicht hatte, nämlich das von Technisierung und industrialisierter Tötung.

Der Russisch-Japanische Krieg mag im Ergebnis mit dem Friedensvertrag von Portsmouth und seinen Bestimmungen ein klassischer Kabinettskrieg gewesen sein, auf dem Schlachtfeld ähnelte er jedoch mehr einer auf Erschöpfung des Gegners zielenden Materialschlacht, im Zuge derer unzählige Soldaten ihr Leben ließen. Die Kavallerie spielte in diesem Krieg kaum noch eine Rolle, obwohl die meisten Beobachter davon ausgingen, dass das am Gelände und nicht an der Unmöglichkeit eines Frontalangriffes zu Pferde liegen musste. Die von beiden Seiten eingesetzten Maschinengewehre sowie schweres Artilleriefeuer sollten den Charakter des „heldenhaften Kampfes" dauerhaft verändern.[26] Die Schrecken des Ersten Weltkrieges, wie sie in Verdun emblematisch werden würden, waren hier bereits abzusehen und große Schlachten wie die von Mukden, in der 18 Tage lang etwa 600.000 Mann gegeneinander fochten, machten deutlich, dass zukünftige Kriege das gesamte verfügbare Humankapital eines partizipierenden Staates erfordern würden, um den Sieg vom Felde zu tragen. Besonders für die Soldaten veränderte sich der Kriegsalltag durch die neuen Technologien zu Land und zur See. Die Seegefechte, in denen man sich noch im Angesicht gegenüberstand, während Salven von beiden Schiffen ausgetauscht wurden, waren vorbei. Der Tod kam nun aus der Distanz; der Gegner wurde entmenschlicht, da ein Erfolg nur noch durch den Einschlag und den Rauch am gegnerischen Schiff, allerdings nicht mehr durch herumfliegende Leichenteile wahrgenommen wurde. Maschinengewehre bewirkten ebenfalls eine Mechanisierung des Tötens, denn nun wurden sozusagen „per Knopfdruck" gleich mehrere Reihen von Angreifern niedergemäht.

Die Auswirkung dieser neuen Technologie wird von Sakurai Tadayoshi (1879-1965), einem japanischen Augenzeugen, sehr detailliert beschrieben.[27] Nach einem solchen Angriff fanden die Japaner gefallene Kameraden, deren Körper von bis zu 70 Kugeln durchlöchert worden waren. Es verwundert folglich kaum, dass viele der Soldaten, die im Russisch-Japanischen Krieg gekämpft hatten, traumarisiert nach Hause zurückkehrten.

Wesentlich globaler stellten sich die Auswirkungen des Krieges mit Blick auf die politischen und ökonomischen Folgen desselben dar. Gerade die Schlacht von Tsushima, die die letzte Hoffnung auf eine Fortsetzung der Kampfhandlungen von russischer Seite aus zunichte machte, stellt somit den Endpunkt der bewaffneten Auseinandersetzung, aber gleichzeitig auch den Beginn der Verhandlungen und damit der folgenden Auswirkungen des Krieges dar, die nicht nur Ostasien, sondern vor allem das Verhältnis Japans zu den Vereinigten Staaten sowie die Bedingungen des europäischen Konzertes der Mächte beeinflussen würden. Sicherlich war der Sieg über das Zarenreich eines der „Schlüsselereignisse der modernen japanischen Geschichte"[28], etwas worauf viele Japanhistoriker in der Vergangenheit hingewiesen haben. Peter Duus betrachtete den Russisch-Japanischen Krieg gar als „Startpunkt" des japanischen Imperialismus im 20. Jahrhundert.[29] Diese Einschätzung ist nicht ganz ungerechtfertigt, wobei die Perspektive der beiden Kombattanten sicherlich darauf hinweist, dass es für Japan vor allem um die Frage „sein oder nicht sein" ging, während Russland für das Prestige einer von einem unterlegenen Gegner herausgeforderten Großmacht zu Felde zog.[30]

Für Japan beendete der Sieg im Russisch-Japanischen Krieg tatsächlich den Status einer zweitrangigen Macht, hatten die Erfolge beispielsweise zur See durch Admiral Tōgō bewiesen, dass man anderen Großmächten in militärischer Hinsicht ebenbürtig war. Zudem hatten die gute Behandlung der Kriegsgefangenen sowie die generelle Achtung der westlichen Regeln für einen „zivilisierten Krieg" dazu beigetragen, Japan als Großmacht in Ostasien anzuerkennen.[31] Ein Jahr erfolgreicher Schlachten konnte folglich das erreichen, was ein knappes halbes Jahrhundert an Verhandlungen nicht geschafft hatte.[32] Besonders deshalb besitzt der Russisch-Japanische Krieg bis heute einen besonderen Stellenwert innerhalb der historiographischen Tradition Japans. Zwar hatte das japanische Kaiserreich den Krieg ohne eine Erklärung desselben eröffnet – eine Tatsache, die bei mangelnder Sympathie durchaus als unzivilisiert hätte ausgelegt werden können –, allerdings bestätigten der Ablauf der Mobilmachung, die organisierte Logistik sowie letztlich die Erfolge der japanischen Armee das Bild einer nun zivilisierten Macht, die aufgrund der westlichen Ausbildung dazu in der Lage gewesen war, die Beschränkungen der asiatischen Herkunft zu überwinden und in die Reihe der Großmächte aufgenommen zu werden. War der Sieg gegen China ein Jahrzehnt zuvor noch belächelt worden, war den Großmächten 1905 bewusst, dass Japan sehr wohl in der Lage war, auch eine europäische Macht herauszufordern, etwas das zuvor als unmöglich galt. Der Sieg der japanischen Armee und Marine kratzte daher besonders am Überlegenheitsgefühl der Europäer.[33] Der deutsche Publizist und Kolonialenthusiast Carl Peters (1856-1918) kommentierte die Ereignisse in Ostasien bereits während des Krieges wie folgt:

> [W]ie immer auch der Fortgang des blutigen Würfelspiels in Ostasien sein mag: eines ist schon heute festgestellt. Nämlich, daß die weiße Rasse von neuem einen zum mindesten ebenbürtigen Gegner auf der Erde gefunden hat. [...] Die Japaner zeigen sich an Mut, Disziplin und Organisation den kriegerischen Nationen der indoarischen Rasse völlig ebenbürtig, und mit angespanntem Interesse blickt die ganze Erde auf dieses so unerwartete Phänomen hin. Es ist die Überraschung, welche Europa empfunden haben mag, als plötzlich das Preußen Friedrichs des Großen seinen Rang unter den Starken der Welt einzunehmen begann.[34]

Der Sieg Japans veränderte Asien und stellt den Endpunkt der drei prägenden Faktoren des 19. Jahrhunderts im Osten des Kontinents dar: 1) die zunehmende Schwäche Chinas, 2) Japans Aufstieg zur Großmacht und 3) das russische Ausgreifen an der Peripherie des Reiches zur Etablierung einer ostasiatischen Einflusssphäre.[35] Für die Beobachter in Süd- und Südostasien gewann Japans Aufstieg dadurch Modellcharakter, schließlich wurde bewiesen, dass eine asiatische Macht dazu in der Lage war, den expansiven Bestrebungen einer europäischen Großmacht zu begegnen und als Sieger vom Feld zu ziehen.[36]

Doch nicht nur Asien sollte durch den Russisch-Japanischen Krieg verändert werden, schließlich wurden die japanischen Siege in Mukden oder in der Seeschlacht von Tsushima nicht nur dort bemerkt. Die bisherigen Forschungen haben sich oft bloß auf die einzelnen Kampagnen selbst fokussiert und zu wenig die Auswirkungen von einer globaleren Perspektive aus betrachtet. Es waren diese Schlachten, „die die akzeptierten Normen der alten Weltordnung bröckeln“[37] ließen. Für die russische Außenpolitik stellte der Krieg eine weitere Zäsur dar. Hatte sich das Interesse nach der Niederlage im Krimkrieg auf Asien gerichtet, schwenkte es nun nach Europa zurück und legte damit den Kurs fest, der schließlich in den Ausbruch des Ersten Weltkrieges führte.[38] Hinzu kommt, dass das Bild der russischen „Dampfwalze“, der schier unbesiegbaren Armee, einen herben Schlag erfahren hatte. Die russische Armee und Marine, die seit 1878 keinen größeren Krieg mehr geführt hatten, lieferten eine mehr als zweifelhafte Darstellung ihrer Leistungsfähigkeit ab, etwas das besonders von den potentiellen Gegnern in Europa mit Genugtuung beobachtet wurde.[39] Schuld an der Misere ist dagegen vor allem die russische Arroganz zu Beginn des Krieges gewesen. Während die Welt mit dem Kriegsausbruch gerechnet hatte[40] – der *Berliner Lokalanzeiger* hatte schon Mitte Januar, also mehr als zwei Wochen vor Kriegsausbruch, einen Kriegsberichterstatter nach Asien entsandt –,[41] schien man in St. Petersburg völlig von der japanischen Attacke überrascht worden zu sein. Sir Wilkinson D. Bird (1869-1943), ein Offizier der britischen Armee und Beobachter des Krieges, fasste die Fehler des Zarenreiches treffend zusammen: „die nördliche Großmacht zahlte die übliche Strafe für mangelnde Vorbereitung, schlechte Organisation und die schlechte Aufteilung der Truppen. Sie verlor die Initiative [und] war gezwungen, sich an die Operationen des Gegners anzupassen.“[42]

Die Niederlage war also ein Konglomerat aus mehreren Faktoren, allerdings wurde Russland von inneren Problemen, beispielsweise dem Anwachsen der Revolutionsgefahr, die zudem durch japanische Gelder stimuliert wurde, bedroht.[43] Es gilt folglich darüber hinaus die Folgen der Niederlagen zu Land und zur See, besonders der vernichtenden Niederlage bei Tsuhima, mit Blick auf die russische Revolutionsbewegung von 1905 zu betrachten.

Für den amerikanischen Präsidenten Theodore Roosevelt (1858-1919) hatte der Krieg gezeigt, dass Japan ein ernstzunehmender Gegner, besonders mit Blick auf die bisherige Expansion und die Wirtschaftsinteressen der Vereinigten Staaten in Ostasien, werden würde. Die Vertragsverhandlungen in Portsmouth, die unter der Vermittlung des Präsidenten stattfanden, spiegelten folglich nicht nur die Interessen Russlands und Japans wider, sondern vor allem die der Vereinigten Staaten. Hatte Tsushima die Verhandlungen erst möglich gemacht, war es Roosevelts Einfluss, der sie zu einem – vor allem für die US-Politik – günstigen Abschluss brachte. Das Ende des Krieges kann demnach zugleich als Beginn der Entwicklungen betrachtet werden, die ihren Höhepunkt im japanischen Angriff auf Pearl Harbor am 7. Dezember 1941 erreichen würde.[44]

Besonders erfreut über den Ausgang im „wichtigsten Seegefecht seit Trafalgar“[45] war hingegen Großbritannien, das nicht nur mit Japan durch die Anglo-Japanische Allianz von 1902 verbündet war, sondern seinen hartnäckigsten Gegner zu Boden gehen sah.

Der Ausgang der Seeschlacht von Tsushima sollte zudem die Diskussion um die Zukunft der britischen Strategie zu See entscheiden, denn die finale Entscheidung zur Einführung der Dreadnought-Klasse basierte unter anderem auf den Ereignissen in Ostasien.[46]

Eine letzte Auswirkung des Krieges und insbesondere der russischen Niederlage zur See wird selten in die Untersuchungen zum Russisch-Japanischen Krieg einbezogen: die deutsche Sicht der Ereignisse.[47] Die Anlehnung Frankreichs an England im April 1904 in Rahmen der *Entente Cordiale* drängte das Kaiserreich in eine zunehmende Isolation. Gleichzeitig war Frankreich aber aufgrund des Krieges finanziell geschwächt. Die Russisch-Französische Allianz schien nun erstmals brüchig zu sein, zumal Frankreich nicht bereit war, Russland in Ostasien militärisch zu unterstützen. Die deutsche Politik versuchte also, den Zaren zu einem Bündnis mit Deutschland zu drängen, wofür sich besonders nach der endgültigen Niederlage der russischen Flotte bei Tsushima eine Gelegenheit bot. Darüber hinaus wurden die militärstrategischen Überlegungen der deutschen Armee und Marine von den Vorgängen an der Peripherie beeinflusst, so dass unter anderem der Schlieffen-Plan als ein direktes Ergebnis des Krieges zu betrachten ist. Nicht von ungefähr weist die *Deutsche Zeitung* am 4. November 1914 darauf hin, dass die Erfahrungen des Russisch-Japanischen Krieges genutzt werden müssen, um den aktuellen Gegnern siegreich zu begegnen.[48]

Dieses Buch wird die globalen Auswirkungen des Russisch-Japanischen Krieges im Allgemeinen und die der Seeschlacht von Tsushima im Speziellen einer detaillierten Analyse unterziehen, um zum einen die fundamentale Bedeutung der Ereignisse in Ostasien zu unterstreichen und zum anderen die globalen Folgen hervorzuheben. Dazu wird im zweiten Kapitel zunächst die Ereignisgeschichte des Russisch-Japanischen Krieges skizziert, um gerade Lesern, die sich bisher kaum mit dieser Thematik beschäftigt haben, den Einstieg zu erleichtern. Daran anschließend werden die Ereignisse von Tsushima vorgestellt, um die Bedeutung dieser Seeschlacht aus militärischer Perspektive und mit Blick auf die Entscheidung des Kriegsgeschehens zu verdeutlichen. Im vierten Kapitel werden die Folgen des japanischen Sieges für die russischen Ambitionen in Ostasien sowie das Anwachsen der Revolutionsbewegung an der Heimatfront detailliert untersucht. Das letzte Kapitel widmet sich schließlich ausführlich den globalen Folgen des Krieges, also den japanisch-amerikanischen Beziehungen unter besonderer Berücksichtigung der Friedensverhandlungen in Portsmouth sowie der deutschen Perspektive auf den Krieg. Dadurch wird erstmals eine umfassende Abhandlung der Seeschlacht von Tsushima sowie ihrer Einordnung in den Lauf der Weltgeschichte des frühen 20. Jahrhunderts vorgenommen. Das erscheint besonders lohnenswert, da es oft der Blick auf die Peripherie ist, der ein besseres Verständnis der Ereignisse im Zentrum – im vorliegenden Fall also Europa – gewährleistet.

1. Kontexte: Der Russisch-Japanische Krieg

Die eigentliche Ursache des Russisch-Japanischen Krieges war die Schwäche zweier anderer Länder: China und Korea.[1] Sowohl Russland als auch Japan versuchten, ihren eigenen Einfluss auf dem asiatischen Kontinent auf Kosten dieser beiden Länder auszudehnen, weshalb die Auseinandersetzung der beiden Expansionsmächte von David Goldfrank zu Recht als „Imperialkrieg par excellence"[2] bezeichnet wird. Der Krieg selbst sollte schließlich über die Vorherrschaft in Ostasien entscheiden und diente nicht etwa der reinen Verteidigung bestehender Interessensphären oder Grenzverläufe. Die Ursachen des Russisch-Japanischen Krieges reichen dabei weit zurück und spiegeln von japanischer Seite das Empfinden einer geopolitischen sowie strategischen Bedrohung durch das Ausgreifen Russlands seit dem späten 18. Jahrhundert wider.[3] Schon zu dieser Zeit hatte das Zarenreich versucht, Handelsbeziehungen mit dem japanischen Inselreich zu etablieren, scheiterte aber an der ablehnenden Haltung der Tokugawa-Herrschaft, die darauf bedacht war, den Kontakt Japans mit der Außenwelt so gering wie möglich zu halten. Somit stellten die frühen russischen Bestrebungen eine Bedrohung für das bestehende System dar.

Diese ersten Vorstöße führten gleichzeitig dazu, dass Japan seine Herrschaft über die nördliche Insel Hokkaidō festigte, um damit einer russischen Besetzung dieser Region zuvorzukommen. 1804 versuchte eine russische Delegation erneut, Handelsrechte von der japanischen Regierung zu erwirken, wurde allerdings ebenso ergebnislos abgefertigt wie ihre Vorgänger in den Jahren zuvor. Vier Jahre später gab die Shogunats-Regierung eine Übersetzung niederländischer Bücher über Russland in Auftrag, um möglichst gut über den potentiellen zukünftigen Gegner informiert zu sein. Zwischen 1813 und 1821 folgten weitere russische Vorstoßversuche, jedoch ohne Erfolg der russischen Diplomatie. Danach verlagerte sich das Interesse des Zarenreiches zunächst wieder auf Europa, allerdings eröffnete das zunehmende Engagement der Russen in Sibirien nach dem Krimkrieg die Möglichkeit, von einem ostasiatischen Reich zu träumen und die Verwirklichung desselben in den Folgejahren anzustreben.[4]

Nachdem die japanische Regierung durch eine amerikanische Gesandtschaft unter dem Befehl des Commodore Matthew C. Perry (1794-1858) 1853 schließlich zur Öffnung des Landes gezwungen worden war, wies der Zar im Juli 1853 die Einnahme Sacharins an. Nur einen Monat nach Perrys Ankunft in der Bucht von Edo (Tokio) erreichte Evfimij Vasil'evič Putjatin (1803-1883) ebenfalls Japan, um ähnliche Handelsrechte wie die Amerikaner zu fordern. Am 7. Februar 1854 erfolgte schließlich die Unterzeichnung eines Vertrages mit Russland, wobei es sich dabei, wie bei allen anderen Vertragswerken mit westlichen Mächten, um einen ungleichen Vertrag handelte, der die Exterritorialität russischer Niederlassungen sowie Russlands Status einer meistbegünstigten Nation bei den Zoll- und Handelsvorschriften fixierte. Gleichzeitig legte der Vertrag erstmals die Grenzen zwischen Russland und Japan fest, wobei die Kurilen geteilt wurden und Sachalin als gemeinsamer Besitz deklariert wurde. Das Zarenreich hatte seinerzeit mit einer Expansion auf dem Festland begonnen, wo Nikolay Muraviev (1850-1918) anfing, dem russischen Reich weite Teile des Amur-Gebietes einzuverleiben. Ein anderer Versuch der Russen, nämlich die Insel Tsushima einzunehmen, scheiterte 1861 aufgrund britischer Intervention. Dieser Vorstoß unterstrich erneut die vom Zarenreich ausgehende Bedrohung, die den japanischen Militärs keinesfalls entging.

Zwar einigten sich beide Parteien 1875 über den Austausch der Kurilen gegen Sachalin in einem Vertrag und Japan konnte die Öffnung Koreas im Folgejahr ohne internationalen Widerspruch durchsetzen, aber die russischen Pläne zum Bau der Transsibirischen Eisenbahn stellten eine erhebliche Bedrohung des japanischen Sicherheitsbedürfnisses dar. Diese Bahntrasse hätte, obwohl nur eingleisig, eine relativ schnelle Verbindung zwischen Ost und West dargestellt, mit deren Hilfe Truppen innerhalb des Zarenreichs besser aus dem europäischen Teil nach Sibirien gelangen konnten.[5] Der Baubeginn 1891 stellte folglich den Beginn einer neuen Bedrohung von Seiten Russlands dar. Diese wurde nach dem Ende des Sino-Japanischen Krieges 1895 noch verstärkt, da sich das Zarenreich bereit erklärte, China bei den Reparationen, die es an Japan zu zahlen hatte, zu unterstützen. Die sich daraus ergebende prorussische Haltung in Peking führte zum Abschluss eines Geheimvertrages, der es Russland gestattet hätte, die restliche Strecke der

Transsibirischen Eisenbahn nach Wladiwostok durch eine Trasse, die in der Mandschurei verlaufen sollten, zu verkürzen.

Russland war im Zuge des Sino-Japanischen Krieges selbst zum zukünftigen Feind der Japaner avanciert, da es die japanische Regierung sozusagen um die „Früchte des Sieges“ gegen das chinesische Kaiserreich gebracht hatte. Der Krieg zwischen Japan und China war ein Wendepunkt innerhalb der Geschichte Asiens und der Welt und zeigte, dass sich die Machtverhältnisse in Ostasien seit dem Beginn der Frühen Neuzeit drastisch verschoben hatten. Im Vertrag von Shimonoseki musste China schließlich auf seinen Einfluss in Korea verzichten, Reparationen zahlen und Taiwan sowie die Liaodong-Halbinsel an Japan abtreten. Letzteres hätte dem japanischen Kaiserreich zweifelsohne eine Hegemonialstellung in China verschafft, weshalb Russland, Frankreich und Deutschland in der sogenannten Tripelintervention eingriffen und Japan dazu drängten, auf die Liaodong Halbinsel zu verzichten. Diese Intervention hatte gezeigt, dass das japanische Kaiserreich ohne die Sanktion der anderen Großmächte nicht dazu in der Lage war, seine territorialen Ambitionen umzusetzen. Gleichzeitig war klar geworden, dass Russland als erster Gegner dieser Expansionsbestrebungen auftreten würde, weshalb es ab diesem Zeitpunkt als zukünftiger Feind in einem potentiellen Krieg betrachtet wurde. Die Tripelintervention von 1895 ist demnach als Startpunkt einer Entwicklung zu sehen, die 1904 im Ausbruch des Russisch-Japanischen Krieges mündete, sie ist folglich die Ursache des Konfliktes selbst. Die *Marine Rundschau*, die sich 1904 mit dem Russisch-Japanischen Krieg auseinandersetzte beschreibt die Bedeutung der internationalen Intervention 1895 bereits sehr deutlich:

> Japan stand am Schlusse seines chinesischen Krieges allein, und seine zwar siegreichen, aber doch durch den Krieg geschwächten Kräfte reichten nicht aus, sofort den Kampf mit dem europäischen Gegner aufzunehmen. Dazu mußte es sich erst neue Waffen schmieden und seiner Politik durch Bündnisse und Isolierung des Gegners eine sichere Grundlage schaffen.[6]

Die Reparationen, welche Japan seit dem Kriegsende erhielt, flossen deshalb direkt in die Aufrüstung, um für eine zukünftige Auseinandersetzung gegen Russland vorbereitet zu sein. Die Ausgaben in diesem Sektor betrugen 1897 bereits 49,2% des Staatshaushaltes, 1904 waren es schließlich sogar 81,8%.[7] Fast die gesamte

Wirtschaftsleistung des Staates wurde demnach aufgebracht, um sich auf den unausweichlichen Waffengang mit dem Zarenreich vorzubereiten. In britischen Werften wurden sechs neue Schlachtschiffe sowie sechs neue Kreuzer bestellt.[8] Unter anderem diese vorausschauende Aufrüstung im Marinebereich würde dafür sorgen, dass die japanischen Seestreitkräfte der heterogenen Flotte bei Tsushima überlegen sein würden. Zunächst verfolgte Russland weiter seinen aggressiven Kurs, ohne zu bemerken, dass man damit Japan jede Möglichkeit eines friedlichen Ausgleichs nahm.

Der russische Zar Nikolaus II. (1868-1918) war beinahe besessen von dem Gedanken, ein asiatisches Reich zu errichten, welches vom Bosporus bis nach Korea reichen sollte. Nachdem das Deutsche Reich durch einen erzwungenen Pachtvertrag für Kiautschou seinen Ambitionen in China Ausdruck verliehen hatte, folgte das Zarenreich kurzer Hand nach und tat das Gleiche mit Port Arthur, für welches 1898 ein Pachtvertrag auf 25 Jahre mit China unterzeichnet wurde. Damit eignete sich Russland den Gewinn Japans aus dem Sino-Japanischen Krieg an, den man dem japanischen Kaiserreich zuvor verwehrt hatte. Der Kriegshafen von Port Arthur bot nur begrenzt eine Alternative zum Hafen von Wladivostok, der wegen der schlechten Witterung in den Wintermonaten des Jahres nicht eisfrei war. Zudem hätte die große Distanz zwischen den beiden Häfen einen zusätzlichen in Korea erfordert, was die Japaner jedoch verhinderten. Aus strategischer Perspektive bot Port Arthur folglich eine mittelmäßige Lösung des Stationierungsproblems der russischen Pazifikflotte an. Symbolisch hatte die Pacht des Hafens eine umso größere Wirkung, zeigte es doch den Willen der russischen Regierung, die Pläne des Zaren in Ostasien zu verwirklichen.[9]

Weitere Expansionsbestrebungen sollten während des Boxeraufstandes zwischen 1899 und 1901 folgen. Zunächst verhielt sich Russland mit Blick auf die Bekämpfung der chinesischen Boxer, die in Peking das internationale Gesandtschaftsviertel belagerten, erstaunlich passiv, das russische Militär nutzte schließlich die Endphase, um die Mandschurei zu besetzen. Den Einspruch Japans, Großbritanniens und der Vereinigten Staaten tat man als unwichtig ab, zumal die Regierung in St. Petersburg ihre Beziehungen zu China als exklusiv und bilateral betrachtete und sich einen internationalen Einspruch als nicht ziemlich verbat. Im Vertrag von

Peking einigten sich die Vertreter Russlands und Chinas darauf, dass die russischen Truppen innerhalb der nächsten 18 Monate die Mandschurei in drei Abzugsphasen räumen würden. Erfüllt wurde bloß die erste Abzugsphase bis Oktober 1902. Mukden, das im Zuge dieser Phase geräumt wurde, besetzte die russische Armee im folgenden September erneut. St. Petersburg schien nicht gewillt, die vertraglich geregelten Abzugsbedingungen einzuhalten.[10] Vielmehr war die russische Führung daran interessiert, die Mandschurei dauerhaft dem Zarenreich einzuverleiben – eine Tatsache, die nicht nur den Argwohn der Japaner hervorrief und dadurch deren Verhandlungen um eine Anglo-Japanische Allianz in die Hände spielte.

Es war der Abschluss dieses Bündnisses, das Japan den Krieg gegen Russland erst ermöglichen würde, denn die Allianz sorgte dafür, dass der angedachte Waffengang zwischen den beiden Mächten lokalisiert blieb und ohne die Einmischung Dritter ausgetragen werden konnte. Zudem hätte Großbritannien aus strategischen Gründen kaum zulassen können, dass der ostasiatische Juniorpartner in einem Krieg gegen Russland völlig vernichtet worden wäre. Selbst wenn sich die Briten bewusst waren, dass sie durch das Bündnis mit Japan in einen Krieg verwickelt werden konnten, wog die Notwendigkeit verlässlicher Bündnispartner nach dem Desaster des Burenkrieges schwerer als die Furcht vor einem Waffengang mit dem Zarenreich.[11] Doch nicht nur politisch diente die gute Verbindung zu Großbritannien den japanischen Interessen. Die meisten der neu erworbenen Schiffe stammten aus britischen Werften und viele der Kredite, die zur Aufstellung der militärisch notwendigen Kapazitäten erforderlich waren sowie später den Krieg finanzierten, konnten nur aufgrund der britischen Unterstützung aufgenommen werden. Die britische Diplomatie verhinderte zudem gleichzeitig den Ankauf von Kriegsschiffen durch die Russen. Selbst wenn Großbritannien in Ostasien also strengste Neutralität wahrte, so war es doch stets darum bemüht, einen positiven Ausgang für Japan zu erreichen.

Ungeachtet ihrer Unterstützung betrachteten die Briten die Japaner in einem Krieg gegen das russische Zarenreich als chancenlos. Die Marine Russlands war numerisch deutlich überlegen, ebenso wie die Landstreitkräfte der Russen, weshalb die meisten ausländischen Beobachter und Regierungschefs, darunter die russischen Regierungs- und Militärkreise, den japanischen Land- und Seestreitkräften eher wenig zutrauten. Der britische Militärattaché in Tokio, A. G. Churchill, machte deutlich, dass die japanischen Streitkräfte keinerlei Erfahrung im Kampf gegen europäische Truppen hätten und die Schlagkraft der kaiserlichen Armee Japans von der Welt überschätzt werde. Hinzu kommt, dass die japanische Kavallerie der der Russen und deren Kosakenverbänden überhaupt nicht gewachsen wäre. Wie sich zeigen sollte, war die Notwendigkeit solcher Verbände aber auf den Schlachtfeldern der Moderne nicht mehr gegeben.

Darüber hinaus waren die japanischen Soldaten wesentlich besser ausgebildet als ihre russischen Gegner, besonders mit Blick auf das Offizierskorps. So verwundert es nicht, dass der Direktor des britischen Militärgeheimdienstes den japanischen Truppen durchaus ebenbürtige Qualitäten bescheinigte, ganz im Gegensatz zu seinen Kollegen, deren Urteil mitunter zu sehr von einem europäischen Überlegenheitsgefühl als von tatsächlicher Beobachtung bestimmt war.[12]

Die japanischen Soldaten schienen gut organisiert zu sein und versprachen Effektivität, auch wenn sie auf den ersten Blick eher naiv gewirkt haben mochten. Die Disziplin der Streitkräfte Japans sowie ihr Elan stünden dem europäischer Truppen in nichts nach.[13] Sir Ian Hamilton (1853-1947), der die japanischen Streitkräfte in Japan begleitet hatte, warnte sogar vor deren Schlagkraft: „die Japaner sind eine großzügige und dankbare Rasse und wenn wir zu ihnen halten [...] werden wir den Vorteil haben, ihre Verbündeten in diesem Krieg gewesen zu sein, ohne auch nur einen Schuss abgefeuert zu haben."[14] Dabei verglich Hamilton den Einsatz der japanischen Truppen mit dem der Gurkhas, nepalesischer Einheiten, die im Dienste des Britischen Empire stets erfolgreich an vorderster Front gekämpft und dabei gezeigt hatten, welchen militärischen Wert nicht-europäische Truppenkontingente besitzen konnten.[15] Besonders die Leistung der japanischen Offiziere wurde von Hamilton hervorgehoben. Ihm war im Gegensatz zu den meisten Urteilen über das japanische Heer also bewusst, dass die Verbindung „einer gut ausgebildeten Oberschicht mit einem barbarischen Proletariat"[16] dafür sorgen musste, dass vor allem die japanische Infanterie bei numerischer Ausgeglichenheit nur schwer zu schlagen sein würde.

Die Sympathien des britischen Außenministeriums lagen ebenfalls auf japanischer Seite, auch wenn man eher daran glaubte, dass Japan einige Anfangserfolge verbuchen und dann um Frieden ersuchen müsste, bevor die „russische Dampfwalze" ihre volle Fahrt aufnehmen würde.[17] In Japan waren der Premierminister, Katsura Tarō (1848-1913), sowie der Genrō,[18] Yamagata Aritomo (1838-1922), Befürworter einer Allianz mit Großbritannien.[19] Außenminister Komura Jutarō (1855-1911) votierte ebenfalls für eine Anlehnung an die Briten, denn er war darauf bedacht, das Mandschurei-Korea Problem mit den Russen schnellstmöglich, wenn nötig mit Waffengewalt, aus der Welt zu schaffen. Der einzige japanische Politiker, der auf einen friedlichen Ausgleich mit Russland hinarbeitete und einen Krieg als Mittel der Politik ablehnte, war der frühere Premierminister Itō Hirobumi (1841-1909).[20]

Je mehr sich Russland allerdings in der Mandschurei festsetzte, umso größer war die Bedrohung, die man in Japan mit Blick auf die eigenen Interessen in Korea empfand. Doch in Russland herrschte Uneinigkeit über diesen Kurs. Während Kriegsminister Kuropatkin die Besetzung der Mandschurei befürwortete, war Finanzminister Sergei Witte (1849-1915) gegen eine solche Maßnahme. Zwar stellte die russische Regierung die Okkupation der chinesischen Gebiete der Weltöffentlichkeit gegenüber als eine nur temporäre Maßnahme dar, die Ernennung von Admiral Evgenij Alekseev (1843-1917) zum Vizekönig des Fernen Ostens vermittelte dennoch ganz andere Signale. Durch diese Ernennung hatte Nikolaus II. die gesamte Autorität für die politische sowie militärische Entwicklung am Pazifik in die Hände eines Hardliners gelegt, der nicht gewillt war, mit den Japanern über die russische Position in Ostasien zu verhandeln. Die japanischen Versuche, mit den Russen zu kooperieren, scheiterten vor allem an der Art und Weise, wie es die russischen Vertreter vermieden, mit den Japanern auf Augenhöhe zu kommunizieren. Immer wieder ließen Antworten auf sich warten, stetig brüskierte man die japanischen Unterhändler. Es schien deshalb unausweichlich, den Krieg als letztes Mittel zu wählen, weshalb sich das Kabinett in Tokio am 4. Februar offiziell für den Waffengang zur Lösung des Problems entschied.[21] Neben den Verhandlungen hatte das Auftauchen russischer Abenteurer am Yalu, dem Grenzfluss zwischen der Mandschurei und Korea, Unbehagen bei den Japanern hervorgerufen.

Die sogenannten Bezobrazovski verursachten 1903 einen lokalen Disput an der koreanischen Grenze, der den Kriegsbefürwortern in Japan in die Hände spielen sollte,[22] da die Aktionen dieser Gruppierung ein realer Ausdruck der russischen Expansionsbestrebungen in diesem Gebiet waren. Alexander Bezobrazov (1855-1931), ein Abenteurer und Freund des Zaren, führte die Gruppe an.[23] Er tauchte 1898 am Yalu auf, nachdem ein russischer Kaufmann aus Wladiwostok bereits 1896 Konzessionen zum Holzeinschlag für einen Zeitraum von 20 Jahren erworben hatte. Innerhalb von fünf Jahren musste mit dem Holzfällen begonnen werden, um die bestehenden Ansprüche zu wahren, etwas das durch Bezobrazov bewerkstelligt werden sollte. Dieser ging dabei über diesen Auftrag hinaus und versuchte zudem, Konzessionen für den Eisenerzabbau und den Bau einer Eisenbahntrasse zu erhalten. Dass die russischen Ambitionen in ihrer Natur expansiv waren, verdeutlicht ein Militärbericht der Deutschen Gesandtschaft in Peking vom 11. Dezember 1903. Darin heißt es: „Die Russen sollen übrigens die Grenzen ihres Pachtgebietes durch neue Landkäufe erweitern und hierbei recht gewaltsam verfahren. Sie schalten auf dem linken Jalu-Ufer als Herren“.[24] Bezobrazov schien folglich nach einer Expansion zu streben und wollte eine Art Brückenkopf für dieses Vorhaben am Yalu errichten. Das Vorhaben war allerdings immer wieder von finanziellen Schwierigkeiten bedroht, die nur dank der Unterstützung durch den Zaren behoben werden konnten. Bezobrazov versuchte darüber hinaus, seinen Kritiker Witte bei Nikolaus zu denunzieren. Dem Zaren selbst verlief die Russifizierung des Fernen Ostens durch finanzielle Investitionen und Eisenbahnbau, wie ihn der Finanzminister verfolgte, ebenfalls zu langsam, weshalb er sich nur zu gerne auf die Versprechungen Bezobrazovs einließ.[25] Erst im März 1903 gelang es einer Koalition aus Witte, Kuropatkin und dem Außenminister Vladimir Lamsdorf (1845-1907), die Abberufung von Bezobrazov beim Zaren durchzusetzen. Den weiteren Verlauf der Geschichte konnte diese zu spät gefällte Entscheidung nicht mehr aufhalten. Die Tatsache, dass die Russen bereits begonnen hatten, Forts, militärische Einrichtungen, sowie Telegraphenlinien in der Gegend am Yalu zu errichten, verstärkte den Eindruck der Japaner, den man während der Verhandlungen erworben hatte, und ließ sie noch mehr in Richtung einer Kriegsentscheidung tendieren. Die Fertigstellung der Transsibirischen Eisenbahn würde einen Vorteil für die Russen bei einem potentiellen Krieg bedeuten, so dass es folglich noch davor zuzuschlagen galt. Die Aktionen der Bezobrazovski hatten die negative Haltung zum Frieden befeuert, waren jedoch nicht allein für die japanische Entscheidung für einen Krieg verantwortlich. Die Verhandlungsführung der russischen Politik spielte eine ebenso große Rolle.

Bereits seit 1896 verfolgten die japanischen Regierungsvertreter die Idee eines Austauschs von Interessensphären in der Mandschurei und Korea, die sogenannte Idee des Man-Kan kōkan. Bei der Krönung Nikolaus II. im gleichen Jahr verhandelte Yamagata darüber in St. Petersburg und zwei Jahre später wurde zumindest ein Ausgleich mit Blick auf die wirtschaftlichen Interessen im Nishi-Rosen Protokoll festgeschrieben. Die Unabhängigkeit Koreas sollte weiterhin gewahrt bleiben. Die koreanische Halbinsel blieb aufgrund der beiderseitigen Interessen in dieser Region fortwährend ein Zankapfel, etwas, das die *Marine Rundschau* 1904 klar und einfach formuliert: „Die Küsten Koreas und des nördlichen Chinas sind für Rußlands kontinentale Ländermassen in Nordasien die gegebene Ausflußöffnung nach dem Weltmeere, für das Inselreich Japan das Eingangstor in den ihm zunächstliegenden großen Kontinent, welcher das natürliche Absatzgebiet für seine Erzeugnisse und seinen Menschenüberfluß bildet."[26] Die überlappenden Interessen der beiden Mächte in dieser Region mussten also zwangsläufig für die Etablierung einer politischen und möglicherweise auch militärischen Reibungsfläche sorgen, weshalb Itō im November 1901 nochmals in Russland verhandelte, um eine dauerhafte Lösung zu erreichen.[27] Die japanische Position in den letzten Monaten vor Kriegsbeginn wurde dann zudem durch die Haltung Großbritanniens und der Vereinigten Staaten bestärkt, die ebenfalls Interesse an einer Politik der „offenen Tür" in der Mandschurei besaßen und deshalb den russischen Hegemonialanspruch zurückzudrängen versuchten.

Im Deutschen Kaiserreich erhielt Bernhard von Bülow (1849-1929) bereits Ende 1903 vom Botschafter in St. Petersburg, Friedrich Johann von Alvensleben (1836-1913), einen Bericht über die Äußerungen des japanischen Militärattachés in der russischen Hauptstadt, der deutlich machte, wie genau man sich in Japan schon mit dem Krieg als mögliche Option auseinandergesetzt hatte.

> Er [der japanische Militärattaché] glaube, Japan fordere das Protektorat über Korea und lehne die Abtretung eines Hafens im Süden Koreas an Russland ab. Teile der japanischen Armee seien mobil. Die japanische Transportflotte habe 400 000 Tonnen brutto, die Ueberschiffung würde wahrscheinlich auf der Linie Sassebo-Fussan stattfinden, Voraussetzung für eine Ueberschiffung sei jedoch [die] vorherige Vernichtung oder Bindung der russischen Flotte, sonst sei jeder Versuch von Transporten zwecklos. Die erste Aktion in einem eventuellen Kriege werde daher voraussichtlich eine Seeschlacht sein. [...] Eine gewisse Schwierigkeit verursache die Verpflegung, die von der Zufuhr über See abhängig sei, die japanische Flotte müsse daher die Seeverbindung freihalten, denn in Korea selbst seien Verpflegungsmittel nicht aufzutreiben. Nach der Besitznahme von Korea müsste Japan Port Arthur und Wladiwostok angreifen. Diese Operationen würden viel kosten und mit einem leichten Sieg wie im Jahre 1894 könne nicht gerechnet werden. Selbst wenn Japan siege, würde es 15 Jahre brauchen, um sich vom Krieg zu erholen.[28]

Der Zar und sein Vizekönig Alekseev nahmen die Japaner nicht ernst, so dass ein Kompromiss scheiterte. Die russische Unnachgiebigkeit mit Blick auf Korea, das man sich als mögliche Einflusssphäre der Zukunft erhalten wollte, ließ der japanischen Regierung am Ende keine andere Möglichkeit mehr, als sich für den Krieg zu entscheiden.

Es schien klar zu sein, dass ein Beginn des Waffengangs zwischen Japan und Russland auf das beginnende Frühjahr fallen würde.[29] Der Militärattaché in Tokio, Günther von Etzel (1860-1934), meldete zudem Ende November 1903, dass das Offizierskorps der Japaner bereits recht unruhig sei. Zudem bestätigte er die Prognose eines Kriegsausbruchs im Frühjahr.

> Die Stimmung ist begreiflich, da sich das japanische Offizierskorps wohl bewusst ist, dass das militärische Machtverhältnis sich bei längerem Hinziehen der Verhandlungen immer mehr zu Ungunsten Japans verschiebt. Russland hat während der 8 Monate, innerhalb deren (sic!) sich die gegenwärtige Krise nun schon abspielt, seine militärische Lage bedeutend verbessert. [...] Im Frühjahr war militärisch der geeignetste und beste Moment zum Losschlagen. Seitdem haben sich die Verhältnisse bedeutend zu Ungunsten des Inselreiches verändert.[30]

Je mehr Zeit verstrich, umso stärker würde Russland werden, so dass schlussendlich – man fühlt sich an die deutsche Argumentation im Jahre 1914 erinnert – nur ein Präventivkrieg blieb, solange die Kräfteverhältnisse noch einigermaßen vorteilhaft für Japan waren. Am 6. Februar 1904 wurden schließlich die diplomatischen Beziehungen zu Russland abgebrochen und Admiral Tōgō verließ mit zwei Flotten Sasebo (Kyūshū) im Süden Japans, um die russischen Flottenverbände in Port Arthur und Chemulpo (Incheon) anzugreifen. Am 8. Februar 1904 begann schließlich der Russisch-Japanische Krieg, der das 20. Jahrhundert nachhaltig prägen sollte, auch wenn seine Auswirkungen lange unberücksichtigt geblieben sind.

Für die russische Führung kam der japanische Angriff überraschend, da die Vertreter der Regierung und der Zar selbst nicht damit gerechnet hatten, dass Japan wirklich einen Krieg gegen das vermeintlich so überlegene Russland wagen würde. Innerhalb eines Jahres sollte sich zeigen, wie weit diese Annahme von der Wirklichkeit entfernt war. In dieser Zeit würden sich nämlich „die russischen Träume eines asiatischen Schicksals in einen Alptraum aus Niederlage und Revolution verwandelt haben".[31] Von japanischer Seite aus war seit Planungsbeginn klar, dass die Aktionen von Flotte und Heer koordiniert werden mussten, um den Nachschub auf dem Seeweg zu sichern. Der Überraschungsangriff auf Port Arthur sollte deshalb in erster Linie die russischen Schiffe ausschalten, damit diese die Nachschubwege nicht mehr gefährden konnten. Aus dieser Perspektive war der Angriff ohne vorherige Kriegserklärung „eine Frage taktischer Klugheit"[32], selbst wenn hier gegen militärisch-rechtliche Normen verstoßen wurde. Die Attacke hatte einen nationalistischen Aufschrei im Zarenreich zur Folge, der zu Demonstrationen in den Großstädten, heftigen Attacken gegen Japan in der Presse sowie Loyalitätsbekundungen der Bevölkerung gegenüber dem Zaren und seiner Regierung führte.

In Japan zeigte sich ein ähnliches Bild. Zwar waren nicht alle Japaner für den Krieg, dieser hatte jedoch eine durchaus einflussreiche Lobby.[33] Besonders die Soldaten schienen sich förmlich nach der bewaffneten Auseinandersetzung mit dem Feind zu sehnen. Rechtlich war die Kriegseröffnung der Japaner aber strittig. Man hatte ohne Kriegserklärung den Feind attackiert und die Neutralität Koreas missachtet, indem die dort anlandenden Truppen einfach das Land in Richtung Norden durchquerten. Zwar wurde diese Aktion nachträglich von der koreanischen Regierung, der keine andere Wahl gelassen wurde, sanktioniert,[34] es entstand jedoch durchaus eine internationale Diskussion darüber, inwieweit Japans Rechtsbeugung zu ahnden sei. Die japanische Seite rechtfertigte ihre Aktion damit, dass Russland sich zuvor nicht an den Abzugsplan aus der Mandschurei gehalten habe, also zuerst gegen bestehendes Recht verstoßen und damit Japan keine andere Wahl als die Verteidigung der eigenen Interessen in Ostasien gelassen habe. Zudem stilisierte sich die japanische Seite selbst zum Verteidiger der Idee der „offenen Tür" in der Mandschurei, wodurch Sympathien in den USA gewonnen werden konnten.[35] Darüber hinaus wurde Japans Aktion von etlichen anderen Großmächten gebilligt, da deren Vertreter der Ansicht waren, dass Russland durch seine verschleppende Verhandlungstaktik die Japaner brüskiert und ihnen damit keine andere Möglichkeit als den Krieg gelassen habe. Francis Rey, ein französischer Professor für internationales Recht, kam sogar zu dem Schluss, dass Japans Vorgehen zwar bedauerlich, aber durchaus legitim sei.[36]

Die *Mie ancis Rey, ein französisc* kommentierten den Kriegsausbruch am 23. Oktober 1904 mit Blick auf Japan wiederum sehr kritisch: „Um den Krieg herbeizuführen, sah sich Japan genötigt, eine ganze Reihe widerrechtlicher Handlungen auszuführen: die Schuld am Entstehen des Krieges trägt es allein, und gerade wegen der Art dieser Handlungsweise darf Rußland die Waffen so lange nicht niederlegen, bis Japan sein nach unseren Anschauungen frevelhaftes Handeln gebüßt hat; deshalb kann und wird auch Rußland keine fremde Einmischung dulden."[37] Der Kriegsausbruch und die Art seiner Entstehung stellten in den folgenden Monaten also durchaus ein Diskussionsthema dar, vielleicht auch, weil weitere Aktionen zunächst ausblieben. Von Etzel berichtete nämlich aus Japan über den damaligen Stand der Mobilmachung:

> Die Mobilmachung, Eisenbahn und Seetransporte nehmen ihre ungestörten, aber auffallend langsamen Fortgang. […] [Man] kann man als Gründe dafür nur annehmen, dass die Japaner noch immer nicht die unbedingte Seeherrschaft zu haben glauben; ferner dass die Eisverhältnisse an der Küste der Mandschurei noch nicht das Landen an den Punkten gestatten, welche man dafür in Aussicht genommen hat; endlich dass man vor Überführung des Gros des Feldheeres

> grosse Mengen Proviant und Munition nach dem Festlande schafft. [...] Die Japaner sehen den Ereignissen mit äusserlich grosser Ruhe und festem Vertrauen auf den Sieg ihrer Waffen, auch zu Lande, entgegen. Sie sind zweifellos über die Verhältnisse auf russischer Seite genau orientiert und scheinen von unzulänglichen Vorbereitungen und nur langsam und schwer wieder gut zu machende Unterlassungssünden der Russen überzeugt zu sein. [...] Einen grossen Vorteil werden wohl die Japaner über die Russen haben, das ist die tadellose Organisation ihrer rückwärtigen Verbindungen, des gesamten Nachschubwesens. Hier ist, wie man jetzt schon sehen kann, Alles (sic!) bis aufs Kleinste tadellos vorbereitet.[38]

China erklärte am 12. Februar seine Neutralität, der Konflikt wurde aber dessen ungeachtet auf chinesischem Territorium, in der Mandschurei, ausgetragen. Es war also tatsächlich fast unmöglich, völlig neutral zu bleiben, besonders wenn man bedenkt, dass chinesische Männer nicht selten als Spione auf beiden Seiten zwangsrekrutiert wurden und die Zivilisten unter den Zerstörungen sowie der Verpflegungsakquise der beiden Heere zu leiden hatten.[39] Dessen ungeachtet wurde von der Deutschen Botschaft in Peking „bestätigt, dass Japan mit dem Vorschlage an China herangetreten ist, Amoy vorübergehend zur Stationierung von Kriegsschiffen zu benutzen. Die Chinesische Regierung hat sich jedoch, getreu dem Grundsatz strikter Neutralität, durchaus ablehnend verhalten".[40] Der chinesische Stützpunkt sollte als Operationsbasis für die kommenden Schlachten gegen die Verbände des russischen Ostseegeschwaders, das zur Unterstützung der Pazifikflotte entsandt werden würde, dienen. Es war allerdings offensichtlich, dass China sowohl politisch als auch militärisch nicht dazu in der Lage war, seinen Anspruch auf strikte Neutralität, vor allem in der Mandschurei, gegen Japan dauerhaft durchzusetzen: „Was [...] die mandschurischen Gebiete betrifft, die noch von einer ausländischen Macht besetzt und von deren Truppen noch nicht geräumt sind, so ist Chinas Macht darüber unzureichend, und wird es daher für China kaum möglich sein, hier seiner Neutralität die tatsächliche Wirkung zu verschaffen."[41] Die gesamten Schäden, die für China durch den Krieg entstanden waren, beliefen sich auf etwa 70 Millionen Tael und etwa 20.000 Chinesen starben im Zuge der Auseinandersetzung zwischen Japan und Russland.[42]

Das Deutsche Kaiserreich ließ indessen wie die anderen europäischen Großmächte für die eigenen Vertreter strikte Neutralität erklären: „Nachdem nunmehr zwischen Japan und Russland der

Kriegszustand eingetreten ist, wird die Kaiserliche Regierung im Hinblick auf die freundschaftlichen Beziehungen zu beiden Staaten ihr ernstes Augenmerk auf Erhaltung freundnachbarlicher Verhältnisse richten. Ein Allerhöchstes Edikt, das unsere Neutralität erklärt, ist bereits ergangen".[43] Die Auseinandersetzung sollte aus taktischer Perspektive interessant werden, da man sich in diesem Konflikt weder allein auf die Marine, noch auf das Heer stützen konnte, da die Seemacht Japan auf die Landmacht Russland traf.[44] Im Gegensatz zu den deutschen Beobachtern, die sich sehr intensiv mit diesen Grundvoraussetzungen beschäftigten, schien man in Russland den Krieg immer noch zu unterschätzen: „Man schüttelt namentlich in militärischen Kreisen den Kopf darüber, daß [...] die rußischen Großfürsten in Petersburg oder in den Bädern weilen",[45] anstatt sich mit dem Kriegsgeschehen zu befassen.

Der Oberbefehlshaber der russischen Streitkräfte, Kuropatkin, verfolgte zunächst eine Defensivstrategie, das heißt, er wollte so lange mit der Offensive warten, bis eine numerische Überlegenheit seiner Truppenkontingente gegeben war. Den aktiven Part der Auseinandersetzung stellten deshalb in den ersten Kriegsmonaten vor allem die japanischen Einheiten dar, die die Offensive übernahmen. Die Strategie der Marine schien ähnlich zu sein. Es galt, stets nichts zu riskieren, sondern auf Verstärkungen zu warten.[46] Generell hätte die russische Seite also mindestens fünf bis sieben Monate warten müssen, da die Reisedauer von Truppentransporten über die Transsibirische Eisenbahn vier Wochen betrug. Dabei bestanden etliche Probleme. Zum einen war die Trasse eingleisig, konnte also nicht unbegrenzt befahren werden, die Züge kamen aufgrund der Witterung nur langsam voran und ein einzelner Transport konnte nur etwa 500 Mann transportieren. Zum anderen musste der zugefrorene Baikalsee – eine Distanz von 38 Kilometern – zu Fuß überquert werden, was eine Verzögerung der Reise um ein bis zwei Tage bedeutete.[47] Enorme Verspätungen waren die Folge und „ [m]an kann es daher verstehen, wenn Rußland, wie es offiziell erklärt, nicht damit rechnet, vor Mitte Juni diejenige Streitmacht im fernen Osten operationsfähig zusammen zu haben, die es für die (?) entscheidende Kriegsführung auf dem Lande im gegenwärtigen Kriege für notwendig hält."[48]

Ein weiteres Problem stellte die Versorgung vor Ort dar, denn ein großes Heer musste stets darauf bedacht sein, ausreichend Verpflegung zu generieren, um die eigenen Truppen in gutem Zustand zu erhalten. Der Marineattaché in St. Petersburg, Paul von Hintze (1864-1941), wies eindringlich auf diesen Tatbestand hin: „Bedenken Sie die Schwierigkeit, eine Armee von mehr als 300.000 Mann auf die Dauer mit der einspurigen Eisenbahn in der Mandschurei zu ernähren. Rechnen Sie pro Tag und 1000 Mann einen Waggon für Ernährung, so haben Sie täglich 300 Waggons oder 10 Züge nötig. Dann ist noch nicht für Futter für die Pferde, Munition und sonstige Bedürfnisse gesorgt.“[49] Folglich mussten die russischen Truppentransporte immer wieder unterbrochen werden, um intervallweise Nahrungsmittel nach Ostasien zu senden. Mehl musste beispielsweise aus Russland bezogen werden, wohingegen Fleisch in der Mongolei gekauft wurde, da in der Mandschurei selbst kaum Viehbestände verfügbar waren. Die Fleischversorgung wurde mit dem Anwachsen des Heeres zunehmend schwieriger. Hinzu kam, dass die Truppen während der nun tagelang andauernden Schlachten durch mobile Feldküchen versorgt werden mussten, die Heeresleitung also mit vielen logistischen Schwierigkeiten zu kämpfen hatte.[50] Vorbereitungen zur Lösung solcher Probleme waren ebenso wenig getroffen worden wie ausreichende Analysen des Gegners und seines militärischen Potentials.

Der russische Geheimdienst unterschätzte den Rüstungsstand der japanischen Armee, wobei man beachten muss, dass von japanischer Seite gezielte Falschinformationen während des Krieges gestreut wurden. In der russischen Presse herrschten weiter Stereotype vor, so dass man dachte, man würde die Japaner problemlos besiegen, wie die Chinesen während des Boxeraufstandes. Nur wenige hatten das Bedrohungspotential der Japaner erkannt.Die meisten Informationen der Russen stammten aus der ostasiatischen Presse und waren zuvor durch europäische Nachrichtenbüros gefiltert worden. Im Gegenzug legten die russischen Befehlshaber wenig Wert darauf, geheime militärische Informationen zu zensieren, folglich wurden diese häufig in der russischen Presse ganz freimütig publiziert.[51] Die japanischen Befehlshaber waren viel stärker darum bemüht, militärische Informationen so lange wie möglich geheim zu halten. Erst im Juni 1904 wurde ausländischen Militärbeobachtern ein Transport zur Front organisiert und trotzdem bestanden sehr strenge Auflagen für diejenigen, die vom Kriegsschauplatz berichten sollten:

1) Es wird gebeten, dass sämtliche Mitreisende sich besonders angelegen sein lassen, keine militärischen Geheimnisse zu verraten.

2) Es ist dafür gesorgt, dass die Mitreisenden während der Dauer der Reise Telegramme durch die Feldtelegraphenämter befördern können. Doch sind dieselben unter Beobachtung der nachstehenden Punkte in unverschlossenem Zustand dem dafür bestimmten Offizier zu übergeben:
   a) Chiffretelegramme werden nicht befördert.
   b) Von sämtlichen Mitreisenden dürfen per Tag nicht mehr als 10 Telegramme aufgegeben werden. Das einzelne Telegramm darf nicht mehr als 100 japanische Schriftzeichen oder falls europäisch (englisch) abgefasst nicht mehr als 50 Worte enthalten. [...]

14) [Es ist] darauf zu achten, dass japanische militärische Geheimnisse auch nicht in Privatbriefen anderswohin bekannt gegeben werden dürfen. Mitteilungen an Zeitungen und Zeitschriften sowie an solche Institute, welche dem grossen Publikum zum Besuch offen stehen, müssen die Zensur der mitreisenden Offiziere passieren. Die Herren, welche photographische Apparate mitnehmen, werden darauf aufmerksam gemacht, dass ihnen das Aufnehmen von Photographien je nach der Lage des Falls verboten werden kann.[52]

Der Marineattaché der Deutschen Gesandtschaft in Tokio, Konrad Trummler, musste sich beispielsweise eines V-Mannes bedienen, um sich die „Mobilmachungssachen des Kreuzergeschwaders zu [seiner] Informierung vorzunehmen".[53] Ein halbes Jahr nach Kriegsausbruch wurde es sogar noch schwieriger, an Informationen zu gelangen: „Die Nachrichten sind jetzt spärlicher und unvollständiger als je. Die Japaner wollen über die Ereignisse vor Port Arthur Nichts bekannt geben, bevor die Feste gefallen ist. Dass zahlreiche Kämpfe zu Lande und zur See stattgefunden haben, wird nicht abgeläugnet (sic!), ebensowenig, dass die Kämpfe sehr blutig verlaufen sind."[54] Im Laufe des Krieges nahmen die Bemühungen des russischen Geheimdienstes zu, so dass bis zum Ende der Auseinandersetzung ein echter Militärgeheimdienst entstand. Zu Beginn der Kampfhandlungen habe es in der gesamten russischen Armee nur elf Männer, die Japanisch übersetzen, und nur zwei, die handgeschriebene Meldungen der Japaner entziffern konnten, gegeben. Im Zuge des Krieges erhöhte sich schließlich der Etat, der für den Geheimdienst zur Verfügung stand. Waren es

1903 gerade einmal 50.000 Rubel gewesen, so verzehnfachte sich diese Summe bis 1910.[55]

Bereits die erste Landschlacht des Krieges zeigte die Diskrepanz in Bezug auf die Ausbildung, Vorbereitung und Ausstattung der beiden Armeen. Am Yalu traf am 1. Mai 1904 General Kuroki Tamemoto (1844-1923) mit 42.000 Mann auf die russischen Verbände, etwa 19.000 Mann, die dort den Vormarsch der Japaner bremsen sollten. Die Schlacht am Yalu wurde zur ersten Niederlage des Landkrieges für die Armee des Zaren und es wurde schnell klar, dass die Taktiken der Kombattanten hier wesentlich mehr einer Auseinandersetzung zweier Industriestaaten entsprachen als denen, welche gemeinhin in Kolonialkriegen Anwendung fanden.[56] Freiherr Eberhard von Tettau (1857-1922) begleitete die russischen Truppen und berichtete später sehr genau über den Schlachtverlauf: „Nach einer Reihe kleinerer Gefechte gelang es den Japanern, sich auf den Yalu-Inseln festzusetzen; am 30. April begannen sie, aus der gesamten Feldartillerie der Garde und der 2. Division (72 Geschütze) und aus 20 12cm Kruppschen Haubitzen die russischen Stellungen nördlich des Yalu zu beschießen. Die schwache russische Artillerie wurde nach kurzer Zeit zum Schweigen gebracht."[57] In der folgenden Nacht gelang den japanischen Truppen das Übersetzen über den Fluss auf Pontonbrücken und die numerische Überlegenheit der Japaner machte sich am folgenden Tag, vor allem mit Blick auf die eingesetzte Artillerie, schnell bemerkbar:

> Die russischen Kompagnien (sic!) der vorderen Linie hatten, als der Morgen des 1. Mai dammerte (sic!), die Schützengraben besetzt. Sehr bald eröffnete die feindliche Artillerie Schrapnellfeuer, das anfänglich wenig Schaden anrichtete und, nachdem etwa 50 Schuß abgegeben worden, für eine halbe Stunde schwieg. Alsdann aber begann ein überwältigendes Feuer aus über 120 japanischen Geschützen gleichzeitig […]. Die wenigen russischen Geschütze versuchten das Feuer zu erwidern, wurden aber sofort zum Schweigen gebracht.[58]

Die japanischen Einheiten erlitten beim Vormarsch zwar schwere Verluste, die „der Russen waren [jedoch] ungeheuer; von 6000 Mann, die im Kampfe gestanden hatten, waren über 2300, außerdem 70 Offiziere, tot und verwundet."[59] Diese erste Landschlacht machte einige Dinge sehr deutlich: Zum einen war die Dimension der modernen Schlachten eine ganz andere. Es wurden nämlich bereits in diesem ersten Waffengang 800.000 Patronen verschossen. Von Tettau, der als Beobachter die Schlacht verfolgt hatte, erkannte zudem die Schwäche der russischen Führung, denn „es geht aus allen getroffenen Anordnungen hervor, daß es an einer einheitlichen Führung und klaren Befehlserteilung gefehlt hat".[60] Die Aufklärung des zaristischen Heeres schien völlig versagt zu haben und auch die Ausrüstung und Ausbildung der Truppen erwies sich als mangelhaft.

> Das neue russische Feldgeschütz erwies sich für den Gebirgskrieg als viel zu schwer; war es einmal in eine Stellung hereingebracht, so war es im feindlichen Feuer schwer wieder zurückzubekommen; die schwierigen Stellen der Gebirgsstraßen konnten nur mit höchster Anstrengung überwunden werden. Auch waren die Artilleristen mit dem neuen Schnellfeuergeschütz nicht vertraut; nach der Schlacht hörte man vielfach den Wunsch äußern, der Artillerie möchte das alte Geschütz zurückgegeben werden.[61]

Die Leistungen der Japaner, besonders im Hinblick auf die Überquerung des Flusses, wurden von vielen Spezialisten des militärstrategischen Bereichs gelobt. Im Gegensatz zur russischen Artillerie, die sich mitunter gegenseitig beschoss, waren die japanischen Artilleristen gut ausgebildet und die Geschütze selbst im Vorfeld der Schlacht gut getarnt worden. Die Treffersicherheit der Japaner übertraf die des Gegners bei weitem, allerdings wurden hier ebenfalls Unmengen an Geschossen verfeuert. Während die japanische Armee 900 Tote und Verwundete, darunter 30 Offiziere, zu verzeichnen hatte, zählten die Russen 2324 Mann, darunter 70 Offiziere. Als sich die russischen Mannschaften im Angesicht der sich andeutenden Niederlage zurückzogen, wurden sie von japanischer Kavallerie, einer der wenigen Gelegenheiten zum Einsatz dieses Truppenteiles im Kriegsverlauf, verfolgt.[62]

Zudem wurden medizinische Beobachtungen durchgeführt und man wollte trotz der hohen Verlustzahlen eine Humanisierung des Krieges im Gebrauch kleinerer Geschosse, beispielsweise durch das 6,5mm-Gewehr der Japaner, erkennen. Die Wunden schienen weniger schlimm zu sein als bisher, denn meist „erwiesen sich diese im allgemeinen als sehr gutartiger Natur, ein sichtbarer Beweis für die Menschlichkeit dieses sonst so furchtbaren Geschosses. [Die] manchmal geradezu erstaunlich schnelle Heilung der Wunden" wurde als „ein großer Fortschritt in der Richtung der Humanität“[63] betrachtet, was dabei jedoch keine Berücksichtigung fand, war die größere kinetische Energie dieser Geschosse und die damit verbundenen inneren Verletzungen der Soldaten. Am 26. Mai führte General Oku Yasukata (1847-1930) die Zweite Armee gegen Nanshan, nördlich des wichtigen Hafens Dalian. Dadurch wurden die russischen Truppen in Port Arthur von der Verbindung zum nördlichen Heeresteil abgeschnitten und da Kuropatkin nicht bereit war, vorzustoßen, um den Kriegshafen zu befreien, teilte sich die japanische Armee mit dem Ziel, zum einen weiter nach Norden vorzustoßen und zum anderen Port Arthur zu belagern, da eine Ankunft der Flottenverstärkung in diesem wichtigen Kriegshafen verhindert werden sollte. Diese Maßnahme war umso notwendiger, als die Versuche Admiral Tōgōs, die Hafeneinfahrt zu blockieren, am 23. Februar, am 26. März sowie am 3. Mai 1904 gescheitert waren. Nachdem bereits am 19. April des gleichen Jahres die Zweite Pazifikflotte unter Admiral Rožestvenskij aufgestellt worden war, eilte die Einnahme Port Arthurs durch die Japaner umso mehr. Während General Nogi und die Dritte Armee also mit der Belagerung im Süden begannen, brachen die Erste, Zweite und Vierte Armee unter dem Oberbefehl General Ōyama Iwao (1841-1916) nach Norden auf.

Dort sollte die Schlacht von Liaoyang zu einem der ersten Schlüsselereignisse des Krieges werden. Kuropatkin machte den Anschein, in die Offensive zu gehen,[64] zumal hier erstmals eine zahlenmäßige Überlegenheit auf russischer Seite bestand, trafen doch bei Liaoyang 140.000 Russen auf „nur“ 120.000 Japaner. Auch die Zahl der verfügbaren Artillerie schien gleichwertig zu sein, hatten die Russen doch 538 Feldgeschütze zur Verfügung, die den 516 japanischen Geschützen gegenüberstanden.[65] Trotzdem war die japanische Artillerie überlegen, denn neben den genannten Geschützen „verfügten sie über 10 Batterien Mörder und 15cm-Haubitzen sowie über einige vor Port Arthur erbeutete russische 10,5 cm-Flachbahngeschütze.“[66] Hinzu kam, dass die Japaner erneut die Offensive suchten, und damit den Schlachtverlauf bestimmten: „Trotz ihrer Unterlegenheit an Zahl beschlossen die Japaner, nicht nur die starke russische Position anzugreifen, sie faßten sogar den kühnen Entschluß, einen Teil ihrer Kräfte zurückzuhalten, um ihn zu einer Umgehung der russischen Stellungen […] [im Norden] zu verwenden.“[67] Das japanische Vorgehen wurde allgemein als sehr risikoreich betrachtet, aber dank der guten Ausbildung der Soldaten konnte Ōyama das Heer zu einem weiteren Erfolg führen, allerdings nicht ohne ebenfalls durchaus hohe Verluste zu verzeichnen. Trotzdem waren die japanischen Truppenbewegungen meist besser koordiniert und schneller, so dass man bei zahlenmäßiger Unterlegenheit wesentlich aktiver agieren konnte als der Gegner. Die offizielle britische Berichterstattung über die Kriegseindrücke war deshalb voll des Lobes über die japanischen Soldaten.[68] Diese unerschütterliche Courage der Japaner trug offenbar dazu bei, sie von Sieg zu Sieg zu führen, selbst wenn die Überwindung des Gegners nur durch hohe Opferzahlen zu erreichen war. Nach der Niederlage von Liaoyang schien das „Schicksal der russischen Mandschurei-Armee endgültig besiegelt"[69] zu sein und die verbliebenen Truppenteile zogen sich erneut in Richtung Norden zurück. Die Japaner konnten die Verfolgung nicht sofort aufnehmen, da man aufgrund der langen Schlachtdauer sowie der 23.000 Mann Verlust zunächst Zeit benötigte, um sich zu reorganisieren. Außerdem hoffte man auf eine schnelle Beendigung der Belagerung von Port Arthur, um aus dem Süden Nachschub an Soldaten und der so wichtigen Artillerie, die dort gebunden war, zu erhalten.

Port Arthur sollte zu einem Massengrab werden, doch die erhoffte Verstärkung aus dem Süden ließ zunächst auf sich warten. Der befestigte Kriegshafen galt gemeinhin als das „Bollwerk Rußlands in Ostasien"[70] oder als „Gibraltar des Orients"[71] und von Alvensleben wies nicht von ungefähr auf die taktische Bedeutung dieses Stützpunktes hin: „Port Arthur sei als Festung, die den ersten Ansturm von feindlicher Seite werde aushalten müssen, von grossem Werte".[72] Beim Angriff auf Port Arthur mussten zudem schwere Geschütze, wie sie beispielsweise auf Schiffen Verwendung fanden, eingesetzt werden, denn nur so war man dazu in der Lage, den Befestigungsring zu zerstören. Die Japaner waren mit Blick auf die Niederringung der Festungsanlage trotzdem optimistisch.

> General Kuroptakin hat einmal gesagt „Port Arthur können auch gegen den stärksten Feind der Welt leicht 3 Jahre verteidigt werden". Gegen die so charakterisierte, unvergleichlich starke Festung wollte unsre Belagerungsarmee in nur 3 tägigem Kampfe vorgehen und ihre Uebergabe erzwingen. [...] auf dem Lande standen etwa 5 Divisionen zum Angriff bereit [...] Besatzung des Feindes gegenüber, die sich

> hinter einem dichten Kranz von 57 grösseren oder kleineren Batterien befand. Die Festungsgeschütze zählten an schweren allein 200, die Zahl der übrigen Geschütze, Maschinenkanonen u.s.w. belief sich auf mehrere Hundert.[73]

In Port Arthur war zudem jeder Hügel, jede Erhebung befestigt worden und zahlreiche Geschütze sowie Maschinengewehre sicherten den Festungsring gegen Angriffe von allen Seiten. Hinzu kam, dass die Japaner erst die erhöhten Verteidigungsanlagen erklimmen mussten, bevor man den Gegner wirklich attackieren konnte. Hier hatten die Japaner erstmals keine genauen Informationen darüber, welche Ausbaumaßnahmen seit 1898 getroffen worden waren, mussten aber gleichzeitig einem strikten Zeitplan folgen, um einen langen Zweifrontenkrieg zu vermeiden, und hatten das Munitionsbudget für den Belagerungszeitraum viel zu niedrig angesetzt.[74]

Die einzige Lösung dachte man im Massenangriff menschlicher Kugeln (nikudan kogeki) gefunden zu haben. Was von den japanischen Nationalisten im Nachhinein als Beweis der Überlegenheit des japanischen Willens gedeutet wurde, war im Grunde genommen nichts anderes als die Opferung unzähliger Menschenleben zur Erreichung eines militärischen Ziels. Der mögliche Fall von Port Arthur beschäftigte in diesen Tagen auch die deutsche Marine, deren Vizeadmiral Curt von Prittwitz (1849-1922) den deutschen Kaiser Wilhelm II. (1859-1941) über die Bedeutung der Belagerung informierte:

> Zur Zeit wird die Lage fast ausschliesslich von der Frage beherrscht „wird Port Arthur fallen oder nicht." Den hiesigen Parteigängern Russlands ist es schwer noch an einen ehrenvollen Ausgang des Krieges für Russland zu glauben, aber auch die Japan-freundlichen Engländer und Chinesen verlieren an Siegeszuversicht, je länger sich die Entscheidung hinauszieht. Handel und Schifffahrt leiden unter der durch den Kriege hervorgerufenen Unsicherheit.[75]

Sakurai Tadayoshi, der vor Port Arthur zum Einsatz kam, beschrieb den immensen Preis, den die Japaner für die Einnahme der Festungsanlagen zu zahlen hatten: „Die Körper der tapferen Toten bildeten Hügel auf Hügel, ihr Blut bildete Ströme in den Tälern."[76] Ungeachtet dieser Erfahrung waren die japanischen Soldaten nicht bereit, ihre Bemühungen zur Erstürmung einzustellen.

Man konnte auf dem Schlachtfeld beinahe nirgendwo mehr gehen, ohne auf einen Verwundeten oder eine Leiche zu treten. Der Anblick dieser Szenerie muss wahrlich grauenvoll gewesen sein. Doch die zahlreichen Verluste und die anschließende Belagerung machten die Lage für die Russen immer schwieriger, beinahe verzweifelt.[77]

Mit der zunehmenden Dauer der Belagerung[78] wuchs der Druck auf Nogi, zumal die japanische Führung die Artillerie, die zum Beschuss der Festung abgestellt worden war, dringend für die Fortsetzung des japanischen Vormarsches im Norden benötigt wurde. Je mehr Zeit verging, desto mehr russische Truppen konnten Kuropatkins bisherige Verluste ausgleichen und den Feind unnötig stärken. Nogi schien keine Lösung zu finden, weshalb man ihm General Kodama Gentarō (1852-1906), der die japanischen Operationen in der Mandschurei geplant hatte, zur Seite stellte. Kodama erkannte die Bedeutung des 203 Meter hohen Hügels, von dem aus man den Hafen und die Stadt unter Beschuss nehmen konnte und empfahl einen Sturmangriff auf denselben. Dessen Einnahme war schon deshalb notwendig, da Port Arthur nie gänzlich vom Nachschub zur See abgeschnitten wurde, was die mögliche Belagerungszeit, die von der Festungsbesatzung ausgehalten werden konnte, von zweieinhalb auf sieben Monate verlängerte.[79] Noch am 24. Dezember 1904 hatte man von russischer Seite aus versucht, die Belagerten mit Munition zu versorgen.[80] Insgesamt waren es zwei Faktoren die letztlich zur Kapitulation von Port Arthur führen mussten. Einer davon war die schlechte Versorgungslage der Verteidiger, wie sie in den folgenden Berichten russischer Offiziere zusammengefasst wurde:

> Die Nahrung bestand grösstenteils in der letzten Zeit aus Pferde- und Maultierfleisch. [...] Die Munition ist in der letzten Zeit gänzlich ausgegangen. [...] [Es] wurden Granaten auf der Werft gegossen. Als Sprengladung dieser Granaten sowie als Füllung der Handgranaten wurde der Inhalt der Torpedoköpfe von den vielen an den Strand geschwemmten japanischen Torpedos benutzt. [...] Fernerhin wurde behauptet und auf mein Lächeln mir versichert, dass täglich nahezu 50 nicht explodierte japanische Geschosse eines bestimmten Kalibers von russischen Geschützen gleichen Kalibers, aber mit entgegengesetztem Drall wieder zurückgefeuert wären.[81]

Der andere Faktor, der zur Kapitulation führte, war die oben bereits genannte Abstellung General Kodamas nach Port Arthur.

Nachdem es Kritik an der Dritten Armee aus den eigenen Reihen gegeben hatte, blieb der Führung nichts anderes übrig, als zu reagieren. Am 5. Dezember konnte schließlich der Hügel eingenommen und mit großkalibrigen Geschützen beschossen werden. Die verbliebenen Schiffe im Hafen wurden versenkt und den Verteidigern blieb nun keine Wahl: Man musste kapitulieren.[82]

Insgesamt hatte die Einnahme Port Arthurs die Japaner mehr als 60.000 Tote und Verwundete gekostet und sie bedeutete eine erhebliche Schwächung der Gesamtstärke des Heeres. Die Operationen im Zuge der Erstürmungsversuche und der anschließenden Belagerung hatten demonstriert, dass sich der Charakter des Krieges in den letzten zehn Jahren stark verändert hatte. Während die Erstürmung 1894 gerade einmal 24 Stunden in Anspruch nahm, waren ein Jahrzehnt später tausende Menschen und etwa sieben Monate nötig, um das gleiche Ziel, die Übergabe der Festung am 6. Januar 1905, zu erreichen. Das *Kleine Journal* beschrieb die Situation der russischen Soldaten bereits im Dezember 1904 mit den passenden Worten: „jetzt wird doch kein Krieg geführt, das ist doch ein regelrechtes Abschlachten."[83] Nach der Übergabe Port Arthurs konnte Nogi endlich nach Norden aufbrechen, wo sich die japanische Armee auf den Angriff auf Mukden vorbereitete.[84]

Ungeachtet der schlechten Leistung Nogis wurde er selbst nach dem Krieg zu einem der Helden stilisiert. Mit seinem Ruhm wuchs gleichzeitig die Popularität des Bajonett-Kultes innerhalb der japanischen Armee. Genauso wie Nogi zum nationalen Helden wurde, erhob man den Generalangriff japanischer Bajonette zum Garanten des Sieges. Eine fatale Einschätzung, wie sich in den kommenden Konflikten unter Beweis stellen würde.[85] Es scheint beinahe ironisch, dass gerade Hamilton, der selbst im Zuge der Landungsoperation von Gallipoli 1915 scheitern sollte, eine positive Meinung über Nogi besaß.[86]

Die Russen auf der anderen Seite waren nicht dazu in der Lage, den Vorteil, der durch die lange Belagerungszeit entstand, auszunutzen und militärisch zu verwerten. Die Verantwortlichen hatten es nicht nur versäumt, die beiden Flottenteile in Port Arthur und Wladiwostok zu koordinieren, sondern auch die zeitweilige Erschöpfung und numerische Unterlegenheit der japanischen Armee nicht zu einem Gegenschlag genutzt. Es sollte deshalb zu einer weiteren Feldschlacht kommen, der bis dahin größten der Menschheitsgeschichte, der Schlacht von Mukden.[87]

Nachdem sich Kuropatkin aus der Schlacht am Shaho vom 5. Oktober bis 17. Oktober 1904 erneut zurückgezogen hatte, erwartete er die Japaner in Mukden. Mit 160.000 Mann Verlusten auf beiden Seiten – 90.000 auf russischer, 70.000 auf japanischer Seite – zählt die Schlacht von Mukden vom 20. Februar bis zum 10. März 1905 zu den gewaltigsten der Geschichte. Auf breiter Front agierten hier Hunderttausende Soldaten, um einen entscheidenden Sieg zu erzwingen. Die Japaner waren zwar letzten Endes überlegen, konnten aber nur unter schweren Verlusten die Oberhand erringen. Zudem gelang es ihnen nicht, das russische Heer vernichtend zu schlagen, da sich Kuropatkin rechtzeitig aus dem Gefecht zurückgezogen hatte. Mukden war folglich nicht mehr als ein Pyrrhussieg der Japaner.[88] Während die Japaner wieder einmal nicht dazu in der Lage waren, den Krieg durch eine entscheidende Schlacht zu gewinnen, waren auch die Russen nicht erfolgreich und wie immer hatte man den Eindruck, dass deren Offensive zu spät komme.[89] Konnte die *Bayrische Rundschau* im September 1904[90] noch die schier endlosen Reserven der Japaner zitieren, so war dies im März 1905 längst nicht mehr der Fall. Obwohl Russland zwar nicht eine einzige Landschlacht des Krieges gewonnen hatte, stellte seine Armee im Norden der Mandschurei immer noch eine Bedrohung dar – nach Mukden mehr denn je, denn die japanischen Kräfte waren erschöpft, die Versorgungswege weit und die wirtschaftliche Kapazität des Landes beinahe am Ende. Da Japan seine Siege nicht ausreichend nutzen konnte und beide Mächte darüber hinaus ebenfalls nicht dazu in der Lage waren, den Gegner militärisch-geografisch zu blockieren, musste der Frieden anders herbeigeführt werden. Man hoffte in St. Petersburg deshalb besonders auf das Eintreffen der Zweiten Pazifikflotte.

Die meisten Militärstrategen zogen aus dem Landkrieg ihre Lehren, auch wenn es oft die falschen waren. Es war die Offensive, die gesucht werden musste, denn wenn diese zusätzlich einem guten Plan folgte, konnte sie zum Erfolgsgaranten werden. Bird verteidigte in seiner Darstellung zwar Kuropatkin, kritisierte ihn aber aufgrund mangelnder Initiative für seine Strategie.[91] Von Tettau nahm in seiner Beschreibung der Ereignisse und dem Urteil über die russischen Streitkräfte ebenfalls kein Blatt vor den Mund:

> Wohl kann man ohne Bedenken einen Siegeszug schildern, den man bei einem fremden Heere mitgemacht hat. Ein solcher aber war uns leider nicht beschieden. Ich kann nicht von Erfolgen des Heeres berichten, in dem wie 1 1/2 Jahre Kameradschaft genossen haben. Der Gast aber, der aus dem Hause, in dem er Gastfreundschaft empfangen, unangenehme Dinge ausplaudert, kann als undankbar gelten. Und doch hat die Schilderung von Kriegsereignissen nur dann einen Wert, wenn man offen und frei seine Ansicht sagt. [...] Wenn ich also hin und wieder Dinge sagen muß, die einem russischen Ohr vielleicht nicht angenehm klingen, so geschieht es nicht, um irgend jemand zu verletzen, sondern um der Sache willen, der wir Soldaten alle dienen und der man nur durch freie ehrliche Aussprache nützen kann. [...] Treu, selbstverleugnen, seinem Vorgesetzten voll vertrauend, bietet der russische Soldat in der Hand guter Führer ein Material, wie es kaum eine andere Armee der Welt besitzt. [...] Daß dieses treffliche Material trotzdem versagte, dafür waren der Ursachen viel; sie lagen in der Vorbereitung, in der Verwendung des Materials.[92]

Insgesamt sei vor allem die moralische Schwäche der russischen Soldaten und die mangelnde Unterstützung von Seiten Heimatfront für das schlechte Abschneiden der Russen im Landkrieg verantwortlich gewesen. Diese Schwächen sollten sich nicht nur im Landkrieg, sondern auch in den Seeschlachten offenbaren.

Der Seekrieg

Japan hatte bereits im Sino-Japanischen Krieg unter Beweis gestellt, wozu die eigene Flotte in der Lage war, allerdings wurden diese Seesiege kaum als einer westlichen Macht ebenbürtig empfunden, zumal man gegen die chinesische Flotte, die vor allem unter Nachschubproblemen litt und deshalb eher defensiv agierte, angetreten war. Die schnellen Erfolge zur See hatten selbst die Japaner überrascht, die nicht mit einer derartigen Überlegenheit gerechnet hatten. Die chinesische Flotte als solche war mit Blick auf ihre Admiräle derartig heterogen, dass ein einheitliches Agieren gegen die japanischen Schiffe nicht zustande kam. Zwar hatte Japan eine überlegene Ausbildung der eigenen Mannschaften, eine hervorragende Manövrierfähigkeit sowie den sehr guten Umgang mit Explosionsgeschossen unter Beweis gestellt, das allein reichte aber vermutlich nach Einschätzung der internationalen Beobachter nicht für einen erfolgreichen Seekrieg gegen eine westliche Großmacht aus.[93]

Russland, das traditionell eher eine Landmacht darstellte, begann seit dem Ende des 19. Jahrhunderts mit der Aufrüstung seiner Marine. Zeitgleich mit der Pachtung Port Arthurs wurde ein Flottenbauprogramm ins Auge gefasst, welches für die Expansion in Ostasien bis 1905 Parität mit Japan in dieser Region erzielen sollte. Ein Kriegsspiel der russischen Marineakademie des Jahres 1896 belegte die Unterlegenheit der Zarenflotte im Pazifik, die, so der Schluss, den man aus dem Manöver zog, erst auf Verstärkung aus dem europäischen Russland warten müsste, bevor der Kampf gegen die japanische Flotte offensiv aufgenommen werden könnte.[94] Während des Russisch-Japanischen Krieges wurde diese Taktik dann verfolgt, dennoch bestanden darüber hinaus zusätzliche Probleme. Zum einen war Vizekönig Alekseev nicht bereit, mit dem Marineministerium zusammenzuarbeiten, um die Taktik des Seekrieges zentral zu koordinieren, zum anderen waren die veralteten russischen Schiffe den modernen japanischen Kriegsschiffen aus britischen Werften lediglich numerisch, dagegen nicht mehr technologisch überlegen. So hatte Korvettenkapitän Funke, der zur Beobachtung der Kriegsereignisse nach Port Arthur gesandt worden war, nichts Gutes über den Vizekönig des Fernen Ostens zu berichten:

> Alexeieff wird geschildert als ein Mann, der von jeher nur für seine persönlichen Vorteile gearbeitet hat, das Wohl des ganzen war ihm dabei völlig gleichgültig. Leute, die ihn auf Missstände aufmerksam machten und die eine eigene Meinung äusserten, duldete er nicht um sich, nur unterwürfige Naturen und solche, die sich seinem luxuriösen Lebenswandel anschlossen, erfreuten sich seines Wohlwollens. So kam es, dass bei Ausbruch des Krieges weder die ostsibirische Armee noch die ostasiatische Flotte auch nur über einen tüchtigen Admiral bez. General verfügte.[95]

1903 bestimmte die russische Führung die Strategie für einen möglichen Krieg gegen Japan: Es sollten lediglich Truppentransporte verhindert werden, die direkte Konfrontation war zu meiden, bis europäische Verstärkungen eintrafen. Ähnlich dem Vorgehen im Landkrieg bestimmte zur See eine defensive Haltung die Strategie, was bei genauerer Betrachtung des Rüstungsstandes nicht zwingend geboten war, zumal ein aktiveres Agieren die Truppentransporte der Japaner zum Kriegsschauplatz erheblich erschwert hätte.

Rüstungsstand der russischen und japanischen Flotte im Januar 1904[96]

Typ	Russland	Japan
Schlachtschiffe	7	6
bewaffnete Kreuzer	4	6
Kreuzer	7	12
Kanonenboote	6	8
Torpedoboote	37	46

Die russischen Schlachtschiffe Peresvet (1898), Petropavlovsk (1894), Pobeda (1900), Poltava (1894), Retvizan (1900), Sevastopol (1895) und Tsesarevich (1901) waren zwar alle nicht unbedingt auf dem neuesten Stand, offensiv eingesetzt hätten sie aber, zumal Tōgō bei der Blockierung der Hafeneinfahrt von Port Arthur scheitern sollte, wesentlich mehr Schaden anrichten können, als es tatsächlich der Fall sein würde.

Sowohl Russland als auch Japan hatten schon im Oktober 1903 mit Kohlenankäufen begonnen, es schien also offensichtlich, dass die Marinestäbe in St. Petersburg und Tokio auf einen möglichen Seekrieg vorbereitet sein wollten.[97] Besonders das Zarenreich musste um solche Vorbereitungen besorgt sein, denn Japan verfügte dank der Nähe zum potentiellen Kriegsschauplatz über die bessere Infrastruktur, wenn es um die Verfügbarkeit von Docks, Werften und Kohlestationen ging.[98] Die Analyse der folgenden Seeschlachten machte aber für alle internationalen Beobachter deutlich, dass der Besitz einer großen Flotte allein selten über den Ausgang eines Krieges entscheidet. Es wurde gleichzeitig deutlich, dass es einfacher war, einen Seekrieg zu führen, wenn „der Gegner an strategischer und taktischer Kurzsichtigkeit [litt]“.[99]

Das erste Seegefecht des Krieges fand tatsächlich bereits am Nachmittag des 8. Februar 1904 bei Chemulpo statt, indem der russische Kreuzer Warjag von einer der beiden japanischen Flotten, die zwei Tage zuvor Sasebo verlassen hatten, versenkt wurde. Die deutschen Marinebeobachter Oberstleutnant von Förster und Hauptmann Hoffmann berichteten über dieses Gefecht Mitte April nach Berlin,

> Die Russen behaupteten, daß die Japaner im allgemeinen nicht sehr gut geschossen hätten. Die großen Verluste seien erst eingetreten, als der „Warjag" infolge des Treffers in die Rudermaschine stoppen mußte. Die Wirkung der Pikrinsäure-Granaten soll sehr erheblich gewesen sein. Die getroffenen Mannschaften waren über und über mit kleinen Sprengstücken bedeckt.[100]

In der Nacht vom 8. auf den 9. Februar 1904 attackierte die andere japanische Flotte schließlich Port Arthur. Dabei wurden die russischen Schiffe Pallada, Retvizan und Tsesarevich beschädigt und etliche Seeleute erlitten eine Vergiftung durch Melinitgase. Ein Besatzungsmitglied berichtete der *Nova Krai* später über die Vorfälle:

> Das Geschwader lag in 3 Reihen auf der äusseren Rhede; dem Ufer am nächsten die Linienschiffe, am weitesten in See in der dritten Linie die Kreuzer; in der zweiten Linie am weitesten hinein bei den unterseeischen Riffen gegenüber den Landhäusern lag der „Zessarewitsch". Das Geschwader hatte Dampf auf und Befehl, zur Torpedobootsabwehr vorbereitet zu sein [...] Um 11h 38 m hörte der Kommandant in der Kajüte das Kommando „Torpedobootsabwehr". Sich anziehen und an Deck eilen war das Werk von 2 Minuten. In dieser Zeit wurde das Feuer [...] eröffnet. Kaum war der Kommandant an Deck, da sah er am Heck auf der Seite nach Dalli hin 2 japanische Torpedoboote und gleich nachher sah er deutlich einen von B.B. auf das Heck zukommenden Torpedo; 1 Sekunde und die Explosion erfolgte.[101]

In vielen Hauptstädten der Welt ging man davon aus, dass die Russen von dem japanischen Angriff völlig überrascht worden seien, was durch einen weiteren Geheimbericht des Marineattachés in Port Arthur widerlegt wurde: „Die in den Zeitungen verbreitete Nachricht, man sei völlig überrascht worden, die Schiffe hätten mit Lichtern gelegen, die Offiziere seien an Land gewesen usw. ist unrichtig. Admiral Stark war sich des Ernstes der Lage wohl bewusst. Er hatte mehrfach Admiral Alexejeff Vorstellungen darüber gemacht, dort aber die Versicherung erhalten, die letzten Nachrichten aus St. Petersburg schlössen einen baldigen Kriegsausbruch aus."[102] Relativierend meldete das Deutsche Konsulat in Moskau:

> Ein Angriff wurde von russischer Seite nicht erwartet; die Gerüchte, dass ein Fest gefeiert worden wäre, dass die Offiziere sich an Land

> begeben hätten u.s.w. sind unrichtig; sämtliche Offiziere und Mannschaften, sowie die französischen Mechaniker waren an Bord, die russische Flotte war aber nicht klar zum Gefecht und an Bord [...] erfuhr man die Anwesenheit des Feindes erst, als der Torpedo traf. [...] [Insgesamt betrachtet war] die russische Flotte so wenig auf einen Angriff gefasst, dass die japanischen Torpedoboote, wenn ihre Führer dies gewusst hätten, bei längerem Verweilen sämtliche russische Schiffe hätten vernichten können.[103]

Während sich die russische Flotte langsam vom Schock des Angriffs erholte, wartete Admiral Tōgō zunächst ab, da er keine direkte Konfrontation wagen wollte, so lange die Truppentransporte noch nicht abgeschlossen waren und er sich einer vorteilhaften Position nicht sicher sein konnte. Für ihn galt es, so wenig Schiffe wie möglich zu verlieren, da trotz der Nähe zu dem Heimathafen keine Möglichkeit auf einen schnellen Ersatz bestand, sollte eines seiner Schlachtschiffe versenkt werden. Die russischen Medien nutzten derweil das Abziehen der Japaner, um von einem Sieg der russischen Flotte zu sprechen. So berichtete die *Novoje Vremja* am 10. März 1904 von dem Ausgang des japanischen Angriffes am 9. Februar: „Nur dem Umstande, dass die angreifenden Schiffe unseres Geschwaders mit Schnellfeuer und in schneller Fahrt sich am Kampfe beteiligten und infolgedessen dem Feinde keine Möglichkeit zum Einschiessen boten, ist es zu danken, dass die Schlacht am 27. Januar glücklich verlief und die Japaner mit bedeutendem Verlust abzogen."[104]

Als die japanische Flotte Ende Februar erneut vor Port Arthur auftauchte, war Tōgō nicht zu einem Angriff bereit und zog, nachdem er in Reichweite der russischen Geschütze gelangt war, wieder ab, ohne irgendeinen Schaden anzurichten. Zu diesem Zeitpunkt mag es dem japanischen General eher darum gegangen sein, zu beobachten, wie die russische Flotte auf die Vorfälle reagierte und auszuloten, ob er es mit einem aktiven oder eher passiven Gegner zu tun haben würde. Die japanische Regierung war zudem eher verhalten, wenn es um die Bewertung des ersten Erfolges während des Überraschungsangriffes auf die gegnerische Flotte ging, da dieses Ereignis kaum Einfluss auf den weiteren Verlauf des Seekrieges nehmen würde.

Zunächst einmal versuchte Tōgō am 23. Februar 1904, die Hafeneinfahrt von Port Arthur zu sperren. Dazu wurden unter anderem fünf alte Dampfer akquiriert, die direkt vor Ort versenkt werden sollten.[105] Dieser Versuch scheiterte vor allem am Feuer der russischen Geschütze, da nicht alle japanischen Schiffe den anvisierten Versenkungspunkt erreichten. Auch der zweite Versuch Ende März scheiterte aus den gleichen Gründen. Die *Marine Rundschau* kommentierte das Vorgehen der japanischen Marine korrekt:

> Die vielen künstlichen Unternehmungen der Japaner gegen Port Arthur zeigen, daß sie sich noch keineswegs stark genug fühlen, um einen entscheidenden Angriff auf dasselbe zu wagen. Andererseits deuten die verzweifelten Versuche, den Hafeneingang zu sperren, darauf hin, daß es auch nach den ersten Erfolgen auf der See doch allein die russische Flotte ist, welche ihnen im Wege ist, und welche sie daher mit allen Mitteln lahmzulegen suchen.[106]

Anfang Mai 1904 scheiterte dann selbst der dritte Versuch, die Hafeneinfahrt zu blockieren, so dass sich Tōgō entschloss, Minen verlegen zu lassen und dem Hauptquartier meldete, dass man mit den Truppentransporten beginnen konnte und das, obwohl nicht ausgeschlossen werden konnte, dass russische Schlachtschiffe nicht doch diese Transporte angreifen würden, zumal man im Falle eines Ausbruchsversuchs der russischen Flotte nur schwer eine direkte Konfrontation hätte riskieren können. Insgesamt betrachtet war der Versuch, die Flotte des Zaren in Port Arthur dauerhaft aus dem Seekrieg zu nehmen, gescheitert. Die Redakteure der *Marine Rundschau* konnten dieses kühne Vorhaben nur als wagemutig kommentieren:

> Es gehört zweifellos eine gewisse Kühnheit dazu, auf einer Unterlage zu bauen, die erst geschaffen werden muß. Und wenn das russische Geschwader, auf guten Nachrichtendienst gestützt, das japanische Gros in See umgangen und sich dann auf einen der Truppentransporte geworfen hätte, so hätte es denselben leicht nebst seinem Bedeckungsgeschwader vernichten und damit Land- und Seekrieg gleichmäßig schädigen können.[107]

Zum Glück für Tōgō reichte es aber, dass die russischen Kommandeure nicht gewillt waren, auch nur das kleinste Risiko einzugehen, und stattdessen das militärische Potential der Flotte völlig aus dem Spiel nahmen, indem sie diese im Hafen verweilen ließen ohne aktiv in die Geschehnisse einzugreifen.[108] Lediglich einige der Schiffe aus Wladiwostok griffen die japanischen Transporte an, etwas das Schwierigkeiten bereitete, wenn es um die Einhaltung der Transportpläne ging. Völlig verhindern konnten diese Einzelaktionen den Fortgang der Versorgung mit Nachschub von Japan aus nicht.

Hoffnung ließ die Russen die Ankunft des Vizeadmirals Stepan Makarovs (1849-1904) in Port Arthur schöpfen, der die Moral der russischen Seeleute erheblich verbesserte. Darüber hinaus wurde angenommen, dass er eine wesentlich offensivere Taktik verfolgen würde, als das bisher von russischer Seite aus der Fall gewesen war. Am 7. März 1904 traf er in Port Arthur ein und begann sofort mit entsprechenden Maßnahmen. Marineattaché Hintze in St. Petersburg bewertete die Ankunft des altgedienten Veteranen ebenfalls positiv, denn dieser

> hat [...] augenblicklich in Port Arthur 21 kampffähige Torpedoboote. Diese Zahl ist an und für sich bedeutend; ihre Bedeutung wächst bei Gegenüberstellung der bislang geringen Anzahl Japanischer Torpedoboote. Aber letztere haben den lebhaften Anteil an den Unternehmungen genommen, während sich die Russischen Boote mit der Teilnahme an der Abwehr und einigen missglückten Versuchen zu Angriffen begnügt haben. Es steht zu erwarten, dass Makarow demnächst seine Lieblingswaffe kräftiger, und besser vorbereitet und unterstützt, einsetzen wird.[109]

Das kurze offensive Intermezzo Makarovs sollte schnell ein tragisches Ende nehmen. Am 13. April nahm der russische Flottenkommandeur erstmals die Verfolgung Tōgōs auf, sein Schiff, die Petropavlovsk, lief bei seiner Rückkehr in den Hafen jedoch auf eine Mine und sank zusammen mit seinem Kapitän. Ein geheimer Bericht des Marineattachés Hepman beschreibt den Ablauf dieser Tragödie sehr genau:

> Etwas 2 1/2-3 sm vor der Einfahrt erfolgte unter dem Vorderschiff des „Petropawlowsk" unter dem vorderen Turm eine Explosion, die erst nur wenig verspürt wurde, unmittelbar darauf eine zweite von solcher Gewalt, dass der ganze vordere Geschützturm und die Brücke mit allen Aufbauten in die Höhe flog, gleich darauf explodierten die Kessel, der vordere Schornstein und Mast fielen um und das Schiff sank mit dem Bug nach vorne. [...] noch im Moment des Sinkens waren Explosionen und gewaltige Feuer- und Wassersäulen sichtbar. Guirlanden (sic!) von Menschen, wie mir ein Herr sagte, flogen um die Schrauben und durch die Luft. Der ganze Vorgang von der 1. Explosion bis zum völligen Verschwinden des Schiffes dauerte 1-1 1/2 Minuten.[110]

Schockierend war nach diesem Ereignis in erster Linie der Verlust Makarovs, der im Vergleich zum Verlust der Petropavlovsk nicht zu ersetzen war: „Der Tod Makaroffs, der sich in den wenigen Wochen seiner Kommandoführung das Vertrauen und die Sympathien seiner Untergebenen in hohem Masse erworben und die Flotte mit frischer Unternehmungslust und Hoffnung durchsetzt hat, wurde mehr betont als der Verlust des Schiffs und seiner fast ganzen Besatzung."[111] Der Seekrieg war folglich ebenfalls modernisiert worden, wobei die eingesetzten Torpedos und Seeminen hier selbst nach dem eigentlichen Schlachtverlauf noch Schaden anrichteten, wie Hepman weiter zu berichten weiß:

> Russische Streuminen sind schon mehrfach durch den Strom abgedreht worden und treibend gefunden. Man macht sie meist durch einige Schuss unschädlich, die sie zum Sinken oder zur Explosion bringen. An einer in der Pigeon Bay angetriebenen Mine haben sich russische Soldaten zu schaffen gemacht. Diese ist dabei explodiert und von den 12 Soldaten sind ausser einem Kopf und Arm nur ganz kleine Fetzen übrig geblieben.[112] [...] In den japanischen Minen wird der Kontakt bewirkt durch eine Kugel. Die Mine muss sich, um zur Explosion zu kommen, bis zu einem bestimmten Grade (etwa bis zu 60 (Grad)) überlegen. Es ist somit nicht notwendig, dass die Mine, um zu explodieren zu können, berührt wird, sondern es genügt, dass dieselbe durch ein vorbeifahrendes Schiff oder auf eine andere Weise zum Schlingern gebracht wird. So sind häufig Minen durch mit hoher Fahrt vorbeilaufende Torpedoboote, und ebenso häufig – das ist von Port Arthur beobachtet worden – durch den Seegang allein zur Explosion gebracht worden. Diese Einrichtung ist von den Russen an einer angeschwemmten Mine (wahrscheinlich Versager), die auf den Strand geschleppt und dort untersucht wurde, konstatiert worden.[113]

Der verstärkte Einsatz von Minen und Torpedos in diesem Krieg führte nicht nur zu solch tragischen Ereignissen wie dem Tod Makarovs, sondern machten die ehemaligen Kriegsschauplätze auch nach dem Russisch-Japanischen Krieg noch zu einer Gefahr. Die Einfahrt nach Wladiwostok blieb wegen der ausgelegten Minen nach 1905 sehr gefährlich, zumal die russischen Verantwortlichen „selbst nicht genau zu wissen [scheinen], wo die Minen liegen. Die größte Gefahr ist im März, wenn das Eis durch eintretende südliche Winde brechen wird und dann bei nördlichem Winde aus der Bucht treibt, die Minen eventuell mit sich fortreißend."[114] Immer wieder wurden in dieser Gegend und selbst an der japanischen

Küste Minen angeschwemmt, bis 1907 gab es immer wieder Minenunfälle, bei denen Fischerboote zerstört wurden.[115] Besonders den Russen wurde vorgeworfen, „[m]it wenig Energie und Sorgfalt [...] das Minensuchen betrieben zu haben im Gegensatz zu den Japanern, welche unmittelbar nach der Einnahme von Port-Arthur sich haben angelegen sein lassen die Minen zu beseitigen."[116]

Gelegentlich kam es in den Folgemonaten zu kleineren Gefechten auf See, eine größere Schlacht blieb aus. Die russischen Torpedoboote, die durchaus noch in passabler Zahl vorhanden waren,

> scheinen sich über den Zweck ihres Daseins nicht recht klar zu sein. Von keinem der Torpedobootkommandanten hört man, dass er während des Krieges jemals einen Torpedobootangriff auf ein Schiff gemacht hat, man hört nur, dass sie Minen gelegt und Minen gesucht haben, dass sie mit feindlichen Torpedobooten auf grosse Entfernungen Geschützfeuer gewechselt haben, dass sie aber im übrigen jedem grösseren Schiff besonders allen Kreuzern aus dem Wege gegangen sind.[117]

Die russische Führung zeigte keinerlei Elan, diese Boote effizient einzusetzen, beispielsweise in einem Nachtangriff. Die Operationen der Ersten Pazifikflotte endeten schließlich am 10. August 1904, als die Japaner einen Ausbruchsversuch der Verbände aus Port Arthur, um nach Wladiwostok zu gelangen, stoppten. Die Russen kehrten in den Hafen zurück, demontierten die Schiffsgeschütze und konzentrierten sich nun völlig auf die Festungsverteidigung. Bedenkt man, dass Tōgō nun ausreichend Zeit hatte, um auf die Ankunft der Zweiten Pazifikflotte zu warten und die eigenen Schiffe überholen zu lassen, kann diese Entscheidung der russischen Führung nur als fatal bezeichnet werden. Die Hoffnungen des Zarenreiches ruhten auf den Schultern des Geschwaders, das unter dem Befehl von Admiral Rožestvenskij dabei war, den Globus zu umrunden, um zur finalen Seeschlacht und damit in den eigenen Untergang zu reisen.

Russlands Hauptproblem mit Blick auf den Krieg war vor allem geografischer Natur, da der Nachschub erst weite Entfernungen überwinden musste. Das Gleiche galt für die Zweite Pazifikflotte, die erst um den gesamten Globus reisen musste, um überhaupt am Kriegsschauplatz einzutreffen. Zudem stellte die Versorgung dieses Geschwaders mit Kohle ein Problem dar, da viele der potentiellen Kohlestationen auf der Reiseroute in britischer Hand waren: „Ein

Schiff mit modernem Aktionsradius würde also noch auf gewöhnlichem Wege Kohlen für diese Reise ohne Neutralitätsverletzungen erhalten können. Für das Hinüberbringen eines ganzen Geschwaders könnte allerdings die Größe des Kohlebedarfs Schwierigkeiten machen."[118] Bereits Anfang Mai 1904, also nur ein Vierteljahr nach Kriegsbeginn wurde die Aufstellung des Zweiten Pazifikgeschwaders gemeldet, ein Indiz dafür, dass die russische Führung gedachte, den Seekriegsplanungen des Jahres 1896 zu folgen und Verstärkungen nach Ostasien zu entsenden. Russischen Meldungen zufolge, „soll die Fahrt nach Ostasien prompt von statten gehen können [...] Man wird ja sehen, wie weit das berühmte Geschwader kommen wird",[119] war der zynische Kommentar des deutschen Marineattachés Hintze zu dieser kühnen Einschätzung.

Schon bei der Aufstellung des Geschwaders zeichneten sich diverse Probleme ab, die ein Auslaufen unnötig verzögerten. Rožestvenskij hatte kaum Hoffnung, dass er den Kriegsschauplatz noch vor dem Fall Port Arthurs erreichen könnte. Der Admiral der Zweiten Pazifikflotte war den Schilderungen Hintzes zufolge einer der wenigen Realisten in den Reihen des russischen Planungsstabes:

> Sein Verhalten steht in einem gewissen Gegensatz zu der gelassenen Haltung der meisten anderen hohen Seeoffiziere und im scharfen Kontrast zu der, im übrigen hier vorherrschenden zuversichtlichen Stimmung. Ich glaube, dass der Admiral sich lebhafter mit dem Geschick der russischen Flotte im Osten eins fühlt, als viele seiner Kameraden und dass er ein zu kritischer Geist ist, um an eine so schnelle Wendung des Kriegsglückes zu glauben, wie die russische Gesellschaft es gern tut. Damit will ich nicht sagen, dass der Geschwaderchef hoffnungslos ist; er sieht nur schärfer und erwartet einen Umschlag erst von viel Zeit und Arbeit.[120]

Er sollte Recht behalten, was seine Einschätzung der Reisedauer anbelangte, denn zunächst einmal musste die Abreise aufgrund technischer Schwierigkeiten auf den 16. September verschoben werden und die Mitglieder des Stabes gingen davon aus, dass mit einer Reisezeit von 4 bis 5 Monaten zu rechnen sei, wobei das letzten Endes eine Frage des Materials und der Anzahl möglicher Havarien war.

Eine weitere Schwierigkeit stellte die internationale Lage dar. Zwar konnte mit der deutschen Hamburg-Amerika Linie ein Abkommen zur Versorgung der russischen Schiffe mit Kohle getroffen werden, Großbritannien, die Vereinigten Staaten und Italien aber verboten den kriegführenden Parteien, das Gastrecht in ihren Gewässern länger als 24 Stunden in Anspruch zu nehmen. Der Admiral und seine Flotte mussten also in regelmäßigen Abständen die Häfen verlassen und erneut anlaufen, wenn Reparaturen zu erledigen waren. In den britischen Kolonien war zudem eine Versorgung mit Kohle durch die lokalen Behörden zu verhindern. Portugal verbot zudem die Anwerbung von Seeleuten in den entsprechenden Häfen sowie eine Aufstockung der Schiffsbewaffnung. Die sehr heterogene Flotte musste demnach anders versorgt werden und wäre zudem in Krisensituationen nicht dazu in der Lage gewesen, eventuelle Ausfälle adäquat zu ersetzen.

Die erste Krise des Geschwaders ereignete sich allerdings lange bevor man nur in die Nähe kolonialer Gewässer gelangt war. Im Zuge des sogenannten Dogger Bank Zwischenfalls[121] schossen russische Kriegsschiffe auf britische Fischerboote, da man einen Angriff japanischer Torpedoboote in der Nordsee (!) befürchtete.[122] Durch den Vorfall stand eine mögliche Kriegserklärung Großbritanniens gegen Russland im Raum, schließlich waren britische Seeleute ums Leben gekommen. Die Vermittlung Frankreichs verhinderte immerhin den Ausbruch von Kriegshandlungen in Europa, die russische Regierung musste sich entschuldigen und Reparationen an die Hinterbliebenen der toten Fischer zahlen.[123]

Bis nach Gibraltar folgten britische Kreuzer der Flotte, um den Fortgang der Reise zu observieren. In Marokko teilte sich letztlich die russische Flotte. Die kleineren Schiffe sollten den Weg durch den Suez-Kanal nehmen, der Rest würde der Route um Afrika folgen, um Anfang Januar 1905 bei Madagaskar wieder auf den anderen Flottenteil zu stoßen. Zu diesem Zeitpunkt erreichte die vom heißen Klima, der schlechten Versorgungslage sowie den steten Nachrichten von russischen Niederlagen gereizten Besatzungen die Nachricht vom Fall Port Arthurs. Tausende Seemeilen vom eigentlichen Ziel entfernt war klar, dass es nun galt, Wladiwostok zu erreichen. Allein auf der Reise von Madagaskar nach Singapur – etwa 4500 Seemeilen – musste Rožestvenskij 70 Maschinenausfälle notieren. Darüber hinaus hatte das Oberkommando beschlossen, ein drittes Geschwader aufzustellen, auf das Rožestvenskij in Indochina zu warten hatte. Dieses bestand zwar aus allen alten Schiffen, die man in St. Petersburg noch hatte ausfindig machen können, einen militärischen Wert stellten sie dagegen nicht dar, ganz im Gegenteil, die lange Wartezeit der Zweiten Pazifikflotte ermöglichte den Japanern eine umfassende Vorbereitung und Überholung der eigenen Schiffe.

Als das dritte Geschwader endlich eintraf, musste zusätzlich so viel Kohle wie möglich geladen werden, da eine Versorgung östlich von Indochina – wie von Hintze belegt – aussichtslos erschien:

> Die gegenwärtig bei Saigon liegenden etwa 20 Kohlendampfer deutscher und anderer Flagge, die für das II. Geschwader bestimmt sind, warten auf weitere Ordre. Solche wird wohl von dem Ausgang des Marsches Rojestvensky's nach Wladiwostok abhängen. Da die Rheder, welche auf eigenen Faust, ohne sich einem russischen Verbände anzuschliessen, mit Konterbande nach Wladiwostok gehen, auch auf eigene Gefahr handeln, und seitens ihres Staates daran nicht verhindert zu werden brauchen, so werden die Japaner deren Schiffe nach bisherigem Völkerrecht wohl aufbringen, aber kaum als feindliche Transportschiffe behandeln können.[124]

In Wladiwostok selbst schien nur ein geringer Kohlevorrat zu lagern, so dass aus Rožestvenskijs Kriegsschiffen letztlich Transportschiffe für Kohle wurden. Das verlangsamte nicht nur die Geschwindigkeit und Manövrierfähigkeit der Schiffe, es machte den Alltag an Bord für die Besatzung schier unerträglich. Das wird aus einer Beschreibung der Orel, eines der Panzerschiffe, die sich nach der Schlacht von Tsuhima in japanischem Besitz befanden, deutlich:

> Wesentlich für den schmutzigen Zustand des Schiffes ist es wohl gewesen, dass in allen nur denkbaren Räumen Kohlen gelagert waren. Kohlen waren in der Kajüte zum Schutze an den Bordwänden aufgeschichtet, einige Kammern, Messen und alle an Deck befindlichen Hängematten waren mit Kohlen gefüllt gewesen. Man scheint die Schiffe bis zur Grenze der Gefechtsfähigkeit mit Kohlen belastet zu haben. Das Schiff lag 3 Fuss tiefer als normal.[125]

Die Besatzung habe nach Berichten der Japaner „das Schiff […] ohne weiteren Kampf übergeben", denn „die Russen hätten keine Lust mehr zum Weiterkämpfen gehabt!" Zudem wurde die Disziplinlosigkeit der russischen Seeleute moniert: „Die russischen Mannschaften seien nach der Uebergabe des Schiffes vollkommen disziplinlos gewesen, hätten Proviant und Spirituosen geplündert und was sie davon nicht verzehren konnten, sei einfach zerstört worden."[126]

Vollgeladen mit Kohlen, bei schwindender Moral, mangelnder Zuversicht der Führungsoffiziere und einer gewissen taktischen Planlosigkeit machte sich die Zweite Pazifikflotte schließlich auf den Weg von Indochina nach Wladiwostok, wohl wissend, dass ein Gefecht mit den Japanern unausweichlich schien. Gerade deshalb erscheint eine Betrachtung des letzten Kapitels dieser Reise, die Schlacht von Tsushima, beinahe wie das Ende einer beinahe einjährigen Tragödie.

2. Hundert Jahre nach Trafalgar: Die Seeschlacht von Tsushima

Das Ende der Zweiten Pazifikflotte in der Straße von Tsushima sollte auch das Ende der russischen Träume eines ostasiatischen Reiches bedeuten, da sich ein solches ohne eine Flotte weder errichten noch verteidigen ließ. Ungeachtet der Bedeutung, welche die Seeschlacht vom 27. bis 28. Mai 1905 besitzt, wurde sie in der historischen Forschung bisher nur ungenügend gewürdigt. Dabei ist es gerechtfertigt, sie mit wichtigen Seeschlachten wie der von Trafalgar in einem Atemzug zu nennen, denn wie in den folgenden Kapiteln gezeigt wird, veränderte der Ausgang dieser Schlacht nicht nur den Kriegsverlauf, sondern die Geschichte der Welt. Deshalb soll der Ablauf der Ereignisse am 27. und 28. Mai 1905 hier ausführlich abgehandelt werden.[1]

Am Abend des 25. Mai hatte Rožestvenskij Kurs auf Tsushima nehmen lassen. Der Admiral konnte für den weiteren Verlauf der Reise der Zweiten Pazifikflotte zwischen verschiedenen Routen wählen. Neben der Korea-Straße, zwischen Korea und Japan an Tsushima vorbei, blieb ihm noch die Alternative der Tsugaru-Straße, zwischen den japanischen Inseln Honshū und Hokkaidō, wobei diese Rožestvenskij vermutlich zu gefährlich erschien, da er hier direkt durch japanisches Einflussgebiet hätte navigieren müssen. Rein theoretisch hätte eine gänzliche Umfahrung Japans vorgenommen werden können, der russische Admiral konnte den bestehenden Problemen jedoch nicht minder Beachtung schenken. Ziel war es seit dem Fall von Port Arthur im Januar 1905, nach Wladivostok durchzustoßen. Dazu schien ihm die Route durch die Korea-Straße am effektivsten, da sie die kürzeste Verbindung darstellte. Darüber hinaus wusste Rožestvenskij, dass seine Schiffe nicht dazu im Stande waren, lange Distanzen in Kauf zu nehmen, da man trotz der Beladung derselben mit Kohle nicht genügend Brennmaterial haben würde, um eine entscheidende Verlängerung der Reiseroute in Kauf zu nehmen, noch dazu durch japanische Gewässer. Die Flotte suchte ihr Heil deshalb in einem Durchbruch nach Wladivostok und wählte die direkte Verbindung. Die japanische Seite ging jedoch davon aus, dass der Gegner so agieren würde, zumal man bestens über die Nachschubprobleme im Hinblick auf die russische Kohleversorgung informiert war.

Die letzte Etappe der tragischen Reise der Zweiten Pazifikflotte hatte also begonnen. Die Wetterbedingungen waren nicht die besten, was den russischen Seeoffizieren dennoch gelegen kam, da man mehr oder weniger hoffte, möglichst unbemerkt an den Japanern vorbei zu manövrieren. Es ist anzunehmen, dass sich der Stab der zaristischen Pazifikflotte durchaus darüber im Klaren gewesen ist, dass eine Schlacht gegen die japanische Flotte, die ausreichend Zeit gehabt hatte, notwendige Reparaturen vorzunehmen und Übungen durchzuführen, aussichtslos erschien, besonders da die russischen Schiffe durch die Überladung mit Kohle sowohl an Geschwindigkeit als auch an Manövrierfähigkeit eingebüßt hatten. Zudem wären die japanischen Torpedoboote bei einem rauen Seegang nicht wirklich einsatzfähig gewesen, da die leichten Boote nur bei ruhiger See effektiv eingesetzt werden konnten.

Vor dem eigentlichen Flottenverband Rožestvenskijs fuhren die schnellen Kreuzer Svietlana, Almas und Ural, die eine Kundschafterfunktion erfüllten und den Rest der Flotte warnen sollten, falls sie feindliche Kontingente ausmachten. Nach dieser Vorhut folgten die anderen Schiffe in zwei Linien, wobei die Flanken der Flotte jeweils von einem Kreuzer und zwei Torpedobooten geschützt wurden. Am Ende der Formation fuhren noch zwei Hospitalschiffe, die den Zug ergänzten. Insgesamt stellte das russische Kontingent einen schwerfälligen Schiffsverband dar; wie ein alter Wal, um in maritimen Bildern zu bleiben, der bald von einer Horde von Haien attackiert werden würde. Langsam fuhren die russischen Schiffe durch den Regen und die Dunkelheit. Am Folgetag klarte das Wetter auf und Rožestvenskij ging davon aus, dass man am Mittag des Folgetages Tsushima erreichen würde. Der russische Admiral kalkulierte mit dem größtmöglichen Risiko, da er die gefährliche Enge der Korea-Straße mitten am Tag durchqueren wollte. Er war sich bewusst, dass das eine große Gefahr darstellte, er war sich aber auch im Klaren darüber, dass eine Verzögerung den Japanern, die sicherlich längst nach der russischen Flotte fahndeten, in die Hände gespielt hätte. Rožestvenskij suchte nicht die Konfrontation mit der japanischen Marine, für die er eigentlich in den Fernen Osten entsandt worden war, er wollte lediglich nach Wladivostok durchbrechen, um dort die Kräfte zu sammeln und die Flotte als solche im Krieg zu halten. Eine offene Seeschlacht erschien ihm aussichtslos, gleichwohl sollte genau diese stattfinden und seine Ahnungen bestätigen. Prinzipiell scheint er aber versäumt zu haben, seinen Offizieren konkrete Anweisungen zu geben, so dass im Moment der Schlacht eine generelle Unklarheit der Strategie zu panikartigen Reaktionen führen musste.

Admiral Tōgō erwartete seinen Gegner im Japanischen Meer und war bisher über jeden Schritt der Flotte Rožestvenskijs informiert worden. Er hatte die lange Wartezeit gut genutzt und konnte seine gesamte Flotte aufbieten, um dem letzten Aufgebot der russischen Seemacht zu begegnen. Zwar verfügte er nur über vier Schlachtschiffe – die russische Flotte hatte acht –, allerdings kommandierte er acht Kreuzer, die drei russischen gegenüberstanden, so dass er vor allem mit Blick auf die Geschwindigkeit im Vorteil war und wesentlich flexibler und mobiler agieren konnte. Darüber hinaus waren die japanischen Schlachtschiffe „up-to-date“, die Mannschaften besser ausgebildet und durch die letzten Übungen der Marine bestens auf den Ernstfall vorbereitet. Hinzu kommt, dass die Kriegsschiffe der Japaner über eine bessere Panzerung aus Krupp-Stahl verfügten, wodurch direkte Treffer wesentlich besser überstanden werden konnten, als das bei älteren Schiffen der Fall gewesen war. Die japanischen 6-Inch-Geschütze (15,24cm) waren zwar kleiner als die der Russen, dafür aber umso zahlreicher, was einen dauerhaften Beschuss des Gegners gewährleisten und damit schlachtentscheidend werden würde. Insgesamt betrachtet war die japanische Geschützleistung wesentlich besser als die des russischen Gegners, ein weiterer Beleg der guten Ausbildung der Besatzungsmitglieder auf den Kriegsschiffen unter Tōgōs Kommando.

Trotzdem war sich der japanische Admiral der numerischen Überlegenheit der russischen Flotte bewusst, weshalb alle verfügbaren Kapazitäten an Kriegsschiffen, selbst ein antiquiertes Schiff aus den 1880er Jahren, bemannt worden waren. Im Gegensatz zu Rožestvenskij suchte Tōgō eine Entscheidungsschlacht, besonders da ihm klar war, dass ein Durchbruch des gegnerischen Kontingents nach Wladiwostok den Krieg verlängern sowie die russische Verhandlungsposition wesentlich stärken konnte, da Japan in diesem Fall nicht nur gegen ein noch stehendes Heer in der Mandschurei, sondern auch gegen eine noch operationsfähige Flotte hätte agieren müssen und in einem solchen Fall kaum ein günstiger Frieden zu erwarten gewesen wäre.

Die oben angesprochene Manövrierfähigkeit glich die numerischen Unterschiede der Flotten aus, so dass Tōgō durchaus zuversichtlich in die Schlacht gehen konnte. Darüber hinaus vertraute er auf die Fähigkeiten seiner Besatzungen und die klaren Kommandostrukturen, die sicherstellten, dass die japanische Flotte aktionsfähig blieb, falls die Kommunikation zwischen den einzelnen Teilen derselben abreißen sollte. Die knapp 80 Torpedoboote würden ebenfalls einen immensen Vorteil darstellen, der in erster Linie auf dem Plan des japanischen Admirals beruhte. Dieser war simpel gehalten, etwas das in Kriegszeiten oft die größte Effektivität verspricht. Einige seiner schnellen Kreuzer waren zum Kundschaften entsandt worden, während die Flotte in der Bucht von Masampho (Korea) auf deren Meldung einer Sichtung des Gegners wartete. Die Schlachtschiffe und der Großteil der japanischen Schiffe sollte dann die sich nähernden russischen Verbände attackieren, während die kleineren Kreuzer die Flanken des russischen Verbandes umfahren würden, um die Transportschiffe zu zerstören. Sobald die Manövrierfähigkeit der russischen Flotte gänzlich eingeschränkt worden wäre, sollten die Torpedoboote zum Angriff übergehen und die verbliebenen Schiffe des Gegners versenken.

Dieser Plan war einfach, aber effektiv, und da die russische Flotte scheinbar gar nicht gewillt war, eine echte Schlacht anzubieten, blieb eine erbitterte Gegenwehr aus. Die meisten der Seeoffiziere des Zaren hofften tatsächlich nur auf einen Durchbruch mit möglichst wenigen Verlusten. Sie wünschten sich tunlichst schlechtes Wetter, um einer direkten Auseinandersetzung mit der japanischen Flotte und deren Geschützen zu entgehen. Die letzten Manöver am Vortag der Schlacht hatten die schreckliche Wahrheit offensichtlich gemacht. Eine Flotte war nur so gut wie ihr Ausbildungsstand. Die letzte Hoffnung schien also schon erloschen zu sein, bevor die Schlacht überhaupt begann.[2] Für die weitere Fahrt der Zweiten Pazifikflotte hatte Rožestvenskij ein Kommunikationsverbot verhängt, da er fürchtete, die Japaner könnten die Nachrichten der russischen Funktelegraphie abfangen und dadurch ihren Standort bestimmen. Die letzte ruhige Nacht der russischen Flotte war angebrochen, während sie sich langsam aber stetig dem Ende ihrer Reise näherte.

Als der Tag anbrach, waren die japanischen Schiffe, die Tōgō zum Kundschaften entsandt hatte, fündig geworden und erstmals in Sichtweite der russischen Flotte gewesen. In der Bucht von Masampho erhielt der Admiral der Marine Japans nun die Nachricht, dass der Feind endlich eingetroffen war. Die Schlacht konnte beginnen. Innerhalb weniger Minuten wusste Tōgō, wo er die feindliche Flotte antreffen würde und gab die notwendigen Befehle zum Auslaufen.

Die Schiffe lichteten die Anker und die Besatzungen machten sich gefechtsbereit. Die „Kundschafterschiffe" der Japaner wichen der Flotte Rožestvenskijs nicht mehr von der Seite und erstatteten kontinuierlich Bericht über deren Kurs. Gelegentlich tauchten die japanischen Kreuzer im Sichtfeld der Russen auf, die mit einer Zusammenziehung der eigenen Einheiten reagierten, um die Sicherheit der Masse nicht zu verlieren, beziehungsweise sicherzustellen, dass keines der Schiffe vom Gros der Flotte getrennt wurde. Um sieben Uhr morgens meldete der japanische Kreuzer Izumo die Position Rožestvenskijs an Tōgō. Die Russen befanden sich knapp 50 Kilometer südlich von Tsushima. Eine Stunde später tauchten die ersten japanischen Schiffe auf einer Seite des russischen Kontingents auf. Dabei handelte es sich lediglich um eine Formation alter Schiffe, die das russische Kontingent beobachteten. Eine erste Reaktion der Russen blieb in dieser Situation unter anderem wegen des angesprochenen Mangels an Geschwindigkeit aus.

Die russischen Besatzungen waren sich in diesem Augenblick bewusst, dass sie von Feinden begleitet wurden, die nur auf den richtigen Moment des Angriffs zu warten schienen. Psychologisch muss diese Situation sicherlich sehr bedrückend auf die Seeleute der zaristischen Marine und deren Offiziere gewirkt haben. Es war anzunehmen, dass die japanische Flotte bei Tsushima, wo die Korea-Straße nur einen verengten Raum zur Durchfahrt bereithielt, auf die Ankunft der Russen warten würde. Gegen zehn Uhr erschien erneut eine Kreuzerschwadron der Japaner, die die Eröffnung einer Schlacht anbot. Insgesamt machen die Ereignisse des frühen 27. Mai 1905 den Eindruck, als wollten die Japaner den russischen Gegner nur verunsichern und Informationen über dessen Kampfkraft bzw. -bereitschaft sammeln. Für mehr als eine Stunde begleiteten die Kreuzer das Zweite Pazifikgeschwader für etwa fünf Seemeilen auf parallelem Kurs. Um 11:20 Uhr eröffneten die russischen Bordgeschütze schließlich zum ersten Mal das Feuer auf die japanische Kolonne und begannen so das, was als Seeschlacht von Tsushima in die Geschichtsbücher eingehen sollte. Eventuell handelte es sich dabei um einen ungewollten Beschuss, der auf einem Fehler der Geschützmannschaft auf der Orel basierte. Der Rest der Flotte hatte diesen als Signal verstanden, ebenfalls das Feuer auf die japanischen Schiffe zu eröffnen. Es wird bei einer Betrachtung des Schlachtbeginns offensichtlich, dass die Koordination auf russischer Seite alles andere als gut gewesen sein muss.

Die japanischen Geschütze erwiderten das Feuer. Dieser erste Schlagabtausch blieb trotzdem folgenlos, da keine größeren Schäden entstanden waren. Rožestvenskijs Flaggschiff signalisierte zudem, dass Munition zu sparen war, weshalb der Beschuss von russischer Seite aus innerhalb von fünf Minuten stoppte. Die Japaner vergrößerten die Distanz zum zaristischen Flottenverband, so dass ein Beschuss wegen der Entfernung sinnlos wurde. Stattdessen wurde signalisiert, dass das Mittagessen einzunehmen war, etwas, das die Gemüter beruhigte. Die Besatzungen gingen mitunter sogar davon aus, dass das die einzige Kampfhandlung bleiben sollte und dass die japanische Flotte erfolgreich in die Flucht geschlagen worden sei. Gegen Mittag erreichten die Schiffe schließlich Tsushima, als das Signal eintraf, den Kurs in Richtung Wladivostok zu ändern. Während die Offiziere ihr Mittagessen zu sich nahmen und auf das Wohl des Zaren tranken, erklang der Alarm. Die Besatzungsmitglieder eilten auf ihre Posten zurück und erblickten erneut die japanischen Kreuzer. Diesmal wurden sie von Zerstörern begleitet. Auf den Befehl Rožestvenskijs nahmen die vier führenden Schlachtschiffe ihre Aufstellung gegenüber den Kreuzern der Japaner auf, um dann einen parallelen Kurs zum Rest der Flotte zu fahren. Die japanischen Schiffe drehten bei und nahmen Fahrt in Richtung Norden auf.

Um 13:20 Uhr befahl Rožestvenskij, dass sich auch die nächsten vier Schiffe der Vorausabteilung anschließen sollten, um diese zu verstärken. Das Geschwader war nun weit in die Straße von Tsushima vorgedrungen und konnte im vorausliegenden Nebel eine größere Anzahl von Schiffen ausmachen. Tōgō erwartete den Gegner mit seinen gesamten Seestreitkräften. Lediglich die Torpedoboote waren seit dem Morgen in die Bucht von Miura der Insel

Tsushima beordert worden, um sich dort bereitzuhalten. Der japanische Admiral hatte die Schritte seines Gegenübers genauestens verfolgt und wusste, dass es jetzt an der Zeit war, die Beute einzufahren, auf die die japanische Flotte so lange gewartet hatte. Er war über jeden Richtungs- und Formationswechsel der Russen seit dem Morgen informiert worden und hatte die Aufteilung in zwei Kolonnen, mit den Transportschiffen in der Mitte, mit Wohlwollen aufgenommen. Er beschloss, die schwächere Seite des russischen Geschwaders um zwei Uhr Nachmittags anzugreifen, wobei er von der kleinen Insel Okinoshima aus operieren würde. Eine halbe Stunde vorher kamen die Kreuzer, die zuvor die Bewegungen des russischen Gegners observiert hatten, in direkten Sichtkontakt. Als Roževstvenskijs Verband um 13:45 Uhr in Sicht kam, ließ der japanische Admiral von seinem Flaggschiff, der Mikasa, aus signalisieren: „Der Aufstieg oder Untergang des Kaiserreiches hängt von dieser Schlacht ab. Lasst jeden sein äußerstes geben."

Während Tōgō mit seinem Flottenteil den russischen Kurs in einer Distanz von etwa 8,5 Kilometern diagonal passierte, nahmen die leichteren Kreuzer Kurs in Richtung des Geschwaders der Russen, um den Feind von hinten zu attackieren. Tōgōs Plan sah vor, mit seinen Schlachtschiffen das „T zu kreuzen", also in einer Reihe mit seinen Schlachtschiffen den Kurs der Russen zu kreuzen und das Feuer seiner großen Schiffe auf die sich nähernden des russischen Geschwaders zu richten. Dadurch sollte der maximale Schaden auf den gegnerischen Schlachtschiffen, die auf einmal vom gesamten Verband des japanischen Admirals beschossen würden, erreicht werden. Während Tōgōs Mikasa den japanischen Konvoi anführte, ließ Roževstvenskij seine Schiffe nach Steuerbord beidrehen und eröffnete aus etwa 7,7 Kilometern Entfernung das Feuer. Die Japaner warteten, bis sie auf knapp sechs Kilometer an den Feind herangekommen waren, bevor sie den Beschuss erwiderten. Schritt für Schritt folgten die anderen japanischen Schiffe dem Kurs der Mikasa und eröffneten beim Kreuzen des russischen Kurses, sozusagen des T-Punkts, das Feuer. Die geringere Geschwindigkeit stellte hier für das Geschwader des Zaren einen Nachteil dar, so dass es länger dauerte, bis alle den Kurs nach Steuerbord geändert hatten. Die gesamte japanische Flottille feuerte auf die ersten russischen Schiffe und die Geschwindigkeit beim Nachladen ihrer Geschütze musste jeden Beobachter beeindrucken.

Zudem stimmten die japanischen Geschützmannschaften die Distanzen genauestens ab, so dass bald unzählige Geschosse direkt auf den russischen Schlachtschiffen einschlugen und dort verheerende Wirkung erzielten. Die Anzahl der Treffer war wesentlich höher als in bisherigen Seegefechten des Krieges, was mitunter daran gelegen haben mag, dass Tōgō die Wartezeit bis zum Eintreffen des russischen Geschwaders genutzt hatte, um seine Mannschaften an den Geschützen trainieren zu lassen. Kapitän Semenov beschreibt diese Momente in seinem Bericht über die Schlacht: „Es schien einfach unmöglich die Anzahl der Geschosse, die uns trafen, zu zählen. Ich hatte nicht nur nie zuvor solch einen Beschuss erlebt, sondern konnte mir einen solchen auch niemals vorstellen. Immer zu schienen die Geschosse auf uns herunter zu strömen.“[3]

„In diesem Sturm aus Feuer“[4] verloren viele Seeleute ihr Leben. Zudem wurden die für die Signale verantwortlichen Matrosen getötet und bei einer Explosion in der Nähe von Rožestvenskij verlor er zwei seiner Offiziere. Der Admiral wurde lediglich leicht verwundet, aber der kaum mehr als 20 Minuten andauernde Beschuss hatte ein insgesamt verheerendes Ergebnis zur Folge. Die führenden drei russischen Schlachtschiffe Suvorov, Alexander III. und Borodino standen alle in Flammen und dunkler Rauch stieg über ihnen auf. Nach dem Eindruck dieses ersten Schlagabtauschs schien die russische Moral gänzlich gebrochen zu sein. Die Gegenmaßnahmen, u. a. der Beschuss der japanischen Schiffe, wirkten nun noch unkoordinierter als zuvor und verloren deshalb jeglichen Effekt.

Tsushima bewies damit, dass die einzige Möglichkeit, sich des gegnerischen Feuers zu erwehren, der Beschuss durch die eigenen Mannschaften war. Sobald dieser nachließ oder zusammenbrach, war das Schicksal, wie hier der russischen Flotte in der Seeschlacht von Tsushima, besiegelt. Auch Kapitän Semenov war der Unterschied zwischen japanischer Präzision und russischer Kopflosigkeit deutlich aufgefallen. Der Tod machte reiche Beute. Leichenteile flogen nach Granateinschlägen durch die Luft, die Schiffsdecks zerbarsten, Seeleute verbrannten und der Widerstand brach Schritt für Schritt zusammen. Hinzu kam, dass die russischen Schiffe oft gar nicht mehr die Möglichkeit hatten, das japanische Feuer zu erwidern, da die eigenen Geschütze von Geschossen der Japaner zerstört worden waren. Schon nach einer knappen Stunde war jedem noch so patriotischen Verteidiger auf russischer Seite klar, dass diese Schlacht nicht zu gewinnen war.

Das fünfte russische Schlachtschiff, die Ossliabya, wurde oberhalb der Wasserlinie von einem Geschoss getroffen, wodurch ein Leck entstand, welches aufgrund des Seegangs zur Flutung des Schiffes führte. Zwei weitere Treffer besiegelten das Schicksal des Schlachtschiffes, das in den Fluten versank. Einige Zerstörer versuchten in Folge der Ereignisse, die Seeleute, die sich vom Schiff ins Wasser gerettet hatten, aufzunehmen. Der Erfolg der Japaner beim Versenken des gegnerischen Schlachtschiffes zerstörte den Rest von Ordnung, der den Konvoi der Russen zusammengehalten hatte. Mehrere Schiffe scherten aus der Formation aus, während die Schlachtschiffe an vorderster Front der russischen Formation noch mit den Folgen des konzentrierten japanischen Angriffs zu kämpfen hatten. Die Suvorov, die ebenfalls zur ersten Kolonne der Formation gehörte, wurde schwer beschädigt, so dass die Stahlmasten brachen und auf das Deck krachten. Der Anblick, der sich bot, ähnelte kaum noch einem Schlachtschiff. Kurz vor 15 Uhr scherte die Suvorov schließlich aus der Formation aus und für einige Zeit war keine Kommunikation mit der Besatzung möglich.

Das Schlachtschiff Alexander III. übernahm deshalb die Führung der ersten Abteilung der russischen Flotte und ihr Kapitän begann, die russische Pazifikflotte um die Suvorov herum zu manövrieren. Zunächst navigierte er nach Süden, um Abstand von den Japanern zu gewinnen, um dann einen Schwenk zu vollziehen und nach Norden durchzubrechen. Tōgō folgte auf einem parallelen Kurs und ließ einfach die Richtung der Flotte, nicht die Reihenfolge der Schiffe, ändern, so dass er mit seinen zwölf Schiffen erneut angreifen konnte, als die Russen doch versuchten, in nördlicher Richtung zu entkommen. Alle Manöver der japanischen Seite liefen dabei stets mit äußerster Präzision ab. Die Alexander III. war das erste Ziel des gesammelten Feuers von Tōgōs Schiffen. Schließlich blieb die Borodino, um die Führung des zaristischen Geschwaders zu übernehmen, die etwa eine Stunde lang in östlicher Richtung voranfuhr. Tōgō blieb erneut auf einem parallelen Kurs, wobei seine Schiffe nur dann den Beschuss der russischen Schiffe unterbrachen, wenn Nebel oder Rauch die Sichtverhältnisse einschränkten. Die Letzteren wurden von Minute zu Minute unbrauchbarer, da der Geschosshagel dafür sorgte, dass immer mehr Geschütze defekt waren. Die Zeit spielte also für die Japaner und gegen die Russen.

Die japanischen Kreuzer, die gegen das Ende der russischen Formation vorgehen sollten, waren ebenfalls erfolgreich, selbst wenn ihre Trefferquote aufgrund des unruhigen Seegangs nicht so hoch war wie die der Schlachtschiffe. Die Transportschiffe gingen ebenso in Flammen auf wie die Kreuzer, die sie begleiteten. Zwar wurden auch japanische Kriegsschiffe von den russischen Geschützen getroffen, allerdings handelte es sich um kleinere oder ältere Fahrzeuge, die sich danach aus dem Gefecht zurückzogen. Gegen 17 Uhr wirkte die russische Flotte wie eine zusammengestauchte Menge aus Schlachtschiffen, Kreuzern und Transportern, die gleichzeitig von Osten und Süden attackiert wurde. Rožestvenskij war mittlerweile zum zweiten Mal verwundet worden, wobei sein Schädel gebrochen wurde, so dass er nicht mehr sprechen, also kaum noch Befehle erteilen konnte. Bevor er völlig in Leid und Schweigen verfiel, übergab er das Kommando der Flotte an seinen Konteradmiral, Nikolai Nebogatov (1849-1922), der versuchen sollte, mit dem Rest der Zweiten Pazifikflotte nach Wladivostok zu entkommen. Notdürftig wurden die verbliebenen und fahrtauglichen Schiffe in Reihe gebracht und sie begannen nach Norden zu fliehen, wohingegen Tōgō die nicht mehr manövrierfähigen russischen Schiffe, wie etwa die Ural, versenkte.

Der japanische Admiral hätte die Zweite Pazifikflotte nun ganz einfach an der Weiterfahrt hindern können, schonte jedenfalls das eigene Material und begab sich auf eine „Jagd“, in der Schiff für Schiff zerstört werden würde. Die japanischen Verbände folgten den Russen aus sicherer Distanz und konzentrierten ihr Feuer zunächst auf die Alexander III., die nun am Ende des russischen Zuges fuhr. Danach wurde die Borodino unter Feuer genommen. Kurz nach sieben Uhr abends kenterte das erstgenannte Schiff, 15 bis 30 Minuten später gab es eine große Explosion auf der Borodino, die im Anschluss daran sank. Schließlich kamen die japanischen Torpedoboote zum Einsatz, die ihre Geschosse auf die Suvorov richteten, welche ebenfalls versank. Die gleichen Boote gingen danach daran, die russischen Seeleute, die sich vom sinkenden Schiff gerettet hatten, aufzunehmen. Der erste Tag der Schlacht war beendet. Beim Einbruch der Nacht verstummte das japanische Geschützfeuer und das, was von der glorreichen Zweiten Pazifikflotte des Zaren übrig geblieben war, dampfte langsam in Richtung Norden. Einige von ihnen brannten noch, andere waren extrem zerstört und von Lecks geplagt, eine Ordnung war kaum noch zu erkennen. Im Gegensatz dazu hatte Tōgōs Flotte kaum Verluste zu verzeichnen. Lediglich die Asama war schwer beschädigt worden.

Der japanische Admiral befahl seinen Schiffen, ausreichend Abstand zum russischen Verband zu halten, so dass die Kommandeure der Torpedoboote nicht Gefahr laufen mussten, die eigene Flotte zu gefährden, als sie nachts mit dem Angriff begannen. Die Zerstörer folgten in sicherem Abstand, um die unschädlichen bzw. manövrierunfähigen Schiffe der Russen nach der ersten Welle der Torpedoboote zu versenken. 64 Torpedoboote begannen in vier Gruppen ihre „tödliche Jagd“ und bescherten den russischen Seeleuten eine traumatische Nacht. Diese hatten Hoffnung geschöpft, doch noch nach Wladivostok durchzustoßen, da die japanische Flotte verschwunden war. Als die ersten Torpedos gesichtet wurden, zeigte sich allerdings, dass diese Hoffnung vergebens war. Wegen des rauen Seegangs trafen zwar die wenigsten Torpedos ihr Ziel, die schiere Masse der abgefeuerten Geschosse stellte dennoch sicher, dass etliche russische Schiffe getroffen wurden. Darüber hinaus zerstörte der Angriff jegliche noch vorhandene Ordnung des Pazifikgeschwaders. Admiral Oskar Enquist (1849-1912), der die Oleg kommandierte, löste sich von der Formation, um den Torpedoangriffen zu entkommen und navigierte in Richtung Süden. Das sicherte ihm die Möglichkeit, am nächsten Tag in Richtung Shanghai aufzubrechen und sich dort internieren zu lassen ohne, dass sein Schiff verloren ging.

Um Mitternacht waren die verbliebenen russischen Schiffe weiterhin auf dem Weg nach Norden und der Ansicht, dass sie den japanischen Verfolgern entkommen wären. Letztere nahmen ihre Attacke gegen zwei Uhr morgens erneut auf. Dabei sank unter anderem die Navarin, nachdem sie von zwei Torpedos getroffen worden war. Andere Schiffe, u. a. die Dimitri Donskoi, wurden zwar getroffen, konnten aber zumindest vorerst noch weiterfahren. Die japanischen Verluste waren erneut gering: Zwei Torpedoboote waren gesunken, zwei beschädigt worden. Im Morgengrauen zogen sich die japanischen Boote zurück. In der Seeschlacht von Tsushima war gezeigt worden, wie diese Waffengattung am besten einzusetzen war, etwas, das die Russen den ganzen Krieg hindurch versäumt hatten.

Tōgō war allerdings nicht bereit, die verbliebenen russischen Schiffe davonkommen zu lassen. Er würde das erreichen, was die Armee nicht erreichen konnte, nämlich die vollständige Vernichtung des Gegners und die Sicherung der uneingeschränkten Herrschaft über das Meer. Zudem klärte das Wetter auf, so dass seine Aufgabe unter günstigen Vorzeichen stand. Die Schlacht, die vor mehr als 200 Kilometern begonnen hatte, sollte fortgesetzt werden. Gegen 5:20 Uhr erhielt Tōgō die Nachricht, dass die ersten russischen Schiffe gesichtet worden waren. Die letzten kampffähigen Schiffe der Russen sollten bald von japanischen Gegnern umkreist werden. Nebogatevs hatte beschlossen, trotz seiner Lage, die unter anderem von Munitionsmangel und schlechter Manövrierfähigkeit des Verbandes aufgrund der erlittenen Beschädigungen bestand sowie unter schwindender Moral litt, bis zum letzten Mann zu kämpfen anstatt zu kapitulieren. Es ist fraglich, ob es die Furcht vor einem Prozess in der Heimat oder der Wut des Zaren war, die diese Entscheidung bedingte, den Tatsachen war sie sicherlich nicht geschuldet. Eventuell hoffte Nebogatev, sich nach Wladivostok zu retten, wo einige Reparaturen der beschädigten Schiffe möglich gewesen wären. Wenn er wirklich daran geglaubt haben sollte, war seine Einschätzung, gerade wegen der Erfahrungen des vergangenen Tages, sehr optimistisch.

Bis 10:30 Uhr hatte sich die Einschätzung vollends geändert. Die Japaner hatten mit ihrer Attacke begonnen und Nebogatev und seine Schiffe waren völlig eingekreist. Aus großer Entfernung folgten die ersten Geschosse gegen die russische „Flotte" und nach eingehender Besprechung mit seinen Offizieren beschloss man, sich zu ergeben. Tōgō erlaubte den Gegnern, ihre Schwerter als Zeichen ihrer Ehre zu behalten und die japanischen Besatzungen gingen daran, Überlebende zu bergen. Erneut hatten die Japaner damit ihre „Zivilisiertheit" unter Beweis gestellt. Einzelne russische Schiffe, die abseits des Hauptverbandes fuhren, wurden im Laufe des Tages ebenfalls versenkt oder aufgebracht. Lediglich drei Schiffe, die Alamz, die Bravy und die Gresny, erreichten Wladivostok.

Hundert Jahre nach Horatio Nelsons Sieg in der Schlacht von Trafalgar hatte Admiral Tōgō einen ebenso bedeutenden Seesieg errungen. Dieser war vernichtend, zum einen mit Blick auf die Überreste des mit so vielen Hoffnungen verbundenen Pazifikgeschwaders, zum anderen aber auch auf die russische Reputation als europäische Groß- und Militärmacht. Der Ausgang der Seeschlacht von Tsushima war es, der die Regierung in St. Petersburg davon überzeugte, dass Friedensverhandlungen unumgänglich waren.[5] Die überlegene Qualität der japanischen Kriegsschiffe und Mannschaften hatte bewiesen, dass mit Japan als Großmacht in Ostasien zu rechnen war. Gleichzeitig war gezeigt worden, dass eine schlagkräftige Flotte über moderne Kriegsschiffe verfügen musste.[6] Während Tōgō als „Nelson Ostasiens“ in Europa, Nordamerika, aber auch der Türkei, wo man Straßen nach ihm benannte, bekannt wurde, stimulierte der Erfolg der Japaner eine Revision des allgemeinen Japanbildes, besonders weil die Präzision der Seeleute sowie deren Einsatz bei der Rettung der russischen Matrosen weit über die Grenzen des Geschehens hinaus Bewunderung fanden.[7]

Die russische Marine hatte in der Schlacht von Tsushima 22 Kriegsschiffe sowie 5.000 Mann, darunter mehr als 200 Offiziere, verloren.[8] Damit wurde die Flotte des Zaren für die nächsten Jahre beinahe völlig als zu berücksichtigender Faktor der Weltpolitik ausgeschaltet und die Regierung in St. Petersburg musste nun, ebenso wie der desillusionierte Zar, einsehen, dass Verhandlungen die einzige Lösung des Konfliktes darstellten, sofern man keine Revolution im Inneren riskieren wollte. Es war der militärische Außenseiter, der „Underdog“ Japan, gewesen, der den Militärgiganten, die „militärische Dampfwalze Europas“; bezwungen hatte. Für Japan hatte der Krieg etliche weitreichende Folgen, angefangen bei den hohen Zahlen an Verlusten und Verwundeten, aber auch mit Blick auf die wirtschaftliche Belastung, die die Entwicklungen nach dem Krieg beeinflussen würden. Der Sieg gegen Russland hatte gleichzeitig eine Zunahme des japanischen Nationalismus, des nationalen Stolzes zu Folge. Expansionistische Ambitionen mit Blick auf die Mandschurei nahmen in der Nachkriegszeit genauso schnell zu wie die Verehrung der Helden des Russisch-Japanischen Krieges, Nogi und Tōgō.[9] Allerdings sollte der Russisch-Japanische Krieg nicht nur Japan verändern, sondern zu einem der entscheidenden und prägenden Faktoren des 20. Jahrhunderts werden, wozu die Schlachten von Mukden zu

Lande, besonders aber Tsushima zur See einen nicht zu unterschätzenden Beitrag geleistet haben. Im Folgenden gilt es daher, die Auswirkungen der Ereignisse in Ostasien aus einer globaleren Perspektive zu analysieren.

3. Ein gekreuztes T und die globalen Folgen

Tsuhima stellte ein Desaster für das Zarenreich dar. Weder das russische Heer noch die Marine waren imstande gewesen, den Japanern etwas entgegenzusetzen, und die Seeschlacht von Tsushima bildete das wenig ruhmreiche Ende eines noch weniger ruhmreichen Krieges. Die Folgen dieser Reihe militärischer Niederlagen war entscheidend für den weiteren Verlauf der Geschichte des Zarenreiches, besonders im Hinblick auf die Russischen Revolutionen. Ein besonderes Augenmerk soll in diesem Kapitel deshalb den Folgen des Krieges für die Entwicklungen in Russland selbst gewidmet werden, wo er in vielerlei Hinsicht Einfluss nahm. Bis 1900 herrschte innerhalb der russischen Intelligenz nur wenig Interesse an einem expansionistischen Ausgreifen nach Ostasien. Japan selbst war erst durch die Expedition Putiatins im Jahre 1853 in den Fokus der breiten Aufmerksamkeit gelangt, zumal vorher nur wenig über das ostasiatische Inselreich berichtet worden war. Trotz der Siege der japanischen Armee und Marine wurde das periphere Kaiserreich in Russland nicht als Bedrohung wahrgenommen. Es verwundert deshalb nicht, dass in der Akademie des Generalstabes bis 1905 kein Japanischunterricht angeboten wurde, eine Einstellung, die während des Russisch-Japanischen Krieges, wie oben bereits beschrieben, zu erheblichen Schwierigkeiten führte.[1]

Der Krieg gegen Japan änderte die Situation völlig. Zunächst einmal wurde dem Gegner nun mehr Aufmerksamkeit geschenkt, dies oft in Form satirischer Presseerzeugnisse, die zudem eher daran interessiert waren, den Krieg zu verharmlosen und die öffentliche Meinung zu besänftigen, die natürlich darüber gewahr war, dass die Leistungen der russischen Truppen alles andere als gut waren. Wesentlich bedeutender war der Einfluss des Krieges auf die russische Literatur, die sich durchaus kritisch mit den Geschehnissen an der Peripherie des Reiches auseinandersetzte. Lev Tolstoj (1828-1910), Leonid Andreev (1871-1919), Maksim Gorkij (1868-1938), Aleksandr Kuprin (1870-1938), Vikentij Veresaev (1867-1945) und Zinaida Gippius (1869-1945) wurden alle von den Ereignissen des Krieges beeinflusst, eine Tatsache, die sich in vielen ihrer Werke als eine Art Zeugnis der Anti-Kriegsstimmung in Russland zwischen 1904 und 1905 widerspiegelt.[2]

Die Regierung schien im Gegensatz zu den Literaten von den Ereignissen im Fernen Osten lange unbeeindruckt zu sein. Ebenso wenig war sie der Gefahr gewahr, die sich aus den stetigen Niederlagen der Truppen für die innere Situation Russlands ergab. Die politische Opposition nutzte die japanischen Siege nämlich als Vorwand für immer stärkere Kritik an der bestehenden Ordnung gegen die autokratische Regierung. Die immensen Kosten des Konflikts – etwa 6,5 Milliarden Rubel –, den das Zarenreich nicht wie erwartet in einigen Wochen beenden konnte, zwangen die Regierung internationale Kredite aufzunehmen. Eine Finanzierung des Krieges mit eigenen Haushaltsmitteln wäre nur im Falle eines schnellen Sieges möglich gewesen, mit zunehmender Dauer mussten dessen ungeachtet verschiedene Kredite aufgenommen werden, um die Kosten zu decken. Nur die Hoffnung auf eine finale japanische Niederlage ließ die Kreditgeber weiterhin Gelder gewähren; mit dem Fall Port Arthurs war es schwerer geworden, an frisches Geld zu gelangen. Tsushima hatte schließlich dem letzten Zweifler an einer russischen Niederlage die Augen geöffnet.[3]

Konnte Finanzminister Vladimir Kokovtsov (1853-1943) im April 1904 noch einen Kredit der Banque Paribas und Hottinguer et Cie. in Frankreich sichern, so waren die 800 Millionen Francs nicht mehr ausreichend, um den Krieg fortzuführen. Im Dezember 1904 wurde auf Anraten Wittes ein weiterer Kredit in Höhe von 500 Millionen Mark aufgenommen, der durch das Bankhaus Mendelssohn in Deutschland vermittelt worden war. Ein dritter Kredit, den die Russen im März 1905 in Frankreich angefragt hatten, kam ob der Entwicklungen auf dem Kriegsschauplatz nicht mehr zustande. Insgesamt betrachtet litt die Kreditwürdigkeit des Zarenreiches also erheblich unter den steten Niederlagen. Die *Times* stellte Anfang März 1905 sogar mehrfach die Frage, ob Russland überhaupt noch zahlungsfähig sei.[4] Witte warnte deshalb immer wieder, selbst nachdem er vom Zaren aus seinen Regierungsämtern entlassen worden war, vor einer Verlängerung des Krieges. Zwar sollte das Zarenreich nach dem Friedensschluss im September 1905 wieder in der Lage sein, Kredite aufzunehmen, allerdings hatten sich die Konditionen verschlechtert und die immensen Schulden belasteten den russischen Staatshaushalt in den Folgejahren enorm. Für eine Gesamtsumme von 1,9 Milliarden Rubel an Krediten musste die Regierung bis 1909 insgesamt 6,1 Milliarden Rubel zur Tilgung aufbringen. Der Krieg wurde damit zu einem echten finanziellen Verlust und die Sparmaßnahmen, die in der Folge umgesetzt werden mussten, stimulierten das Anwachsen oppositioneller Bewegungen erheblich.

Der Verlust der beinahe gesamten Flotte in der Seeschlacht von Tsushima machte zudem einen Rüstungsaufwand im Bereich der Marine notwendig, der von heimischen Versorgungsquellen nicht mehr geleistet werden konnte. Mit Blick auf die Ausgaben des Marinehaushalts entstanden durch die Notwendigkeit, die erlittenen Verluste zu ersetzen, zusätzliche Kosten von etwa 230 Millionen Rubel. 60% des Flottenwertes von 1904 waren durch den Russisch-Japanischen Krieg vernichtet worden, ein wirtschaftlicher Schaden, der nur schwer ausgeglichen werden konnte. Das Desaster von Tshushima wurde dadurch für die Öffentlichkeit zu „einer Katastrophe, die eine eindringliche Neubewertung des zaristischen Regierungssystems notwendig machte".[5] Nicht ganz so kritisch wurde der Verlust beinahe der gesamten Flotte von einigen Marineoffizieren betrachtet, die der Auffassung waren, dass die verlorenen Schiffe ohnehin veraltet und austauschbedürftig gewesen waren. Dessen ungeachtet belasteten die finanziellen Forderungen von Armee (2,5 Milliarden Rubel) und Marine (900 Millionen Rubel) die sowieso unter der hohen Staatsverschuldung leidende Haushaltslage. Gleichzeitig entstand eine Diskussion um die Leistungsfähigkeit des zaristischen Militärs, das von Kritikern für die Misere des Krieges mitverantwortlich gemacht wurde. Ein zentrales Leitmotiv der geäußerten Kritik war die schlechte Führung der Truppen und besonders Kuropatkins defensive Haltung und frühe Rückzüge aus der Schlacht wurden angeprangert.[6]

Kokovtsov gab wenig auf die Forderungen nach einer Aufrüstung und der Ersetzung des verloren gegangenen Kriegsmaterials. Er war als Finanzminister vielmehr darum bemüht, der Staatsverschuldung entgegenzuwirken und die wirtschaftliche Belastung des Haushalts nicht noch weiter zu erhöhen. Bis 1912 konnte er erfolgreich Rüstungsmaßnahmen blockieren und ein stetes Wirtschaftswachstum Russlands sichern. Danach begann das Zarenreich mit einer erneuten Aufrüstungskampagne, um den potentiellen Gegnern im drohenden Krieg in Europa in nichts nachzustehen. Wirtschaftlich sowie militärisch war Russland demnach durchaus in der Lage gewesen, die Folgen des Russisch-Japanischen Krieges zu kompensieren: „Nach Tsushima war der russischen Maschine nicht der Dampf ausgegangen und der Staatszug nahm neue Passagiere an Bord; er reiste aber immer noch auf der gleichen Spur.“[7]

Wesentlich enger war die Verbindung zwischen dem Krieg und der russischen Revolutionsbewegung, deren Vertreter nicht müde wurden, die Ursachen desselben, also den Expansionismus des Zarenreiches, an den Pranger zu stellen.[8] Der „blutige Alptraum“[9] des Krieges wurde emblematisch für das Versagen einer Regierung, wenn es um die Bedürfnisse ihrer Untertanen ging. Der Russisch-Japanische Krieg mag in den Folgejahren eine militärische Schmach, ein schwarzer Fleck der Vergangenheit[10] geworden sein, für dessen Ausbruch zunehmend Japan als Aggressor verantwortlich gemacht wurde. In erster Linie war der Krieg jedoch ein Katalysator für die Etablierung und Stärkung der russischen Revolutionsbewegung. An dieser Entwicklung war Japan allerdings nicht ganz unbeteiligt.

Akashi Motojirō (1864-1919)[11] war vor dem Ausbruch des Russisch-Japanischen Krieges Militärattaché in Russland gewesen. Mit Beginn der Feindseligkeiten wurde er nach Schweden versetzt und sollte von dort aus geheimdienstliche Operationen leiten. Bis dahin hatte der japanische Offizier eine durchaus typische Karriere durchlaufen. Nach dem Besuch einer Vorbereitungsschule des Militärs ab 1877, der Militärakademie ab 1881 und der Hochschule des Militärstabes ab 1887 war er 1889 dem Generalstab unterstellt worden. Ab 1901 diente er als Militärattaché in Paris, ab 1902 dann in St. Petersburg.[12] Ausgebildet als Experte für Außenpolitik war es Askahis Aufgabe, so viele Informationen wie möglich über den Gegner zu sammeln und ein umfangreiches Spionagenetzwerk zu etablieren, etwas, das ihm bei seiner Aufgabe in Stockholm während der Kriegsjahre von Nutzen sein würde. Seine schwedische Dienststelle unterstand direkt dem japanischen Generalstab und seine Hauptaufgabe bestand darin, Sabotageakte an der Trasse der Transsibirischen Eisenbahn zu organisieren. Stockholm wurde als geeignete Operationsbasis angesehen, da Akashi dort leicht Kontakte zu den verschiedenen Oppositionsbewegungen des Zarenreiches knüpfen konnte. Es überrascht daher nicht, dass der japanische Militärattaché kurz nach seiner Ankunft in Schweden seinen dortigen Kollegen Nils David Edlund (1867-1930) besuchte, um von ihm Informationen über mögliche Spione zu erhalten.[13] Innerhalb kürzester Zeit konnte er ein Netzwerk von sieben Spionen und fünf Assistenten aufbauen, Kontakte zur finnischen Unabhängigkeitsbewegung knüpfen und den Generalstab mit Informationen zur politischen Lage in Russland versorgen. Akashi ging bei der Auswahl seiner Spione ganz pragmatisch vor, da er selbst davon überzeugt schien, dass nur diejenigen, die für bare Münze arbeiteten, verlässliche Nachrichten bereithielten.

Neben der Beschaffung von Informationen sollten darüber hinaus die verschiedenen Unabhängigkeits- und Oppositionsbewegungen innerhalb des Zarenreiches unterstützt werden, um an der Heimatfront des Gegners eine fünfte Kolonne zu schaffen und dadurch Truppen in Europa zu binden, die andernfalls zum Kriegsschauplatz in Ostasien abgestellt worden wären. Neben den offiziellen Berichten Akashis, die nur noch in Teilen vorhanden sind,[14] berichten in erster Linie die Memoiren polnischer und finnischer Oppositioneller über seine Tätigkeiten. Der Bericht Akashis, *Rakka ryūsui* (Fallende Blumen, Fließendes Wasser), ist jedoch nicht mehr vollständig überliefert, da es sich bei der Kompilation von 1938 nur um eine teilweise Kopie der Originalberichte handelt. Zudem muss festgehalten werden, dass Akashi selbst vermutlich eher eine apologetisch-positivistische Berichterstattung abgeliefert haben dürfte, um die eigene Leistung als unabdingbar für den Erfolg seines Unternehmens darzustellen.

Neben dem besagten Spionagenetzwerk würden die existierenden Oppositionsbewegungen einen Vorteil bieten, den es auszunutzen galt, weshalb der japanische Offizier den Kontakt zur Jungfinnischen Partei aufnahm, um mit deren Führung über koordinierte antirussische Maßnahmen zu verhandeln. Im Zuge seiner Arbeit machte Akashi die Bekanntschaft von Konni Zilliacus (1855-1924), dessen „Leben sicherlich einen Film Wert ist".[15] Geboren in Finnland studierte er zunächst Jura, bevor er als Zeitungsreporter die Welt bereiste. Er lebte zeitweilig in Costa Rica, Chicago, Japan, Ägypten und Paris. 1898 war er schließlich in seine finnische Heimat zurückgekehrt und begann dort, unter anderem in einer Petition an den Zaren, mehr Rechte sowie eine Verfassung für Finnland zu fordern.[16] Zilliacus bot Akashi schließlich ein Konzept an, das die Interessen der russischen Revolutionsbewegung, der finnischen Konstitutionalisten sowie der Japaner bediente, weshalb der japanische Militärattaché durchaus bereit war, in Tokio um finanzielle Unterstützung für die Pläne von Zilliacus zu bitten. Der Finne machte sich dadurch gewissermaßen zu einem Agenten der japanischen Interessen, weshalb der Generalstab der Bitte Askahis nachkam und 100.000 Yen zur Finanzierung der folgenden Unternehmungen bewilligte. Tatsächlich betrachtete man in Japan diese Summe als günstig, sofern die Maßnahmen zur Sabotage des Gegners Erfolg zeigen würden.[17]

Zilliacus war nicht nur gewillt, Akashi mit Informationen über die verschiedenen Oppositionsbewegungen zu versorgen, er stellte auch direkte Kontakte zu den emigrierten russischen Revolutionären in Schweden und Frankreich her.[18] Die russischen Behörden ahnten vermutlich nichts von diesen Vorgängen, selbst wenn die Verbindung der Finnen mit den Japanern auf lokaler Ebene nicht unentdeckt blieb. Der Verantwortliche in der Abteilung Westeuropa der russischen Polizei, Leonid Rataiev, widmete den Entwicklungen an der westlichen Peripherie ebenso wenig Aufmerksamkeit, wie seine Vorgesetzten vor dem Krieg der östlichen gewidmet hatten. Józef Piłsudski (1867-1935), einer der Führer des linken Flügels der polnischen Sozialisten, suchte ebenfalls Kontakt zu den Japanern, um finanzielle Unterstützung für die Unabhängigkeitsbewegung Polens zu erhalten. Der japanische Militärattaché erkannte schnell, dass die Lage in Polen genutzt werden konnte, um Truppen der Russen in Europa zu binden und damit den Krieg im Fernen Osten zu beeinflussen.[19] Im Gegensatz zu den Sozialisten war die Polnische Nationalliga (Liga Narodowa) nicht bereit, Gewalt einzusetzen. Obwohl deren Mitglieder Russland und dessen Haltung gegenüber einem polnischen Nationalstaat verachteten, fürchteten sie gleichzeitig den Einsatz russischer sowie deutscher Truppen zur Niederschlagung eines möglichen Aufstandes.[20]

Die Gründung eines unabhängigen polnischen Nationalstaates wurde folglich vor allem von der Sozialistischen Partei gefordert, deren Vertreter entschlossener schienen, einen gewaltsamen Kurs einzuschlagen, weshalb die Unterstützung Japans von deren Vertretern ein wenig bereitwilliger aufgenommen wurde. Akashi hielt sich eine Zusammenarbeit mit beiden Richtungen offen und pflegte unter anderem Kontakte zu den Sozialisten Witold Jodko-Narkiewicz (1864-1924), Aleksander Malinowski (1829-1922), einem unbekannten Vertreter der sozialistischen Partei in London, genannt Paul, sowie zu den Nationalisten Roman Dmowski (1864-1939) und Zygmunt Balicki (1858-1916). Piłsudski und Dmowski suchten unabhängig voneinander Unterstützung in Japan und reisten beide nach Tokio, um ihre Pläne dort vorzustellen und für die eigene Sache zu werben.[21] Dmowski hatte einst Akashi in Schweden vorgeschlagen, die polnischen Soldaten in der Mandschurei zur Kapitulation zu animieren, schilderte diesen Plan aber im Mai 1904 erneut den japanischen Militärplanern. Im Gegensatz dazu versuchte Piłsudski die Mitglieder des Generalstabes davon zu überzeugen, seinen Plan für einen allgemeinen Aufstand in Polen zu unterstützen. Im Gegensatz zum Außenministerium, das darauf bedacht war, Russland als solches für die kommenden Friedensverhandlungen als Großmacht zu erhalten, waren die japanischen Militärs durchaus für das Vorhaben eines polnischen Aufstandes an der Westgrenze Russlands interessiert. Japan lehnte schlussendlich eine Allianz mit Polen ab, wofür nicht allein die Agitation Dmowskis gegen diesen Plan verantwortlich war, da dessen Umsetzung eine militärische Intervention Österreich-Ungarns und des Deutschen Kaiserreiches hätte nach sich ziehen können.[22]

Die Japaner hofften letzten Endes nicht auf einen gesamtpolnischen Aufstand, sondern waren eher darum bemüht, Sabotageoperationen gegen die Transsibirische Eisenbahn und damit eine Unterbrechung des russischen Nachschubes zu initiieren. Zudem waren die Interessen mit Blick auf die Kriegsdauer sehr unterschiedlich. Während Japan ein baldiges Ende des Krieges wünschte, war den Polen an einem „Ausbluten" der russischen Truppen und damit einer möglichst dauerhaften Schwächung des zaristischen Regimes gelegen. Das japanische Ziel bestand sicherlich nicht aus dem Erreichen einer Revolution in Russland, schließlich brauchte man einen soliden Frieden und zwar mit einer Macht, die gleichzeitig noch in der Lage war, die erhofften Reparationen zu zahlen.

Im Juli 1904 organisierte Akashi erste Sabotagekurse für die Vertreter der Sozialistischen Partei Polens in Paris, bei denen die Auszubildenden dahingehend geschult werden sollten, die Trasse der Transsibirischen Eisenbahn zu zerstören. Zum Ausbildungsprogramm zählte eine Schulung im Bereich Sprengstoff, allerdings waren die Operationen der Saboteure letzten Endes zu ineffektiv, da die gesprengten Gleise meist innerhalb eines Tages ersetzt werden konnten. Aufgrund dieser Tatsache wurden die Schulungen bald wieder eingestellt und Akashi versuchte, den russischen Gegner auf andere Weise zu schwächen. Zilliacus ersann deshalb den Plan, alle Oppositionsparteien des russischen Zarenreiches auf einer allgemeinen Konferenz zu versammeln. Tatsächlich trafen sich die russischen Liberalen, Sozialrevolutionäre, die finnischen Konstitutionalisten sowie die Nationalisten und Sozialisten aus Polen am 1. Oktober 1904 in Paris. Fünf Tage lang wurden Strategien diskutiert.[23] Die verschiedenen Vertreter einigten sich schließlich auf drei allgemeine Forderungen:

1. Die Autokratie sollte überwunden und alle Maßnahmen zur Aushöhlung der finnischen Verfassungsrechte rückgängig gemacht werden.
2. Das autokratische Regime war durch eine in allgemeiner Wahl bestimmte demokratische Regierung zu ersetzen.
3. Grundlage der Unabhängigkeit sollte die nationale Selbstbestimmung sein.[24]

Darüber hinaus konnten sich die Versammelten auf keine einheitliche Strategie zur Erreichung dieser Ziele einigen. Während die polnischen Sozialisten an der Idee der Unabhängigkeit Polens festhielten, plädierten die Nationalisten lediglich für die Erlangung politischer Autonomie. Die bestehenden Eifersüchteleien innerhalb der Oppositionsbewegung machten es schwierig, eine gemeinsame Aktionslinie zu formulieren. Das führte unter anderem dazu, dass die Pariser Konferenz, abgesehen von der Formulierung gemeinsamer Ziele, ergebnislos blieb und dadurch lediglich einen persönlichen Erfolg für Zilliacus bedeutete. Doch es war gerade dessen Rolle als Agent der Japaner, die eine Zusammenarbeit mit den russischen Oppositionellen erschwerte, da diese nicht bereit waren, sich als Werkzeug der japanischen Kriegspolitik missbrauchen zu lassen.

In Russland hatten sich die Ereignisse im Zuge des anhaltenden Krieges jedoch längst verselbstständigt. Georgi Gapon (1870-1906), ein orthodoxer Priester, hatte damit begonnen, die schlechte Lage der Arbeiter in den Putilov-Werken zu kritisieren und die dortigen Arbeiter zu organisieren. So wenig wäre seines Erachtens notwendig gewesen, um Dankbarkeit und Hoffnung unter den Arbeitenden zu verbreiten, die unter dem völligen Mangel an persönlichen und öffentlichen Rechten zunehmend verbitterten.[25] Gleichzeitig schien die autokratische Regierung immer wieder unter Beweis zu stellen, dass sie im Besitz grenzenloser Macht war. Als im Dezember 1904 Arbeiter der Putilov-Werke entlassen wurden, weil sie Mitglieder der Gewerkschaft waren, regte sich Widerstand. Es begann ein Streik, im Zuge dessen eine Stärkung der Rechte der Arbeiter gefordert wurde. Der Ausbruch der Unruhen im größten Industriebetrieb des Landes fiel mit der Meldung der Kapitulation Port Arthurs zusammen und machte dadurch die Beziehung zwischen dem Russisch-Japanischen Krieg und der Revolutionsbewegung von 1905 deutlich. Zeitgleich begannen Pläne über einen Generalstreik Kontur zu gewinnen, da ein solcher „ein Ereignis von nationaler Wichtigkeit" werden sollte und dem gleichzeitig „ein politischer Charakter" zu geben war.[26] Der Fall Port Arthurs gab damit einen guten Vorwand, in den Arbeitskampf einzutreten und stellte sicher, dass die Not der Heimatfront nicht unberücksichtigt blieb. Gapon entwickelte den Plan, die Forderungen der Arbeiter direkt an den Zaren zu richten. Dessen ungeachtet war man nicht abgeneigt, den Streik notfalls auch auf die Schiffswerften von St. Petersburg auszudehnen. Da diese wichtige Aufträge mit Kriegsbezug ausführten, schien es ein erfolgsversprechender Streikansatz zu sein, um mehr Rechte für die Arbeiter im Allgemeinen einzufordern. Nach zwei Tagen ohne Verhandlungserfolg mit den Vorgesetzten der Putilov-Werke wurde schließlich der Generalstreik ausgerufen und Gapon bereitete eine Petition an den Zaren vor. Zusammen mit Vertretern der revolutionären Parteien marschierten die Arbeiter am 22. Januar 1905 zum Winterpalast des Zaren, dabei wurde das Feuer auf die Menge eröffnet, ein Akt, der als Petersburger Blutsonntag in die Geschichtsbücher einging.

Gapon hatte zuvor noch versucht, dem Marsch der Arbeiter aufgrund der hohen Militärpräsenz in der Stadt einen friedlich-religiösen Charakter zu verleihen, indem Bilder des Zaren sowie andere Ikonen prozessionsartig mitgeführt wurden. Der Geistliche erhoffte sich dadurch, den friedlichen Charakter des Demonstrationszuges zu unterstreichen. Die Soldaten eröffneten dessen ungeachtet das Feuer auf die Menschen, was den Rückhalt des Zaren innerhalb weiter Bevölkerungskreise noch mehr verringern sollte. Wie so oft im Zuge entstehender Revolutionen stellte die Gewaltanwendung gegen die eigene Bevölkerung 1905 einen „Point of no return" dar, der unweigerlich zu einer Steigerung des revolutionären Potentials der russischen Bevölkerung beitragen musste.[27]

Dieser Umschwung der öffentlichen Meinung blieb Akashi in Stockholm nicht verborgen. Nach den Ereignissen des Blutsonntags begann er zusammen mit Zilliacus umfangreiche Planungen zur Vorbereitung einer landesweiten Revolution zu schmieden. Im Februar 1905 bat man in Tokio um die Bereitstellung von 450.000 Yen, damit ein breit angelegter Aufstand im Zarenreich unterstützt werden konnte. Im März wurde die Forderung Akashis abgelehnt, da die Verantwortlichen im Außenministerium immer noch befürchteten, dass eine solche Aktion die Interessen des Deutschen Kaiserreiches oder Österreich-Ungarns, die ja ebenfalls zu den Teilungsmächten Polens gehörten, gefährden könne und eine diplomatische, unter Umständen sogar militärische Unterstützung Russlands gegen Japan herbeiführen würde. Nachdem die russische Armee in der Schlacht von Mukden nicht vollständig besiegt werden konnte, war die japanische Führung nun aufgeschlossener, ein größeres Risiko einzugehen, um weitere Verstärkungen der russischen Armee in der Mandschurei zu verhindern sowie die Regierung des Zaren zum Einlenken im Hinblick auf mögliche Friedensverhandlungen zu zwingen. Aus Österreich trafen zudem Meldungen ein, dass sich die japanischen Investitionen in die polnischen Revolutionäre scheinbar bezahlt machten, weshalb die Regierung ob der in Ostasien militärisch aussichtslosen Lage bereit war, umfassender in die Etablierung einer zweiten Front im Westen zu investieren.

Vermutlich Mitte März 1905 stimmten die Verantwortlichen in Tokio den finanziellen Forderungen Akashis zu, eventuell weil Premierminister Katsura und Planungschef Kodama zuvor für diese Option votiert hatten. Es war also der Generalstab, der letztlich die Gelder für die Unterstützung der Oppositionsparteien bewilligte, unter anderem weil die Lage der japanischen Armee in der Mandschurei eine verzweifelte war und man unbedingt eine Fortsetzung des Landkrieges verhindern wollte. Ein Erfolg in der sich anbahnenden Seeschlacht zwischen Tōgō und Rožestvenskij hätte dann vermutlich ausgereicht, um die Russen an den Verhandlungstisch zu zwingen.

Anfang April wurde eine erneute Konferenz aller Revolutionsparteien in Genf organisiert. Dabei beschlossen die teilnehmenden Parteien, dass Finnland und Polen zu unabhängigen Nationalstaaten werden sollten. Erneut nahmen nicht alle Revolutionäre teil. Die Mensheviki lehnten die Einladung ab, da man Japan als Geldgeber hinter der Konferenz vermutete. Die Bolschewisten bestätigten zwar ihre Teilnahme, reisten dessen ungeachtet am zweiten Tag wieder ab, da sie nach eigenem Erachten nicht ausreichend an den geplanten Waffenlieferungen beteiligt wurden. Insgesamt tagten schließlich nur zwölf der 17 geladenen Organisationen.[28] Im Gegensatz zu den Ergebnissen von Paris einigten sich die Teilnehmer in Genf auf einen gemeinsam koordinierten Aufstand sowie die Einberufung einer verfassungsgebenden Nationalversammlung in Finnland, Polen und Russland. Im Juni sollte ein landesweiter bewaffneter Aufstand die russische Moral zerstören und die durch den Krieg erheblich geschwächten Entscheidungsträger an den Verhandlungstisch zwingen. Japan beendete seine Unterstützung abrupt, als sich nach dem Sieg von Tsushima eine Verhandlungsbereitschaft auf russischer Seite zeigte. Als die Vorbereitungen zu Friedensgesprächen im August 1905 anliefen, zog sich die japanische Seite vollständig vom russischen Revolutionsvorhaben zurück; die Entwicklungen, die man in den vergangenen Monaten losgetreten hatte, konnten gleichwohl nicht mehr aufgehalten werden. Für Tokio galt es nun lediglich, selbst nicht als Initiator der bevorstehenden Ereignisse verdächtigt zu werden. Diese sollten, ungeachtet des japanischen Rückzuges aus den russischen Angelegenheiten, ein weniger glorreiches Ende finden.

Die Mitglieder der Opposition hatten den Entschluss gefasst, den geplanten Aufstand innerhalb des Zarenreiches mit einer Waffenlieferung zu unterstützen. Dazu sollte das gecharterte Schiff John Grafton Revolver und Gewehre, die mit den geleisteten Geldern, von den Japanern an die Revolutionsbewegung, bezahlt wurden, nach Russland verschiffen. Der Versuch scheiterte jedoch kurz nach dem Auslaufen, als das Schiff an der finnischen Küste strandete und am 8. September 1905 von der Besatzung mitsamt den an Bord befindlichen Waffen gesprengt wurde. Trotz dieses gescheiterten Versuches begannen die Polen damit, Aufstände vorzubereiten, die zugegeben nur wenig Erfolg zeitigten. Lediglich das Erreichen der Waffenlieferung hätte eine ernsthafte Bedrohung für das russische Regime dargestellt; noch schien die autokratische Herrschaft des Zaren gesichert zu sein. In der Rückschau drängt sich der Eindruck auf, dass der japanische Generalstab die russischen Revolutionäre wie Söldner benutzte[29] und sie in dem Moment fallen ließ, als sich ein Frieden mit dem Zarenreich andeutete.

Nach dem Krieg publizierte die russische Regierung ein Pamphlet, in dem die Aktionen Akashis nicht nur beschrieben, sondern förmlich angeprangert wurden. Darin beschrieb man die ungleiche Allianz zwischen den Japanern und den Revolutionsführern im eigenen Land wie folgt: „Einer beschmutze den Ruhm der Waffen mit dem Schmutz des Verrats, der andere schändete des Wort der Freiheit durch den Verkauf des Vaterlandes."[30] Die Regierung in St. Petersburg befürchtete gleichzeitig eine Fortsetzung der Tätigkeiten Akashis, weswegen er von seinen Befehlshabern schließlich aus seiner Position in Europa abberufen und 1907 zum Chef der Militärpolizei in Korea ernannt wurde. Im Großen und Ganzen zahlte sich das Engagement der Japaner mit Blick auf den Erfolg der Revolutionäre nicht aus. Gewiss beeinflusste die japanische Finanzhilfe die Geschichte der Revolutionsbewegung und legte damit einen wichtigen Grundstein für die weiteren Entwicklungen. Die einzelnen Oppositionsgruppen konnten sich zwar im Zuge der Konferenzen in Paris und Genf nur schwerlich auf einen gemeinsamen Kurs einigen, immerhin entstanden durchaus Kontakte, die im weiteren Verlauf der Revolution genutzt werden konnten. Ein landesweiter Aufstand hätte zum Zeitpunkt des Russisch-Japanischen Krieges nur schwer niedergeschlagen werden können, so dass das weitere Bestehen der Autokratie auch das Verschulden der Uneinigkeit der Revolutionäre war.

Ungeachtet dessen war den Machthabern in St. Petersburg nicht entgangen, dass die Lage brenzlig war. Weitere Truppenverbände konnten nicht eingezogen werden, da es in den letzten drei Phasen der Mobilmachung zwischen September und Dezember 1904 zu 123 Zwischenfällen gekommen war, weil sich die Rekruten weigerten, den Anweisungen der Aushebenden Gehorsam zu leisten. Die breite Masse hatte kein Verständnis für einen Krieg im Fernen Osten. Es konnten also zum einen keine neuen Truppenkontingente ausgehoben werden und gleichzeitig bedurfte die Zarenregierung zusätzlicher Soldaten, um einen möglichen Aufstand in Polen zu unterdrücken. 1905 mussten die Rekrutierungen, die zudem zu zu gewaltsamen Eruptionen, auch in Form von Pogromen gegen jüdische Bevölkerungsteile, geführt hatten, eingestellt werden. Selbst wenn die Armee in der Mandschurei also noch bestand, sie wäre bloß unter Aufwendung enormer Kraftanstrengung und Gewaltanwendung mit Verstärkungen zu versorgen gewesen. Hinzu kam, dass die Niederlagen von Mukden und Tsushima das revolutionäre Potential weiter verstärkten, da die militärischen Ergebnisse des Russisch-Japanischen Krieges mit den Qualitäten der Regierung gleichgesetzt wurden. Zur Zeit der Niederlagen standen darüber hinaus knapp eine Million russischer Soldaten in Waffen, wodurch das militärische Potential der Regierung, auf mögliche Zwischenfälle zu reagieren, äußerst strapaziert war.

Die eingezogenen Reservisten als solche versprachen zusätzlich wenig Zarentreue, wobei sich revolutionäre Ideen ähnlich schnell unter den regulären Truppenteilen verbreiteten. Die Meuterei der Matrosen des Panzerkreuzers Potemkin, welche später von Sergej Ėjzenštejn (1898-1948) zum Jubiläum der Revolution von 1905 filmisch inszeniert werden sollte, machte die Gefahr rebellierender Truppen innerhalb des Zarenreiches deutlich. Diejenigen Berater des Zaren, die zuvor eine Beendigung des Krieges gefordert hatten, empfahlen dem Zaren nun zu reagieren und einen Kompromiss anzubieten, der das revolutionäre Potential der Bevölkerung besänftigen würde.[31] Nicht von ungefähr wurde der Zar für den Kriegsausbruch verantwortlich gemacht. Es galt deshalb umso mehr, einen Ausgleich anzubieten, der dazu in der Lage war, den Zaren trotz der Ereignisse des Jahres 1905 im Amt zu halten. Der oft phlegmatisch erscheinende Nikolaus,[32] der aufgrund seiner Selbstwahrnehmung nicht bereit war, sich von der Bevölkerung seine Entscheidungen diktieren zu lassen, zögerte aber, weitreichende Reformen zu erlassen.

Sergei Witte war einer dieser Advokaten. Er hielt nur wenig vom Zaren, den er als „gutmütiges Kind" bezeichnete, das „völlig auf den Rat seiner Berater angewiesen" sei.[33] Nikolaus fühle sich als von Gott legitimierter Herrscher, der niemandem Rechenschaft schuldig sei und dessen Aufgabe es sei „die Würde, die Ehre und den Wert Russlands zu verteidigen."[34] Er missinterpretierte folglich die realen Gegebenheiten, was er bereits getan hatte, als er seinem deutschen Cousin, Wilhelm II., mitteilte, dass es keinen

Krieg gegen Japan geben werde, weil er als Herrscher Russlands das nicht wolle. Ihm war entgangen, dass die Niederlagen gegen die Japaner in Ostasien am Bild der Monarchie und deren Leistungsfähigkeit als politischem System gekratzt hatten. Ungeachtet des Kriegsgeschehens war der Zar schlussendlich nicht gewillt, eine Niederlage zu akzeptieren, und glaubte bis zur Schlacht von Tsushima noch an eine Wende des Kriegsgeschicks. Eine solche stellte sich jedoch nicht ein und nach dem Verlust der Flotte musste auch Nikolaus die Tatsachen akzeptieren.

Die Entsendung des Zweiten Pazifikgeschwaders sollte den Ausgang des Krieges zu Gunsten Russlands entscheiden. Bis zum Tag der Meldung der Vernichtung der Flotte hoffte Nikolaus auf einen positiven Ausgang. Die Ereignisse in Tsushima ließen ihm nun aber keine weitere Möglichkeit, sich den Tatsachen zu verschließen, wenn er nicht riskieren wollte, den eigenen Untergang als Folge eines gefährlich anwachsenden Revolutionspotentials hinzunehmen. Rožestvenskij teilte die Zuversicht des Zaren scheinbar von Beginn an nicht, begab sich dessen ungeachtet aber auf die tragische Reise. Seine Vorahnungen sollten im Mai 1905 Bestätigung finden, als fast die gesamte russische Flotte auf dem Meeresboden versank. Nikolaus war zwar seit dem Attentat auf seinen Onkel Sergei Romanov (1857-1905) bereit, erste zögerliche Reformbestrebungen umzusetzen; bis Tsushima hoffte er allerdings noch auf Alternativen. Witte hatte in dieser Zeit in unzähligen Briefen an den Zaren immer wieder darauf hingewiesen, dass der Zar sich mit dem Gedanken an Frieden sowie weitreichende politische Reformen gewöhnen musste. Der ehemalige Finanzminister, der beim Zaren bereits 1903 in Ungnade gefallen war, versuchte nun erneut, den Zaren ganz offen zu belehren, etwas, das dem Oberhaupt Russlands alles andere als genehm war.

Im Zuge der finalen Siege des Krieges zu Land und zur See bröckelte der internationale Rückhalt für Nikolaus, der zunehmend Nachrichten erhielt, die ihn über die möglichen Gefahren eines nicht erfolgenden Kurswechsels aufzuklären versuchten. Selbst die Mutter des Zaren, Maria Feorovna (1847-1928), intervenierte seit März 1905. Sie nahm beispielsweise Kontakt zu Witte auf, um den Zaren zu beeinflussen, und etablierte darüber hinaus Verbindungen zur französischen Regierung, welche wiederum Nikolaus von der Notwendigkeit zu Friedensverhandlungen überzeugen sollte.[35]

Hinzu kamen die oben bereits angesprochenen Schwierigkeiten in Bezug auf die Finanzierung des Krieges, nachdem französische Banken die Gewährung eines weiteren Kredites abgelehnt hatten. Schließlich wurden über die Pariser Kanäle erstmals Meinungen zum Thema Friedensverhandlungen ausgetauscht. Treibende Kraft im Friedensprozess sollte der amerikanische Präsident Roosevelt werden. Dieser äußerte sich oft ungehalten über Nikolaus: „Der Zar ist eine lächerliche kleine Kreatur wie auch ein absoluter Autokrat, der über 150 Millionen herrscht. Er war nicht in der Lage, Krieg zu führen und ist nun nicht in der Lage, Frieden zu schließen."[36] Nach dem ausbleibenden „Totalsieg" bei Mukden entschlossen sich die japanischen Militärs, dass sich die Regierung in Tokio um Friedensgespräche bemühen müsse, da die Armee nicht mehr in der Lage war, den Krieg fortzusetzen. Zwar waren sich die japanischen Regierungsvertreter bewusst, dass kaum mit Reparationen gerechnet werden konnte, solange die russische Armee in der Mandschurei nicht vernichtet war; eine Fortsetzung des Krieges war aber ebenfalls nicht mehr zu realisieren. Man musste gleichzeitig auf den Erfolg der eigenen Flotte bauen, da der Zar zu diesem Zeitpunkt keinesfalls in Verhandlungen treten wollte, solange noch die Möglichkeit auf einen überlegenen Seesieg bestand.[37] Es war der Verlust aller acht russischen Schlachtschiffe in der Seeschlacht von Tsushima, in der die Japaner nicht ein Schiff verloren hatten, welcher die Tatsachen neu ordnete und schließlich den Weg zum Frieden ebnen sollte.

In den meisten Metropolen Europas litt das Ansehen Russlands unter den Ereignissen der ersten Jahreshälfte 1905. Um sich weitere Unannehmlichkeiten zu ersparen, willigte der Zar schließlich in Friedensgespräche ein. Allerdings war er nicht bereit, den Japanern in den Verhandlungen einen Vorteil für ihre Siege zuzugestehen. Der Frieden von Portsmouth, der im folgenden Kapitel noch ausführlich behandelt wird, beendete schließlich den Krieg zwischen Japan und Russland. Die revolutionäre Sprengkraft des Krieges war dagegen noch nicht beseitigt worden. In der geschwächten Lage des Regimes schien es daher durchaus angemessen, politische Reformen auf den Weg zu bringen, um auch den internen Frieden zu sichern. Das Oktobermanifest von 1905 war die Antwort der Berater des Zaren. Darin wurden den russischen Bürgern erstmals Freiheitsrechte zugestanden sowie die Wahl einer Volksvertretung, der Duma, angekündigt. Diese sollte zudem die Legislativfunktion des Staates übernehmen. Außerdem wurde ein allgemeines Männerwahlrecht gewährt. Insgesamt erfüllte das Manifest zwar auf den ersten Blick die liberalen Forderungen der Revolutionsbewegung, auf den zweiten Blick offenbart sich ein gewisser Scheinkonstitutionalismus, da das autokratische System als solches nicht vollständig limitiert wurde. 1906 wurde die Duma nämlich bereits das erste Mal vom Zaren aufgelöst, der das Recht besaß, jederzeit Neuwahlen anzusetzen. Der politische Einfluss blieb also voll und ganz in den Händen des Zaren konzentriert. 1905 genügte die Schaffung eines Scheinkonstitutionalismus noch, um die Revolution abzuwenden und das bestehende System zu sichern. Bis 1917 sollte sich das, stimuliert durch einen weiteren Krieg, nämlich den Ersten Weltkrieg, grundlegend ändern. Der Russisch-Japanische Krieg ist im Gegensatz dazu zumindest als Katalysator für die revolutionären Ereignisse von 1905 zu betrachten und folgt man der Bewertung Wittes, war es allein der Krieg, der für den Ausbruch der Revolution in diesem Jahr verantwortlich war. Der ehemalige Finanzminister und Verhandlungsführer der russischen Delegation in Portsmouth machte deutlich, dass „Russland dem bestehenden System überdrüssig geworden ist und eine Ordnung anstrebt, die auf bürgerlicher Freiheit basiert“.[38] Es ist demnach nur richtig zu konstatieren, dass der Russisch-Japanische Krieg im Allgemeinen sowie die Seeschlacht von Tsushima im Speziellen einen nicht zu unterschätzenden Einfluss auf die revolutionären Ereignisse des Jahres 1905 genommen haben. Allerdings ist darüber hinaus festzustellen, dass die Auswirkungen nicht nur Russland selbst betrafen, sondern auch die japanischen-amerikanischen Beziehungen und deren Entwicklung in den kommenden Jahrzehnten bis zum Pazifikkrieg und dem Angriff auf Pearl Harbor.

Tsushima und die globalen Folgen

Nachdem der Russisch-Japanische Krieg mit dem Angriff auf eine Marinebasis in China begonnen hatte, sollte er am Standort einer Marinebasis in den Vereinigten Staaten beendet werden. Medial waren die Ereignisse zwischen 1904 und 1905 als globales Geschehen wahrgenommen worden. Die Rezeption des Krieges war dagegen sehr unterschiedlich. Während die pro-russische Presse, u .a. in Frankreich, die britischen und amerikanischen Imperialisten für den Ausbruch der Feindseligkeiten in Ostasien verantwortlich machte, brach gleichzeitig eine allgemeine Furcht vor der „Gelben Gefahr“ aus, die sich in etlichen Publikationen der Zeit widerspiegelte.[39] Pro-japanische Meinungen, wie sie vor allem in der britischen und amerikanischen Presse vorherrschten, gaben meist Russland die Alleinschuld.[40] Unabhängig von der jeweiligen Auslegung der Kriegsschuld führten die militärischen Siege Japans zur Anerkennung des Landes als gleichwertige Großmacht. In der kolonialen Welt wurden die Siege sogar noch euphorischer gefeiert, schließlich gelang es erstmals einem ehemaligen „Imperialismusopfer“, sich dauerhaft gegen eine westliche Großmacht zu behaupten, ja sogar in einem Krieg überlegen zu bleiben.[41]

In Japan selbst stimulierten die militärischen Erfolge einen starken Zulauf zum Yasukuni Schrein, dessen Museum 1905 insgesamt elf Millionen Menschen besuchten. Insgesamt ist im Zuge des Russisch-Japanischen Krieges ein Anwachsen des japanischen Nationalismus festzustellen, wobei zu beachten gilt, dass sich gleichzeitig internationalistische Tendenzen abzeichneten.[42] Kritisch wurde der Krieg mit Russland nämlich von den japanischen Sozialisten bewertet. Bereits vor dem Ausbruch der Kampfhandlungen hatten diese unter repressiven Maßnahmen der Regierung zu leiden, die kritische Publikationen konfiszieren ließ und rechtliche Schritte gegen die Herausgeber einleitete, die oft mit Geldbußen oder Gefängnisstrafen endeten. Die sozialistische Bewegung konnte sich in Japan nicht durchsetzen, besonders da der Sozialismus selbst als ein Luxusgut galt, dem sich nur Intellektuelle widmen konnten, die gleichzeitig in der Lage waren, sich dafür Zeit und Muse zu nehmen. Ein Beobachter des Ersten Kongresses der Sozialisten Japans bemerkte zynisch, dass sich nur Ladenbesitzer und Studenten, allerdings keine Arbeiter den Eintritt zu eben dieser Veranstaltung leisten könnten.[43]

Im März 1904 veröffentlichten die japanischen Sozialisten eine Proklamation, in der sie ihre Sympathien mit den russischen Brüdern ausdrückten:

> Liebe Kameraden, Eure Regierung und die unsere sind vor kurzem in den Krieg gestürzt, um ihre imperialistischen Ziele auszuführen,

> aber für uns Sozialisten gibt es keine Grenzen, Rassen, Länder oder Nationalitäten. Wir sind Kameraden, Brüder und Schwestern und haben keinen Grund zum Kämpfen. Eure Feinde sind nicht die japanischen Menschen, sondern unser Militarismus und sogenannte Patriotismus [...]. Wir können nicht vorhersagen, welches der beiden Länder gewinnen wird, aber das Ergebnis wird die gleiche allgemeine Armut sein, neue und hohe Steuern, die Aushöhlung der Moral und die Ausbreitung des Militarismus. Deshalb ist es eine unbedeutende Frage, welche Regierung gewinnt.[44]

Darüber hinaus organisierten die japanischen Sozialisten öffentliche Diskussionen und Protestveranstaltungen. Die meisten derselben wurden in Tokio im Gebäude der YMCA (Young Men's Christian Association) abgehalten und dabei in der Regel von der Polizei überwacht, da man in Regierungskreisen der Ansicht war, dass die Teilnehmer einen revolutionären Coup vorbereiten könnten. Mit Blick auf die sozialistische Bewegung in Japan war der Russisch-Japanische Krieg ein Ereignis, dass sie in einen engeren Kontakt mit anderen Gruppierungen dieser Art außerhalb Japans brachte, sozusagen also zur Internationalisierung der japanischen Sozialisten beitrug. Neben deren Aktivitäten agierten christliche Pazifisten gegen den Krieg; insgesamt bildete sich jedoch keine breite Antikriegspartei in japanischen Kaiserreich heraus.[45]

Der Krieg wurde noch stärker als der Sino-Japanische Krieg ein Jahrzehnt zuvor visualisiert. Die Schlachtfelder sowie die Geschichten der japanischen Soldaten wurden durch Bilder und Berichte mitten in die Gesellschaft des Landes gerückt, wo man gespannt auf neue Nachrichten über die eigenen Siege wartete. Die Darstellung des Krieges in verschiedenen visuellen Medien war dabei mitunter die Konsequenz der Zusammenarbeit zwischen Privatunternehmen und dem Militär, wobei letzterem bei Zurückhaltung geheimer Informationen zugleich an einer Patriotisierung der Bevölkerung gelegen war. Bei mehr als 85.000 Toten in diesem Krieg, der wesentlich größere Dimensionen angenommen hatte, als der Krieg gegen China ein Jahrzehnt zuvor, war dies dringend geboten. Aufgrund der angesprochenen Maßnahmen, der verstärkten Betonung des militärischen Charakters der Auseinandersetzung sowie der Stilisierung der toten Soldaten entwickelte sich nach dem Ende des Russisch-Japanischen Krieges ein besonders intensiver Gefallenenkult, der gleichzeitig in der Populärkultur – beispielsweise in Romanen – seinen Ausdruck fand.

Der Russisch-Japanische Krieg stimulierte somit zugleich ein neues nationales Selbstbild, als dessen Bestandteil die Sieger des Krieges, also Männer wie Nogi oder Tōgō, zu Ikonen japanischer Leistungsfähigkeit und militärischer Effizienz wurden. Zur selben Zeit nahmen die Stimmen zu, die eine weitere Militarisierung des Landes befürworteten. Die Unterschiede in der Wahrnehmung eines Krieges in Europa und Japan während der 1930er Jahre sind vermutlich ebenfalls auf diese Erfahrung eines Siegesrausches zurückzuführen, der ohne die langwierige Kriegserfahrung des Ersten Weltkrieges mit seinen Millionen Verlusten in Japan, wo man in erster Linie dem Ruhm und der eigenen militärischen Stärke huldigte, zu erklären ist. Die Marine drängte in der Nachkriegszeit beispielsweise auf eine Erhöhung ihres Etats, um weitere Expansionsbestrebungen in der Zukunft besser verwirklichen zu können. Hinzu kam eine Politisierung des Militärs im Allgemeinen, das versuchte, mehr Einfluss auf die politischen Entscheidungen des Landes zu gewinnen. Getrieben wurden die japanischen Expansionsgelüste darüber hinaus von der bestehenden Rivalität zwischen Marine und Heer, die jeweils versuchten, möglichst viele Haushaltsmittel für den eigenen Etat zu vereinnahmen.

Mit Blick auf die Auswirkungen in Asien sind mehrere durchaus positive Aspekte zu nennen. In China sorgte der Sieg der Japaner für einen stärkeren Austausch der beiden Länder auf intellektueller Ebene, da viele chinesische Studenten an die Universitäten Japans strömten, um von der Modernisierung des Nachbarlandes zu profitieren und ähnliche Reformbewegungen zu stimulieren. Die Tongmenghui (Revolutionäre Allianz) wurde 1905 von Sun Yatsen (1866-1925) in Tokio gegründet, wo die chinesischen Revolutionäre unter anderem Unterstützung von japanischen panasianistischen Vereinigungen erhielten. Sun selbst betonte als Grund für die Zusammenarbeit den Modellcharakter Japans:

> Als Japan mit seinen Reformen begann, war es ein sehr schwaches Land. [...] Und doch ist Japan nun eine der stärksten Mächte der Welt. Seine Menschen haben ihre alten Vorurteile abgelegt, sie haben die Lektionen des Westens gelernt, ihre Verwaltung reformiert, eine Armee und Flotte errichtet, ihre Finanzen organisiert, und haben das alles in einem Zeitraum von 50 Jahren erreicht. [...] Folglich kann

> China, wenn wir uns an diesen Standards und Beziehungen orientieren ein sehr mächtiger Staat werden [...].[46]

Es kann also zumindest von einem indirekten Effekt des Russisch-Japanischen Krieges auf die Chinesische Revolution von 1911 gesprochen werden. Für Korea sollte der Sieg Japans gleichzeitig das Ende der nationalen Unabhängigkeit bedeuten, da die japanische Regierung nach dem Krieg damit begann, ihre Hegemonialstellung auf der koreanischen Halbinsel durch verschiedene Vertragswerke Schritt für Schritt zu festigen, bevor das Koreanische Kaiserreich 1910 schließlich endgültig annektiert wurde.[47]

Trotz der offensichtlich expansionistischen Politik Japans, die prinzipiell nur einen Kolonialherren durch einen anderen, wenn auch asiatischen, ersetzte, wurde der Sieg einer nicht-westlichen Macht gerade im kolonialen Raum Asiens frenetisch gefeiert. In Indien war in der Presse akribisch über den Kriegsverlauf berichtet worden und spätere politische Führer wie Jawaharlal Nehru (1889-1964) wurden von den Ereignissen beinahe inspiriert. Das Selbstbewusstsein der Massen wurde durch die Ereignisse geweckt und Intellektuelle forderten einen stärkeren Japanismus von ihren Mitbürgern, da man sich davon einen Weg in die eigene Unabhängigkeit versprach. Japan wurde somit zu einem „Verbündeten, einem Modell, einem Mittel“[48] auf dem Weg zur nationalen Freiheit stilisiert. Die Menschen in Südostasien waren zunächst ebenso vom Sieg der Japaner überrascht wie die Europäer. In den Ländern, in denen jedoch bereits eine Unabhängigkeitsbewegung bestand – Philippinen und Vietnam –, stimulierte der Krieg deren weiteres Wachstum. In den südostasiatischen Regionen, in denen das nicht der Fall war – Burma, Indonesien, Thailand –, blieb der Einfluss geringer, wenn auch nicht völlig unbedeutend.[49] Die Unabhängigkeitskämpfer erkannten aber mitunter sehr schnell, dass Japan keineswegs an ihrer Befreiung, sondern lediglich an der Übernahme der von den westlichen Kolonialmächten etablierten Herrschaft interessiert war. Aus globaler Perspektive sind die Folgen des Russisch-Japanischen Krieges in Asien nicht unbedeutend, dennoch treten zwei andere Bereiche, in denen die Ereignisse der Jahre zwischen 1904 und 1905 Bedeutung erlangen sollen, wesentlich stärker hervor. Im Folgenden wird deshalb zunächst der Einfluss des Kriegs auf die japanisch-amerikanischen Beziehungen behandelt, bevor im letzten Teil die Folgen des Krieges für das Deutsche Kaiserreich im Mittelpunkt der Betrachtung stehen.

Der Russisch-Japanische Krieg wurde im September durch den Frieden von Portsmouth offiziell beendet. Die Vermittlung dieses global bedeutenden Friedensvertrages wurde in der U.S.-Presse als Erfolg der Politik Theodore Roosevelts und der amerikanischen Demokratie als solcher interpretiert. Der *San Juan Islander* kommentierte den Frieden im Dezember 1905 beispielsweise sehr nationalistisch-bedeutungsschwanger: „Der Friedensvertrag von Portsmouth ist fantastisch und epochemachend, nicht minder als gewaltig mit Blick auf seine Folgen, nicht nur für die beiden involvierten Länder, sondern die gesamte Welt." Der Friede stellte nach Sicht des Autors gleichfalls „einen Sieg für die politischen Ideale Amerikas" dar.[50]

Sicherlich veränderte der Vertrag von Portsmouth die politische Lage in Ostasien, er bedeutete gleichzeitig eine Belastung des japanisch-amerikanischen Verhältnisses, da sich die japanische Delegation sowie die öffentliche Meinung innerhalb Japans durch die Interventionen des U.S.-Präsidenten und die daraus resultierenden endgültigen Vertragsbedingungen hintergangen fühlten. Es scheint deshalb angebracht, die Verhandlungen sowie deren Inhalte, die sich seit dem Seesieg der Japaner bei Tsushima abspielten, genauer zu betrachten, um ihre Auswirkungen auf den weiteren historischen Verlauf der japanisch-amerikanischen Beziehungen besser einschätzen und verstehen zu können.

Nach der Seeschlacht von Tsushima war der Krieg zur See beendet. Doch auch an Land spielten sich, abgesehen von kleineren Kavalleriescharmützeln und Vorpostenkämpfen, keinerlei Schlachten mehr ab.[51] Lediglich auf Sachalin hatte die japanische Armee seit dem 7. Juli 1905 mit einer Invasion begonnen. Die Unwilligkeit der beiden Mächte, den Krieg fortzusetzen, hing einerseits mit der wirtschaftlichen Limitation auf beiden Seiten und, im Falle Russlands, den sich im Inneren abspielenden Problemen zusammen, andererseits vermutlich mit der Tatsache, dass beide Armeen nicht auf dem eigenen Staatsterritorium, sondern fernab der eigenen Heimat eingesetzt wurden. Es galt folglich zu verhandeln, wobei keine der beiden Seiten gewillt war, offiziell die Initiative zu Verhandlungen zu ergreifen, um nicht die eigene Position während der Friedensgespräche bereits vorab zu schwächen.

Im Gegensatz dazu war Präsident Roosevelt mehr als gewillt, „als überredender Apostel des Kompromisses“[52] zu agieren. Er sollte später für seine Rolle in diesem „epochalen Ereignis der Weltgeschichte“[53] sogar den Friedensnobelpreis erhalten, wobei seine Rolle sicherlich kaum der eines „ehrlichen Maklers“ entsprochen haben dürfte. Es scheint gleichzeitig ironisch zu sein, dass es eines Krieges bedurft hatte, um Japan als gleichwertige Kulturnation anzuerkennen, wie es in zeitgenössischen Schilderungen des Friedens oft betont wird: „Der Friede von Portsmouth bedeutet das Ende des ersten Kapitels in einer neuen Epoche der menschlichen Geschichte. Der Ferne Osten, geführt von Japan, ist mit Pauken und Trompeten, mit Torpedos und Schnellfeuergeschützen in den Kreis der Kulturnationen eingezogen.“[54] Die Existenz der Anglo-Japanischen Allianz verhinderte nämlich eine erneute Intervention gegen Japans Forderungen im Zuge der Friedensgespräche, auch wenn etliche derselben am Verhandlungstisch aufgrund der russischen Haltung scheitern würden. Während des Krieges sorgte, nach eigener Aussage, neben diesem Bündnis auch Roosevelt persönlich dafür, dass Deutschland oder Frankreich Russland militärische Schützenhilfe gewährten:

> Sobald der Krieg ausbrach, informierte ich Deutschland und Frankreich, in der möglichst höflichen und diskreten Art, dass ich mich im Falle eines Bündnisses gegen Japan, das versuchen würde das zu erreichen, was Russland, Deutschland und Frankreich 1894 [sic!] getan hatten, sofort auf die Seite Japans stellen würde, um was immer in dessen Sinne wäre mit allen Mitteln durchzusetzen. Ich wusste natürlich, dass [...] [die britische Regierung] genauso agieren würde und ich hielt es für angemessen nicht mit [...] [deren Vertretern] darüber zu beraten, bevor ich nicht meine eigene Absicht verkündet hätte.[55]

Dabei agierte der amerikanische Präsident nicht aus rein altruistischen Motiven zum Wohle Japans, sondern wusste genau, dass bei einem Eingriff der drei europäischen Mächte die US-Interessen in China und der Mandschurei hätten empfindlich geschädigt werden können. Sein Ziel bestand nämlich zu allererst in einer Beibehaltung der „Open Door Policy“ in dieser Region, weshalb eine Anlehnung an Großbritannien und damit an Japan sinnvoll erschien. Denn Japan versprach, im Falle seines Sieges gegen das Zarenreich, die Beachtung bzw. Bereitstellung der gleichen Rechte für alle Großmächte in diesem geografischen Raum.

Roosevelt selbst war zudem eher anti-russisch eingestellt, da er befürchtete, Russland könne bald zu einer „Bedrohung ‚zivilisierten Lebens'"[56] werden. Zu Beginn des Krieges soll der Präsident der Vereinigten Staaten sogar über Operationen der Marine zur Unterstützung Japans nachgedacht haben, die aufgrund der militärischen Entwicklungen schnell wieder fallen gelassen werden konnten. Zudem war der britischen Regierung an einem solchen Szenario sicherlich nicht gelegen, sah die Anglo-Japanische Allianz doch den Bündnisfall vor, wenn sich eine dritte Macht an den Kampfhandlungen beteiligen würde. Roosevelt konnte also keine offiziellen Zusagen an Japan machen, er sicherte allerdings die Unterstützung der USA für den Fall der Fälle inoffiziell zu. Insgesamt betrachtet musste der Präsident gleichzeitig zwischen der Gefahr des russischen Expansionismus in der Region und der eines wachsenden Einflusses Japans, das ebenfalls zur Hegemonialmacht in China und der Mandschurei avancieren konnte, lavieren. Es scheint aus seiner Perspektive geboten gewesen zu sein, das japanische Kaiserreich so lange zu unterstützen, bis sich ein Mächtegleichgewicht in Ostasien eingestellt hätte.

Ungeachtet dessen war aber ein Protektorat in Korea für die USA akzeptabel, so lange dies eine russische Herrschaft über die Mandschurei verhinderte. Die japanische Aufmerksamkeit sollte eher nach Norden als nach Süden und damit auf die Interessensphäre der Amerikaner – unter anderem auf den Philippinen – gerichtet werden.[57] Ein Interessensaustausch wurde Ende Juli 1905 im Zuge des Taft–Katsura Agreements erzielt, in dem sich die USA und Japan darauf einigten, ihre Einflusssphären abzugrenzen. Die japanische Herrschaft in Korea wurde im Austausch für die unangefochtene Stellung der Vereinigten Staaten auf den Philippinen akzeptiert.[58] Während die US-Diplomatie im Zuge des Krieges ganz eigene Ziele verfolgte, stellte sich die Presse der USA wie die Großbritanniens auf die Seite Japans. Die Japaner selbst hatten damit begonnen, den eigenen Kampf als den eines zivilisierten Nationalstaates gegen ein barbarisches Regime zu bezeichnen, etwas, das schnell von der internationalen Berichterstattung adaptiert worden war. Der Russisch-Japanische Krieg wurde in der Folge zum Kampf zwischen dem japanischen Konstitutionalismus auf der einen und dem russischen Absolutismus auf der anderen Seite stilisiert. Die pro-japanische Haltung wurde von der Presse in den USA, im Gegensatz zur Haltung der US-Diplomatie, mit dem Ende des Krieges ebenfalls nicht aufgegeben.[59]

Dazu beigetragen hatten unter anderem die Artikel von George Kennan (1845-1924), die das Russlandbild in den USA maßgeblich prägten. Während des Russisch-Japanischen Krieges publizierte er 26 Artikel im *Outlook*, die Japan in einem positiven, Russland in einem negativen Licht darstellen.[60] Besonders hebt Kennan die Behandlung von Kriegsgefangenen durch die Japaner hervor, da „Japan seine Feinde besser behandelt als Russland seine Untertanen."[61] In seinen Abhandlungen macht der amerikanische Journalist vor allem die russische Arroganz und die damit verbundenen Fehleinschätzungen für das Desaster der russischen Armee verantwortlich.

Es waren insbesondere die positive Darstellung der japanischen Seite sowie deren Siege, die Japan im Laufe des Krieges zu einer akzeptierten Größe an den internationalen Finanzmärkten machten. Während der Meiji-Restauration hatte Japan lediglich zwei Kredite in London aufgenommen, um den Bau der Eisenbahnlinie zwischen Tokio und Yokohama zu finanzieren und um die Zahlung von Samurai-Stipendien im Zuge der Abschaffung des Feudalsystems gewährleisten zu können. Für die Finanzierung des Krieges gegen Russland bedurfte es allerdings einer Finanzleistung, die Japan, wie Russland, nicht ohne fremde Kredite stemmen konnte. Da aber kaum jemand an einen japanischen Sieg glaubte, war es zunächst nicht möglich, einen Kredit in London zu erhalten.[62] Ein erster Kredit in Höhe von 50 Millionen Dollar wurde durch die Vermittlung des Bankiers Jacob H. Schiff (1847-1920) vom Bankhaus Kuhn, Loeb & Co. in New York ermöglicht. Der Bankier war bereit, Japan zu unterstützen, besonders, da in Russland während des Jahres 1903 Pogrome gegen jüdische Bevölkerungsteile stattgefunden hatten. Mit den Siegen der japanischen Armee und Marine stieg das Vertrauen in die Sicherheit möglicher Kredite für Japan, so dass zwischen Mai und Juli 1905 insgesamt vier Kredite über insgesamt 400 Millionen Dollar und das zu immer besseren Konditionen gewährt wurden.

Diese finanzielle Belastung war gleichzeitig für die Forderungen der japanischen Diplomaten während der späteren Verhandlungen verantwortlich. Da die Verfolgung der russischen Armee nach der Schlacht von Mukden wegen Munitionsmangels nicht möglich war und die Staatsfinanzen eine Fortsetzung des Krieges für lediglich sechs Monate zuließen, brauchte man dringend Verhandlungen, die erst durch die erfolgreiche Seeschlacht von Tsushima in Reichweite rückten. Finanziell war Japan also extrem unter Druck und musste hohe Forderungen stellen, etwas, das die *Hamburger Nachrichten* sehr kritisch kommentierte: „Armes Japan! Es hat den Bären noch nicht erlegt, aber es teilt schon seine Haut. Die Freunde Japans würden ihm einen großen Dienst erweisen, wenn sie dieses rauflustige und kriegerische, aber vielversprechende Volk aus den Wolken des Siegestaumels auf die kalte und nüchterne Erde stellen würden. Es muß sich klar werden über die wirkliche politische Sachlage und über die Machtverhältnisse zu seinem Feinde."[63] Ganz unrecht hatte man mit dieser Sicht nicht, hatte doch „der Zar wiederholt [...] seinen Entschluß betont, den Kampf gegen Japan, unbekümmert um all die Fehlschläge und Opfer und um die Dauer des Krieges"[64] fortzusetzen. Der russische Botschafter in Washington, Arthur Cassini (1836-1913), betonte ebenfalls, dass das Zarenreich nicht gewillt sei, Friedensverhandlungen aufzunehmen, zumal es nie erniedrigenden Forderungen, die dessen Zukunft in Ostasien bedrohen würden, zustimmen könne. Derlei Aussagen bestärkten Roosevelt in seiner Sicht, dass die Russen nicht bereit seien, den Tatsachen ins Auge zu blicken.

Die Ereignisse von Tsushima sollten das ändern und den amerikanischen Präsidenten in die Lage versetzen, die Vermittlung von Friedensverhandlungen aufzunehmen. Cassini misstraute dieser Offerte, da er in Roosevelt einen Agenten japanischer Interessen zu erkennen glaubte. Die Japaner selbst gingen von direkten Verhandlungen zwischen den kriegsführenden Parteien aus, überließen es gleichwohl dem Präsidenten der USA, aus eigenem Antrieb heraus ein Vermittlungsgebot an die Russen zu richten. Die späteren Friedensgespräche waren generell schwierig, da es schien, dass die japanische und russische Delegation nicht auf der gleichen Symbolebene verhandelten. Hinzu kam, dass nicht nur über die Friedensmodalitäten an sich, sondern „auch über Rang und Ansehen zweier Imperien verhandelt"[65] wurde. Besonders deshalb schien es zunächst einmal schwierig, beide Verhandlungsparteien überhaupt an einen Tisch zu bringen. Roosevelt begann daher über seinen Botschafter in St. Petersburg, George von Lengerke Meyer (1858-1918), Druck auf den Zaren auszuüben, damit dieser den

Friedensgesprächen zustimme. Darüber hinaus war es notwendig sicherzustellen, dass die Verhandelnden mit allen notwendigen Vollmachten ausgestattet waren, damit diese tatsächlich einen Friedensvertrag unterzeichnen konnten. Bei der Klärung all dieser Fragen, unter anderem der nach der Örtlichkeit, wirkte Roosevelt wie „ein Zirkusjongleur".[66] Schließlich einigte man sich darauf, im amerikanischen Portsmouth zu verhandeln, das aufgrund der sommerlichen Temperaturen Washington vorgezogen wurde.

Die russische Delegation wurde von Sergei Witte,[67] der schon während des Krieges der Friedenspartei angehört hatte, angeführt, allerdings war seine Ernennung nicht von Anfang an vorgesehen gewesen. Der Zar wollte einen anderen Verhandlungsführer, unter anderem weil er Witte persönlich nicht mochte. Die anderen Kandidaten waren aber nicht bereit, das Risiko dieser Mission, als in der Öffentlichkeit verhasster Politiker nach Russland zurückzukehren, auf sich zu nehmen. Schließlich blieb dem Zaren nichts anderes übrig, als der Ernennung des ehemaligen Finanzministers zuzustimmen. Witte selbst soll diese Maßnahme wie folgt kommentiert haben: „wenn der Kanal gereinigt werden muss, senden sie Witte, aber sobald eine sauberere Arbeit, die angenehmer ist, auftaucht, springen etliche andere Kandidaten auf."[68] Ungeachtet dieser Einschätzung übernahm er die Aufgabe, die man ihm übergeben hatte. Mit Blick auf die kommenden Verhandlungen folgte er dabei einer Reihe von Regeln, die er selbst erstellt hatte:

1. Es durfte von russischer Seite aus kein Wunsch nach Frieden signalisiert werden.
2. Es musste so getan werden, als sei die Niederlage des Zarenreiches gegen Japan nicht mehr als ein kleiner Vorfall ohne Belang.
3. Es galt die amerikanische Presse im Auge zu behalten und wenn möglich für die russische Sache zu instrumentalisieren.
4. Die öffentliche Meinung in den USA sollte zugunsten Russlands beeinflusst werden.
5. Es musste eine pro-jüdische Haltung signalisiert werden, um die jüdischen Gegner des Zarenreiches in den Vereinigten Staaten zu besänftigen.[69]

Während seiner Reise durch die USA versuchte Witte all diesen Regeln zu folgen. Er wollte sich als echter Demokrat präsentieren und dadurch Sympathien gewinnen, die dann während der kommenden Verhandlungen politisch genutzt werden sollten.[70] Darüber hinaus sprach er vor und während der Friedensverhandlungen ganz offen mit den amerikanischen Journalisten, was seine japanischen Amtskollegen mitunter sehr frustrierte.

Die japanische Delegation bestand aus erfahrenen Spezialisten, wobei die Japaner diese mitunter als Übersetzer oder Sekretäre deklarierten, um das Potential ihrer Gesandtschaft möglichst lange zu verschleiern und gleichzeitig während der Gespräche über mehr Expertise verfügen zu können. Zudem waren die Japaner ihren russischen Kollegen, was die Sprachkompetenz besonders im Hinblick auf den diplomatischen Usus anbelangte, überlegen. Witte passte nicht in dieses Diplomatenbild, denn er war „ein hemdsärmeliger Macher, für seine Grobschlächtigkeit berüchtigt und als erfolgreicher Aufsteiger am Hofe des Zaren verhasst".[71] Seine Kommunikationsweise und Körpersprache fand in den USA jedoch mehr Anklang als die der geschulten Diplomaten und der große Russe wirkte wie eine Attraktion. Trotzdem war seine Aufgabe keine leichte, zumal Nikolaus II. verfügt hatte, dass weder Reparationen gezahlt, noch Territorium abgetreten werden durfte. Witte machte deshalb von Anfang an deutlich, dass man in St. Petersburg bereit war, auf Korea und die Süd-Mandschurei zu verzichten, dass darüber hinaus allerdings keinerlei Zugeständnisse finanzieller oder territorialer Natur zu erwarten seien.

Komura, der die japanische Delegation anführte, befand sich also in einer schwierigen Lage. Er hatte unter anderem mit Roosevelt Jura in den USA studiert und war mit den westlichen Gepflogenheiten im Bereich der Diplomatie bestens vertraut. Für ihn war Geheimhaltung äußerst wichtig und er wünschte keine Verhandlung der Gesprächsergebnisse in der Presse. Ihn ärgerte es, dass Witte immer wieder geheime Informationen an die Presse weitergab; die amerikanischen Leser interpretierten diese Haltung als Verschlossenheit, weshalb die Japaner hier einige Sympathien einbüßten. Zwar hatte die japanische Regierung schon seit 1900 versucht, in England und den USA eine pro-japanische Meinung zu etablieren; man schien dabei jedoch nicht vollends erfolgreich gewesen zu sein. Zur Gruppe derer, die zur Verbreitung eines positiven Japanbildes entsandt worden waren, gehörte unter anderem Kaneko Kentarō (1853-1942), ein Freund Roosevelts, der während des Krieges zahlreiche Reden und Vorträge hielt und Beiträge für prominente Zeitschriften verfasste.[72] Die meisten Artikel versuchten dabei, Japan als Advokaten der englischen sowie amerikanischen Interessen in Ostasien darzustellen, um vor allem die Vorstellung von einer „Gelben Gefahr" zu widerlegen. Ähnliche Maßnahmen fanden auch in Europa Anwendung, wo das Kronprinzenpaar im Mai 1905 Deutschland und Großbritannien besuchte. Man beabsichtigte von Seiten der japanischen Regierung durch derlei „Werbetourneen" in erster Linie, eine erneute Intervention zum Nachteil Japans wie 1895 zu vermeiden.

Roosevelt hegte hingegen von Anfang an die Befürchtung, dass die japanischen Forderungen an Russland zu hoch sein würden.[73] Auf Seiten der Japaner musste freilich viel verlangt werden, da der Krieg teuer gewesen war und die Wirtschaft des Landes ohne Reparationen erheblich belastete. Bevor die Verhandlungen tatsächlich begannen, war Roosevelt zudem darüber frustriert, dass er nur Briefe schreiben konnte, um den Lauf der Dinge zu beeinflussen und den Eindruck hatte, dass seine Ratschläge eher selten ernst genommen wurden. Obwohl er die japanische Regierung vor der Forderung nach Reparationen gewarnt hatte, hielt sie scheinbar unnachgiebig an diesem Punkt fest. Im Juli 1905 hatten ihre Vertreter nämlich die Forderungen an Russland festgelegt:

1. Akzeptanz der alleinigen Kontrolle Japans über Korea,
2. russischer Rückzug aus der Mandschurei,
3. Übergabe der russischen Rechte auf der Liaodong Halbinsel an Japan,
4. Übergabe der Eisenbahnrechte südlich von Harbin,
5. Zahlung von Reparationen,
6. Übergabe der in neutralen Häfen internierten russischen Kriegsschiffe,
7. Abtretung Sachalins an Japan,
8. Abtretung von Fischereirechten in russischen Gewässern an Japan,
9. Limitierung der russischen Seestreitkräfte in Ostasien und
10. Umwandlung Wladiwostoks in einen Handelshafen.[74]

Die Formulierung dieser Bedingungen für einen potentiellen Friedensvertrag glich vielmehr Maximalforderungen als einem ehrlich gemeinten Verhandlungsangebot, weshalb deren Veröffentlichung mit gemischten Gefühlen wahrgenommen wurde. Trotzdem wurden die Japaner in den USA herzlich willkommen geheißen.

Der Eisenbahnmagnat James J. Hill (1838-1916) hatte den Transport der japanischen Delegation organisiert. Auf dem Schiff Minnesota der Northern Steamship Company erreichten Komura und seine Begleiter die Westküste, bevor sie sich auf den Weg in Richtung New York begaben. Am 19. Juli 1905 wurden sie zunächst in Seattle, wo die Delegation von 3.000 Menschen begrüßt wurde, empfangen. Danach stand eine Stadtrundfahrt mit dem Bürgermeister auf dem Programm.[75] Die amerikanische Öffentlichkeit der Westküste hegte zwar durchaus Ressentiments gegen die Japaner, vor allem gegen Immigranten, die nach Kalifornien kamen, um sich niederzulassen; man wünschte Komura trotzdem Erfolg bei den anstehenden Verhandlungen in Portsmouth. Die japanischen Immigranten mögen unbeliebt gewesen sein, jedoch nicht so sehr wie der Zar: „schwach, unentschlossen, unbeliebt, umgeben von selbstsüchtigen Beratern."[76] Darüber hinaus waren die Meldungen über die zaristische Armee seit dem Ende der Kampfhandlungen alles andere als erfreulich. So waren viele Offiziere nach der Schlacht von Mukden geflüchtet und hatten sich bei nächstbester Gelegenheit betrunken.

Während sich beide Delegationen auf dem Weg nach Portsmouth befanden, setzte der amerikanische Präsident seine Überzeugungsarbeit fort. In St. Petersburg waren erneut Stimmen für eine Fortsetzung des Krieges laut geworden, die Roosevelt durch unzählige Briefe an den Zaren und Meyer zu entkräften versuchte. Im Juli hatte der Zar ein Abkommen mit dem Deutschen Kaiserreich in Primorsk/Björkö (Finnland) unterzeichnet, das ein gegenseitiges Verteidigungsbündnis vorsah. Zwar wurde dieser Vertrag, der im Verlauf der Analyse der deutschen Position während des Russisch-Japanischen Krieges weiter unten noch eingehender besprochen wird, nie ratifiziert, der Zar schien demnach aber für alternative Lösungen seiner aktuellen Problemlage durchaus empfänglich zu sein.

Aus finanzieller Sicht brauchten die Russen den Frieden ebenso dringend wie die Japaner. Letztere hielten aber gegen den Rat des

Präsidenten an ihrer Forderung nach Reparationen fest, eine schnelle Einigung war folglich ausgeschlossen.[77] Die russische Seite war lediglich dazu bereit, sich an der Versorgung der Kriegsgefangenen zu beteiligen, dennoch waren Reparationen einer der Punkte, die von Nikolaus grundsätzlich abgelehnt wurden, da sie eine Demütigung des Zarenreiches, dessen Armee nach wie vor in der Mandschurei kampffähig war, bedeutet hätten. Die russischen Unterhändler lehnten insgesamt vier der japanischen Forderungen ab: die Zahlung von Reparationen, die Besetzung Sachalins durch Japan, die Übergabe der internierten Schiffe sowie die Begrenzung der eigenen Seestreitkräfte in Ostasien.[78] Als Komura am 10. August offiziell die japanischen Forderungen übergab, fehlte zwar schon die Forderung nach der Umwandlung Wladiwostoks von einem Kriegs- in einen Handelshafen, die präsentierten Punkte waren für Witte trotzdem nicht annehmbar. Eine Woche später unterstrich der Zar in einem Telegramm noch einmal seine Haltung: kein Geld, kein Land. Einen Tag später, am 18. August, forderte Komura eine Summe von 1,2 Milliarden Yen als Gegenleistung für die Räumung des nördlichen Sachalins. Die japanische Seite versuchte also, dem Reizthema Reparationen ein anderes Kleid zu verpassen. Dafür hätte Japan auf die internierten Schiffe sowie die Limitierung der russischen Seestreitkräfte in Ostasien verzichtet. Witte schien gewillt, diesen Kompromiss zu akzeptieren und telegrafierte die neuen Bedingungen nach St. Petersburg. Einige Tage zuvor hatte er den Reportern noch mitgeteilt, dass die Lage aussichtslos sei und man an einem Punkt angekommen sei, an dem nicht weiter verhandelt werden könne.[79]

Roosevelt versuchte noch einmal über seinen Botschafter in Russland sowie durch den deutschen Kaiser Druck auf den Zaren auszuüben. Diese Versuche scheiterten, da Witte am 22. August die Order erhielt, die Verhandlungen abzubrechen. Der russische Verhandlungsführer widersetzte sich diesem Befehl und erst der erneute diplomatische Druck ließ den Zaren ein wenig einlenken.[80]

Schließlich stimmte Nikolaus zwar der Teilung Sachalins zu, lehnte aber jegliche Form von Reparationen weiterhin ab.[81] Roosevelt wies Komura darauf hin, dass im Falle des Scheiterns der Verhandlungen an Japans unnachgiebiger Forderung nach Reparationen ein erheblicher Stimmungsumschwung in der öffentlichen Meinung zu erwarten sei. Roosevelt schlug deshalb vor, den Reparationen mit der Teilung Sachalins und dem Aufkauf der japanischen Rechte – die japanische Armee hatte die Insel im Juli besetzt – einen eher inoffiziellen Charakter zu geben.

Witte war allerdings nicht bereit, Reparationen, egal wie man diese deklarierte, hinzunehmen, obwohl Roosevelts Lösung den japanischen Anspruch auf Geld sowie das russische Bedürfnis, das eigene Gesicht zu wahren, bedient hätte.[82] Die Aussichten auf einen Erfolg der Verhandlungen hatten am 23. August scheinbar ihren Tiefpunkt erreicht. Beobachter befürchteten eine Fortsetzung des Krieges.

Nun lag die endgültige Entscheidung über den Fortgang der Friedensgespräche oder deren Abbruch allein in den Händen der japanischen Delegation. Komura berichtete über die verfahrene Situation nach Tokyo,[83] wohingegen die Kriegspartei in St. Petersburg versuchte, den Zaren zu einer Entscheidung in ihrem Sinne zu veranlassen. Am 28. August wurde Witte nochmals angewiesen, die Verhandlungen abzubrechen, erneut widersetzte er sich. Die Japaner schienen eher gewillt, den Frieden nicht zu riskieren, hatten sie sich doch schon zuvor gegenüber den Vorschlägen Roosevelts aufgeschlossen gezeigt. Komura erhielt schließlich die Anweisung, zum Wohle des Friedens auf Reparationen zu verzichten. Sofern sich abzeichnete, dass die Unterzeichnung eines Friedensvertrages in Gefahr geriet, hatte der japanische Außenminister das Recht, die notwendigen Zusagen zu treffen. In der letzten Sitzung am 28. August bot er an, dass Japan auf die Reparationen verzichten würde, wenn Russland bereit war, das gleiche in Bezug auf Sachalin zu tun. Witte lehnte dennoch ab, so dass dem japanischen Verhandlungsführer nichts anderes übrig blieb, als auch der Teilung der Insel ohne Gegenleistung zuzustimmen. Am meisten befürchtete vermutlich Komura den Kollaps der Verhandlungen, so dass er schließlich sein Einverständnis gab. Insgesamt war der Friedensvertrag „ein von Roosevelt zustande gebrachter“[84] und Witte wurde zukünftig als „Graf Halb-Sachalin“[85] bezeichnet.

Nachdem die japanische Delegation den grundsätzlichen Verhandlungsforderungen der russischen Vertreter nachgekommen war, galt es abzustimmen, wie das weitere Vorgehen in der Mandschurei auszusehen hatte. Die zaristischen Streitkräfte sollten das Gebiet möglichst zeitnah verlassen, allerdings bestand die Regierung in St. Petersburg darauf, einige Truppen zum Schutz der Gleisanlagen der Transsibirischen Eisenbahn in dieser Region zu belassen.[86] Prinzipiell teilten Japan und Russland also ihre Einflusssphären in der Mandschurei untereinander auf und missachteten dabei jegliche Interessen Chinas, zu dessen Territorium das Gebiet eigentlich gehörte. Ungeachtet der chinesischen Einwände setzten sich die Imperialmächte schlussendlich durch, mitunter weil die Mandschurei ohnehin aufgrund ihrer Geschichte als „Niemandsland" betrachtet worden war.[87] Schon vor dem Ausbruch des Boxeraufstandes hatte Russland Truppen zum Schutz der chinesischen Trasse der Verbindung zwischen St. Petersburg und Wladiwostok dort stationiert und war trotz der Niederlage gegen Japan nicht bereit, diese bisher angewandte Sicherungsmaßnahme völlig abzuschaffen. Die japanischen Diplomaten hatten in Portsmouth zunächst die Reduktion dieser Truppenverbände gefordert, allerdings weigerte sich Witte, dieser Forderung nachzukommen, da sie bedeutet hätte, den russischen Einfluss auf den Teil der Trasse, der offiziell von der Chinesischen Ost-Eisenbahn betrieben wurde, aufzugeben. Komura hatte vorgeschlagen, die Anzahl der russischen Soldaten zumindest auf fünf pro Kilometer Trasse zu reduzieren, der ehemalige Finanzminister des Zarenreiches lehnte das ab, da er der Meinung war, dass das insgesamt zu wenig Truppen seien. Witte forderte im Gegenzug 20 Soldaten pro Trassenkilometer; man einigte sich schließlich auf 15. Etwa 1.700 Kilometer Gleisstrecke befanden sich nach der Übergabe der Eisenbahnrechte in der südlichen Mandschurei noch in russischer Hand, so dass das Zarenreich immer noch mehr als 25.000 Soldaten im mandschurischen Norden stationieren durfte.

Zwar hatten sich die Mächte also geeinigt, für die amerikanische Presse war es jedoch eine Zeit immer neuer Meldungen über den absehbaren Erfolg oder das mögliche Scheitern der Verhandlungen, bis die verschiedenen Blätter endlich den Friedensschluss verkünden konnten. Da Witte die Presse regelmäßig informiert hatte, wussten die Reporter von den Anweisungen aus St. Petersburg, die Verhandlungen nicht weiter fortzusetzen.[88] Umso erfreulicher erschien es, als endlich vermeldet werden konnte, dass der Frieden geschlossen worden war. Mit der Meldung über den Erfolg der Verhandlungen wurden auch die Bedingungen publiziert und so einer breiten Öffentlichkeit zugänglich gemacht.[89]

Russland hatte also endlich den ersten und einzigen Sieg des Krieges errungen und zwar am Verhandlungstisch. Witte hatte wie ein Sieger verhandelt und konnte die russische Position nur so erfolgreich verteidigen, weil die Japaner den Frieden scheinbar dringender benötigten als die Regierungsverantwortlichen in St. Petersburg. Die japanische Presse verurteilte die eigenen Diplomaten, denn aus der Perspektive der Öffentlichkeit schien es, als habe die Unfähigkeit der Diplomaten die Siege der japanischen Armee und Marine verspielt.

Tatsächlich war es die einzige Möglichkeit gewesen, die den japanischen Abgesandten geblieben war. Laut der amerikanischen Berichterstattung war das Zarenreich „günstig davongekommen".[90] Witte konnte sich selbst als stolzen Sieger inszenieren:

> Ich habe mein Wort gehalten und an den Grundsätzen, die ich während der gesamten Konferenz vertreten hatte, festgehalten. Ich habe den Japanern gesagt, dass ich nicht einen Zoll preisgeben würde und habe es auch nicht getan. Ich habe es abgelehnt den Forderungen nach maritimer Limitation zuzustimmen; habe es abgelehnt, Geldzahlungen zu gewähren und habe es abgelehnt, Territorium abzutreten und gab die Hälfte Sachalins auf Anweisung des Zaren ab.[91]

Gleichzeitig wurde berichtet, dass Witte die Japaner ausgetrickst habe.[92] In einem Interview soll er geäußert haben: „Präsident Roosevelt appellierte an meinen Patriotismus, meine Menschlichkeit, meinen Menschenverstand. Glücklicherweise gelang es mir, bis zum Ende durchzuhalten. Die Japaner konnten nicht in meinem Gesicht lesen, was in meinem Herzen vor sich ging."[93] Wittes Sieg am Verhandlungstisch wurde als „Sieg der Feder über das Schwert" ausgelegt. Während die russische Historiographie den Verhandlungsführer des Zaren rühmte, betonten amerikanische Darstellungen aber die Leistung Präsident Roosevelts. Entscheidend verantwortlich war vermutlich keiner der beiden, sondern ein ganz anderer Umstand, wie er später von Freiherr von der Goltz in einer Abhandlung zum Krieg beschrieben wurde: „Der günstige Friedensschluß, den Rußland erreichte, ist wesentlich dem Umstande zuzuschreiben, daß seine materiellen Kräfte auf dem Kriegsschauplätze sich allmählich im gleichen Maße vermehrten, wie sich die seiner Gegner mit fortschreitendem Charakter verringerten, bis endlich eine Art von Gleichgewicht hergestellt war." Die US-Presse hinderte das aber nicht, die Leistung des eigenen Präsidenten, für die er aus Europa

Glückwünsche erhielt, in den Mittelpunkt der Berichterstattung zu stellen.[94] So erhielt Roosevelt unter anderem ein Telegramm des Zaren, der ihm noch einmal persönlich seinen Dank aussprach: „Akzeptieren Sie meine Gratulation und aufrichtigen Dank dafür, dass Sie die Friedensverhandlungen durch ihre persönlichen und energischen Anstrengungen zu einem erfolgreichen Abschluss gebracht haben. Mein Land wird dankbar den bedeutenden Anteil, den Sie an der Friedenskonferenz von Portsmouth gehabt haben, anerkennen."[95] Am Ende der Konferenz wurde zunächst ein Waffenstillstand unterzeichnet, der die Feindseligkeiten beendete, bis der Friedensvertrag ratifiziert wurde. Die Verhandlungen zu diesem Waffenstillstand liefen vergleichsweise schnell und reibungslos ab, da sich Witte und Komura zügig über die einzelnen Punkte des Inhalts einigten. Die US-Presse kürte Roosevelt ganz offen zum Gewinner der Konferenz, denn „er ist ein größerer Mann als die russischen und japanischen Lumpen zusammen. Den Kriegführenden erlauben wir uns vorzuschlagen, ‚Geht in Frieden und sündigt nicht mehr.'"[96]

Nur wenige Stimmen in Japan nahmen den Friedensvertrag so positiv war. Zunächst brachen Unruhen im Hibiya Park aus, die erst durch die Verhängung des Kriegsrechts nach einigen Tagen aufgelöst werden konnten. Als das Dokument selbst in Japan eintraf, wurde der Bahnhof von Polizei und Armee bewacht, um weitere Ausschreitungen zu verhindern. Die Ereignisse in Russland nach Kriegsende waren ähnlich negativ, denn dort war zwar Wittes Position als gemäßigter Politiker durch den Friedensschluss gestärkt worden, aber das Land wurde von Hunger und dem Anwachsen der oben beschriebenen revolutionären Bewegungen belastet. Schon kurz nach der Rückkehr des russischen Chefdiplomaten machten sich zudem etliche Kritiker daran, ihn für den unpatriotischen Friedensschluss zu kritisieren.[97]

Weder die japanischen noch die russischen Diplomaten schienen für ihre Arbeit gewürdigt zu werden. Einzig Roosevelt ging als Sieger aus den Verhandlungen hervor, ihm wurde 1906 sogar der Friedensnobelpreis verliehen. Hier muss jedoch differenziert werden, denn der amerikanische Präsident handelte während der Friedensgespräche in Portsmouth nicht uneigennützig, sondern versuchte in erster Linie, den US-Interessen in Ostasien gerecht zu werden. Aus seiner Perspektive war der finale Friedensvertrag deshalb sicherlich mehr als zufriedenstellend.

Sicher ist, dass „Theodore Roosevelt in jedem Fall der Zeremonienmeister“[98] der Friedenskonferenz von Portsmouth gewesen ist. Tyler Bennet geht sogar so weit, ihn zum Diktator der Verhandlungen zu deklarieren. Auf den ersten Blick ist der unparteiische Beobachter zwar durchaus geneigt, zuzustimmen, wenn behauptet wird, dass Roosevelt seinen Friedensnobelpreis „hart erarbeitet hat“[99] und dass es sich beim Frieden von Portsmouth um „eine substantielle Leistung“[100] handelt, aber es gilt hier, etwas genauer zu unterscheiden. Was auf den ersten Blick wie ein Erfolg russisch-japanischer Diplomatie sowie amerikanischer Vermittlung wirkt, war gleichzeitig die Sicherung von Roosevelts Primärzielen, nämlich beide Großmächte in Ostasien als Machtfaktoren in einem Gleichgewicht zu erhalten. Der amerikanische Präsident agierte demnach stets in erster Linie im Interesse der USA. Er war nicht nur Staatsoberhaupt, er war gleichzeitig ein Nationalist, dem die Notwendigkeiten der heimischen Politik über allen anderen Errungenschaften einer solchen internationalen Konferenz standen. Roosevelt, der mit Blick auf die Rolle der Seemacht von den Ideen Mahans beeinflusst worden war, hatte die Gefahr der aufstrebenden Imperialmächte Deutschland und Japan erkannt. Ein Grund mehr Letztgenannte durch einen paritätischen und nicht zu harten Frieden im Gleichgewicht mit Russland zu halten, damit die US-Interessen in Ostasien so wenig wie möglich durch eine japanische Hegemonie in Mitleidenschaft gezogen würden.

Der Präsident mag zu Beginn des Krieges tatsächlich – nicht zuletzt wegen der zaristischen Besatzung der Mandschurei und dem Programm von Kishinev – anti-russisch eingestellt gewesen sein; am Ende des Krieges war er es nicht mehr. Seine Perspektive schwankte zwischen der Bewunderung der japanischen Erfolge und der damit verbundenen Furcht vor den daraus erwachsenen Problemen. Zu Beginn „haben die Japaner unser Spiel gespielt“,[101] indem sie als Barriere gegen die russischen Expansionsgelüste fungierten. Gefestigt wurde Roosevelts pro-japanische Haltung noch durch die schlechte Leistung des russischen Botschafters in Washington, Cassini, den der Präsident als Lügner betrachtete. Roosevelts Politik war oft davon abhängig, wie er sich persönlich mit den entsprechenden Botschaftern verstand, seine Begeisterung für Russland hielt sich also in Grenzen.

Unabhängig von seinen persönlichen Animositäten und Sympathien erkannte der amerikanische Präsident die Gefahr, welche ein

Sieg Japans in Ostasien bedeutet hätte. Dem britischen Diplomaten Cecil Spring-Rice (1859-1918) schrieb er, dass ein unangefochtener Sieg Japans in der Zukunft direkt zu einer Konfrontation mit den USA führen müsse.[102] Er war sich folglich schon während des Konfliktes selbst bewusst, dass dessen Ausgang nicht nur das Schicksal der Region, sondern gleichzeitig über die zukünftige Politik der USA entscheiden würde. Seine Hoffnung war folglich simpel: „Vielleicht kämpfen beide Mächte gegeneinander bis beide ordentlich erschöpft sind, und dass dann ein Frieden zustande kommt, der weder die Schaffung einer Gelben Gefahr noch einer Slawischen Gefahr bedeutet."[103] Man hoffte in Washington also auf einen kräftezehrenden Krieg für beide Seiten, der keinen als eindeutigen Sieger vom Felde ziehen ließ. Dem französischen Botschafter Jean Jules Jusserand (1855-1932) gegenüber hatte Roosevelt sogar geäußert: „das Beste wäre, wenn Japaner und Russen von Angesicht zu Angesicht verharrten, sich gegenseitig ausbalancierend, beide geschwächt."[104]

Darüber hinaus hatte Roosevelt die japanische Politik bereits während des Krieges kritisiert. Zum einen missbilligte er, dass westliche Korrespondenten bewusst vom Kriegsschauplatz ferngehalten wurden, zum anderen hatte er japanische Aktionen zur Aufbringung eines russischen Schiffes, das sich in einen neutralen chinesischen Hafen geflüchtet hatte, angeprangert. Japanische Diplomaten befürchteten im Zusammenhang mit diesen Ereignissen sogar einen allgemeinen Umschwung seiner Haltung, die sich in einer anti-japanischen Politik äußern könnte. Offensichtlich war dem Präsidenten der USA nicht an einem solchen offiziellen Stimmungswandel gelegen. Aufgrund seiner Überlegungen zu einer „Balance of Power" in Ostasien war Roosevelt besonders über die hohen japanischen Forderungen beunruhigt, denn diese hätten die Schaffung einer unangefochtenen Hegemonialstellung Japans bedeutet. Als die Japaner ihn deshalb um die Einleitung von Gesprächen baten, schien er zumindest die Möglichkeit zu erhalten, indirekt über den Frieden und dessen Gehalt mitentscheiden zu können. Der Präsident war nicht der einzige, der die Entwicklungen in Ostasien beobachtete, wie ein Artikel des amerikanischen Orientalisten William Elliot Griffis (1843-1928) im *Evening Star* (Washington, D.C.) Ende Oktober 1905 belegt, der sich der Frage widmet, ob die japanischen Siege als Bedrohung oder Segen empfunden werden müssten, und diese ganz anders als der amerikanische Präsident beantwortet. Er plädierte für eine gemeinsame Mission der beiden Nationalstaaten, eine vereinte Zivilisation zu schaffen, die jenseits der Trennung zwischen Ost und West bestehen würde.[105]

Unabhängig von den unterschiedlichen Meinungen zu den militärischen Erfolgen der Japaner war klar, dass sich die „Balance of Power", das Mächtegleichgewicht in dieser Region verändert hatte. Russland orientierte sich schließlich wieder in Richtung Balkan und schloss 1907 ein Abkommen mit Japan, das die letzten Unstimmigkeiten regelte und den weiteren japanischen Ambitionen Raum verschaffte, da vom Zarenreich keine Gefahr mehr ausging. Russland hatte die besonderen Rechte Japans in der südlichen Mandschurei und Korea anerkannt, während Japan die des Vertragspartners in der äußeren Mongolei und der Nordmanschurei respektierte. Die inneren Probleme hatten das Zarenreich zu diesem Schritt gedrängt, der die Reibungsflächen der ostasiatischen Sphäre neu definieren würde. Während Roosevelt 1905 noch auf ein russisches Gegengewicht zu Japan hoffen konnte, da die mandschurische Armee zumindest noch intakt war, schien 1907 das Ende all jener Hoffnung zu bedeuten und die Hegemonie Japans zu zementieren.

Der oben zitierte Carl Peters hatte diese Einstellung des Amerikaners früh erkannt: „Ich bezweifle gar nicht, daß Roosevelt ein guter und anständiger Mann ist, aber in seinen Bemühungen um den Frieden im Fernen Osten handelte er nicht als Privatmann, sondern als Präsident der Vereinigten Staaten und als Vertreter der nordamerikanischen Interessen."[106] An anderer Stelle fuhr er mit einer Beschreibung der angloamerikanischen Interessenpolitik fort:

> Die Herren von Hongkong und den Philippinen haben beide keinerlei Interesse daran, daß die japanischen Bäume zu hoch in den Himmel wachsen, und keinem von ihnen ist mit der Losung gedient: Asien für die Asiaten! […] Einstweilen haben sie ihren mongolischen Freunden zu gleichen Teilen eine Anleihe von 10 000 000 [Pfund] in die Hand gedrückt, damit dieselben nicht erlahmen, bevor die Russen aus der Mandschurei gedrängt sind.[107]

Im Gegensatz zu den USA konnte England nach Ansicht Peters mit dem Ergebnis höchst zufrieden sein, denn es „wünschte Rußland nicht im europäischen Gleichgewicht zu sehr geschwächt. Als asiatische Großmacht war ihm die Demütigung Rußlands höchst willkommen, als europäische Großmacht bedarf er des russischen Faktors als Gegengewicht gegen das Deutsche Reich."[108] Die Vereinigten Staaten, also „die Macht, welche ihrerseits hofft, den Stillen Ozean zu einem amerikanischen Meer zu machen, konnte naturgemäß nicht wünschen, daß am gegenüberliegenden Gestade eine einzige Macht absolut vorherrschend werde, sondern mußte bestrebt sein, eine gewisse Balance dort festzuhalten."[109]

Die wirklichen Verlierer des Krieges waren gewiss China und Korea. Die USA hatten während des Russisch-Japanischen Krieges Druck auf die chinesische Regierung ausgeübt, um das Land neutral zu halten. Bei den Friedensverhandlungen bekam das chinesische Kaiserreich dann ebenfalls keinerlei Mitspracherechte gewährt und musste die Bestimmungen der Verträge als vollendete Tatsachen akzeptieren. Man betrachtete die Regierung in Peking nicht als gleichwertig und ließ die Anfrage von dort, ob Diplomaten zu den Verhandlungen zu senden seien, unbeantwortet.[110] Als Komura auf seiner Rückreise aus den USA in Peking eintraf, war klar, dass China gegen den Vertragsinhalt protestieren würde.[111]

Die chinesischen Interessen wurden jedoch schlichtweg übergangen – etwas, das deutsche Leser an das Münchner Abkommen von 1938 erinnern mag. Die Großmächte hatten sich wieder einmal geeinigt und den Frieden auf Kosten derer, die zu schwach waren, Einspruch geltend zu machen, gesichert.

Doch auch die Harmonie unter den Großmächten selbst sollte gestört werden. Japan, das nun offiziell zu eben diesen zählte, fühlte sich von Roosevelt und seiner Politik hintergangen. Zwar sandte der liberale Parlamentarier und Bürgermeister von Tokio, Yukio Ozaki (1858-1954), 1910 Kirschbäume nach Washington, um dem Dank für die Vermittlerrolle der USA zum fünfjährigen Jubiläum Ausdruck zu verleihen. Insgesamt betrachtet belastete der Ausgang der Friedensverhandlungen von Portsmouth jedoch das japanisch-amerikanische Verhältnis. Man war sich in den militärischen Planungsstäben der USA durchaus bewusst, dass die US-Armee zu einer vergleichbaren Leistung, wie sie Japan im Krieg von 1904 bis 1905 erbracht hatte, nicht in der Lage gewesen wäre. Umso gefährlicher erschien nun die asiatische Militärmacht, deren Siege bisher so begrüßt worden waren. Die finalen Bestimmungen des Friedensvertrages stellten also gleichzeitig eine Befriedigung des amerikanischen Sicherheitsbedürfnisses dar. Aus Japan wurden hingegen prompt Proteste und Betrugsvorwürfe gegen den Präsidenten vorgebracht und das obwohl die eigentlichen Kriegsziele durch die Bestimmungen von Portsmouth erreicht worden waren. Sicherlich war man von den Maximalforderungen weit entfernt, da die von der Bevölkerung geforderten Reparationen nicht gezahlt werden mussten, die ihren Unmut, zusätzlich angeheizt von nationalistischen Vereinigungen, in den Hibiya-Park-Krawallen äußerte.[112]

Gewiss entsprachen die Verhandlungsergebnisse nicht den Erwartungen der öffentlichen Meinung in Japan, gleichzeitig erklärten Regierungsvertreter, wie etwa der politische Berater des japanischen Außenministeriums, Henry Willard Denison (1846-1914), dass man in Portsmouth ganz im Sinne der vorhandenen Möglichkeiten und Grenzen agiert habe.[113] Trotz seiner zutreffenden Einschätzung konzentrierten sich die Attacken der Friedensgegner in den Folgemonaten auf die Regierung sowie die Verhandlungsführer der japanischen Seite. In der Folge der Ereignisse zog sich Japan für die nächsten zwei Dekaden von den US-Finanzmärkten zurück. Während man den Sieg über Russland dem Kaiser und den Soldaten zuschrieb, wurden die Vertreter des politischen Systems für den schmachvollen Frieden von Portsmouth verantwortlich gemacht.

Die Beziehungen zwischen den USA und Japan waren von gegenseitigem Misstrauen geprägt. Tovy und Halevi sehen im Ausgang des Russisch-Japanischen Krieges sogar den Beginn eines „Kalten Krieges" zwischen Japan und den Vereinigten Staaten. Mit zunehmendem Unbehagen betrachtete man auf amerikanischer Seite den wachsenden Anspruch der Japaner auf dem asiatischen Kontinent, da man um den Erhalt der „offenen Tür" in der Mandschurei fürchtete.[114] Hatte man die japanischen Ambitionen bis 1905 genutzt, um der russischen Gefahr im ureigenen Interesse der USA zu begegnen, schien Washington nun eher daran interessiert zu sein, die eigens hervorgebrachte Macht in Ostasien möglichst schnell wieder einzudämmen. Die Aussöhnung mit Russland 1907 und der gleichzeitige Bedarf der japanischen Wirtschaft an Rohstoffen, die aufgrund der ausbleibenden Reparationen des Krieges anderweitig beschafft werden mussten, machte ein gesteigertes Interesse Japans an den mandschurischen Rohstoffvorkommen unumgänglich. Tsushima hatte die japanische Marine für sich entscheiden können. Um im internationalen Rüstungswettlauf mithalten zu können, benötigte Japan aufgrund der mangelnden Gelder aus Russland ein erhöhtes Wirtschaftsvolumen und eine schnelle Regeneration der eigenen Wirtschaft. Diese schien durch die ökonomische Penetration der Mandschurei erreichbar zu sein.

Der Frieden von Portsmouth bildete einen ersten Schritt zum Modus Vivendi zwischen den ehemaligen Kontrahenten in Ostasien und schuf damit ein neues Mächtegleichgewicht zu Gunsten Japans, welches für die USA bedrohlich wirken musste. Die Japaner zeigten nämlich nur wenig Interesse, „den Handel innerhalb ihrer Einflusssphäre zu teilen."[115] Die Konkurrenz um die chinesischen Märkte sollte langfristig direkt in die Auseinandersetzungen der 1930er Jahre, den Mandschurischen Zwischenfall, den Zweiten Sino-Japanischen Krieg (1937-1945) sowie den Ausbruch des Pazifikkrieges 1941 führen. Belastet wurden die Beziehungen zusätzlich durch die Immigrationsdebatte an der amerikanischen Westküste, wo mehr und mehr japanische Einwanderer mit zunehmend ausländerfeindlichen Tendenzen der Bewohner der entsprechenden Weststaaten konfrontiert wurden.

Durch den Russisch-Japanischen Krieg waren sich die USA erstmals des neuen Feindes Japan bewusst geworden. Waren die Russen im Krieg noch als Mongolen dargestellt worden, die gegen den aufstrebenden Stern Asiens, Japan, zu Felde zogen, überwogen nach dem Krieg die Ängste vor einer „Gelben Gefahr". Seit 1905 wurden die japanischen Streitkräfte von den USA und Australien als ebenbürtig, aber nicht vertrauenswürdig angesehen. Mit Blick auf die Marine hatte der Krieg in Ostasien etliche Theorien Mahans, unter anderem die zur Bedeutung großer Flotten, bestätigt, wobei auch Julian S. Corbetts (1854-1922) Theorie eines begrenzten Seekrieges einer insularen Großmacht teilweise Bestätigung fand.[116] Es wurde gezeigt, dass die Macht zur See „ein sine qua non nationaler Größe"[117] darstellte, eine Ansicht, die wie oben dargestellt, weitere Rüstungsprogramme initiierte, um eben diesen Status zu erhalten.

Bereits im Juni 1905 verlangte Roosevelt die Vorbereitung der Flotte auf eine mögliche Auseinandersetzung mit Japan in den kommenden Jahren.[118] Die Maßnahmen zur Stärkung der amerikanischen Marine waren folglich ebenfalls eine direkte Folge des Krieges im Allgemeinen und der Seeschlacht von Tsushima im

Speziellen. Am Ende der Regierungsperiode Roosevelts stand die amerikanische Flotte schließlich, hinter Großbritannien, auf Rang 2 der Welt. Der Präsident ließ nicht nur die eigenen Schlachtschiffe aufrüsten und neue Seegiganten vom Stapel rollen, er gab gleichzeitig eine Studie in Auftrag, die den Erfolg der japanischen Flotte kritisch zu untersuchen hatte.[119] Der Kriegsplan „Orange" listete 1907 Japan als potentiellen Feind einer Auseinandersetzung auf. Gleiches galt für die japanischen Pläne, die im selben Jahr davon ausgingen, dass ein zukünftiger Seekrieg die USA zum Gegner haben werde.

Man kann hier durchaus konstatieren, dass die Ereignisse von 1905 den Grundstein für die Entwicklungen legten, die im Angriff der Japaner auf Pearl Harbor münden sollten. Das hängt nicht nur mit der generellen historischen Entwicklung zusammen, sondern auch damit, dass der Erfolg des Präventivschlages gegen die russische Flotte in Port Arthur dazu führte, dass sich ein Modell des erfolgreichen Überraschungsangriffs etablierte, was in den Planungen von 1941 erneut Berücksichtigung finden sollte. Die Erfahrungen des Krieges gegen das Zarenreich ließen in den 1940er Jahren den gedanklichen Spielraum um einen „begrenzten Krieg"[120] gegen die USA reifen – Überlegungen, die sich im Nachhinein als fatal erweisen sollten. Sowohl die amerikanische Politik sowie das US-Militär bzw. -Marine als auch deren japanischen Pendants waren nicht die einzigen, die falsche Schlüsse aus dem Kriegsgeschehen zogen. Der Russisch-Japanische Krieg ist wesentlich bedeutender, als es von der deutschen Geschichtswissenschaft bisher vermittelt wurde. Gerade deshalb ist es wichtig und zugleich besonders lohnenswert, einen Blick auf das Deutsche Kaiserreich während und nach dem Krieg zu werfen.

Deutschland und der Russisch-Japanische Krieg

Besonders aus deutscher Perspektive eröffnete der Krieg zwischen Japan und dem Zarenreich vielversprechende politische Möglichkeiten. Der schon des Öfteren zitierte Carl Peters beschrieb die Situation einer russisch-britischen Annäherung, aber auch die damit für das Deutsche Kaiserreich bestehende Gefahr folgendermaßen:

> Durch die Ablenkung der russischen Militärmacht gegen den Fernen Osten wird die Defensivstellung des Deutschen Reiches und auch Österreich-Ungarns naturgemäß verstärkt. Wenn Rußland seine Westgrenzen von Truppen entblößen muss, um in Ostasien gegen Japan aufzumarschieren, gewinnen die zentraleuropäischen Großmächte sicherlich Ellbogenraum und Bewegungsfreiheit. [...] Viel wird vom Ausgang des Krieges abhängen. Wenn Rußland siegen sollte, würde die Entente mit England sicherlich erschwert sein. Aber wenn es doch gezwungen würde, sich aus seiner militärisch unhaltbaren Situation durch einen ehrenvollen Rückzug zu befreien, dann wäre es Großbritannien, und Großbritannien allein, welches ihm diesen ermöglichen oder verlegen könnte. Das wäre der psychologische Moment, in welchem diese beiden Weltmächte ihre Interessensphären abgrenzen könnten, um von da an geschlossen aufzutreten. Damit aber wäre das Deutsche Reich isoliert.[121]

Es gab jedoch keinen Anlass, in das Geschehen selbst aktiv einzugreifen. Ungeachtet dieser ersten Einschätzung eines Zeitgenossen bot sich der deutschen Regierung sehr wohl Gelegenheit, das Geschehen im Fernen Osten zum eigenen Vorteil einzusetzen, weshalb von deutscher Seite aus aktive Versuche unternommen wurden, die Russisch-Französische Allianz, die seit 1894 bestand und den Bismarckschen *cauchemar des coalitions* („Albtraum der Koalitionen“) hatte wahr werden lassen, zu stören, ja sogar zu entzweien, um Russland enger an Deutschland zu binden.

Zunächst einmal bot die Tatsache, dass Deutschland mit keinem der Kriegführenden in Ostasien verbündet war, Anlass zur positiven Evaluierung der Situation im Jahre 1904, da die neutrale Situation des Kaiserreiches nur Vorteile versprach. Man sah sich selbst in der Position eines lachenden Dritten, der möglicherweise zur Schlichtung herangezogen werden würde. Gleichzeitig waren die Regierungsvertreter sowie der Kaiser in Berlin sehr ambitioniert, Russland im Zuge des Krieges von den Nachteilen der russischen Allianz mit Frankreich zu überzeugen. Zu Beginn des Russisch-Japanischen Krieges waren französische Banken noch bereit, Kredite zu gewähren, allerdings ließen die Niederlagen des Zarenreiches Zweifel entstehen, die im Laufe des Geschehens zwischen 1904 und 1905 stetig zunahmen. Dadurch wurde die Kreditwürdigkeit des Verbündeten an den Pariser Märkten schwächer und zu Beginn des zweiten Kriegsjahres waren die Geldgeber, wie oben geschildert, nicht mehr gewillt, und das trotz durchaus guter Konditionen mit Blick auf die Verzinsung und Laufzeit des Kredites, in russische Niederlagen zu investieren. Der französische Premierminister Maurice Rouvier (1842-1911) erkannte die Bedrohung, die ein Auseinanderbrechen der Russisch-Französischen Allianz für das französische Interesse in Marokko bedeutet hätte, so dass er persönlich intervenierte, um die Zahlung eines Kredites und damit die Sicherung der russischen Loyalität in weltpolitischen Fragen zu gewährleisten. Wenn die Allianz den Krieg auch überstand, so beendete dieser die „Flitterwochen der Französisch-Russischen Allianz. [...] Aus französischer Perspektive verkrüppelte der Krieg den einzigen Verbündeten, legte Russlands prekäre Finanzlage offen und drohte mit dem Ruin tausender französischer Anleger."[122] Aus deutscher Sicht schien es also eine durchaus günstige Gelegenheit zu sein, um die Franzosen auf dem Wege der Diplomatie von der Nachteiligkeit dieser Verbindung zu überzeugen.

Schon vor dem Ausbruch der Kampfhandlungen war man sich im Auswärtigen Amt des Deutschen Kaiserreiches darüber im Klaren, dass der Krieg auf Ostasien lokalisiert bleiben würde, da England nicht an einem aktiven Engagement in dieser Sache interessiert sein konnte.[123] Es war ebenso „selbstverständlich, daß die deutsche Regierung einen Krieg, welcher lediglich den Zweck hätte, für Rußland den Besitz der Mandschurei zu sichern, vor dem deutschen Volke nicht würde verantworten können",[124] besonders da sich der Streit der kriegführenden Mächte ausschließlich um die Lage in Korea und der Mandschurei drehte. Außerdem ging das Auswärtige Amt in Berlin davon aus, dass Russland vermutlich nicht auf das Eingreifen einer anderen Macht zu seinen Gunsten angeweisen sein werden, da ein schneller und überlegener Sieg des Zarenreiches erwartet wurde. Die Entscheidungsträger waren sich bewusst darüber, dass für Russland die ostasiatische Frage von großer Bedeutung war, man war gleichfalls darüber informiert worden, dass die internationalen Sympathien im Falle eines Krieges eher bei Japan liegen würden. Japan gegenüber nahm das Auswärtige Amt deshalb schon früh eine neutrale Position ein, die es durch den Gesandten in Tokio, Graf Emmerich von Arco-Valley (1852-1909), bestätigen ließ:

> Zwischen Rußland und Deutschland bestehen gute Beziehungen, weil kein politischer Interessenkonflikt vorliegt. Aber ein Bundesverhält-

> nis ist, solange das russisch-französische Bündnis dauert, schon deshalb ausgeschlossen, weil die gegenseitige Garantie des Besitzstandes bei dem Bündnisvertrage die notwendige Unterlage bildet. Der franco-russische Zweibund würde aber keine vierundzwanzig Stunden dauern, wenn Rußland sich zum Garanten des Frankfurter Friedens machen wollte.[125]

Aus deutscher Sicht war also klar: „Die Mandschurei und Korea gehen uns nichts an."[126] Der Botschafter von Alvensleben meldete aus St. Petersburg Ende Dezember, warum die Situation zu eskalieren drohte:

> Die koreanische Frage [...] ist für Japan wie für Rußland eine Frage von der vitalsten Bedeutung. Russland kann nicht zugeben, daß Japan sich in Korea festsetzt und sich auf diese Weise zwischen Port Arthur und Wladiwostock einschiebt; Japan andererseits muß sich sagen, daß die Gewährung eines militärischen Stützpunktes an Rußland an der koreanischen Küste mit einem endgültigen Verzicht auf seine auf die Erwerbung Koreas gerichtete Politik gleichbedeutend sein würde.[127]

Als Auslöser für einen möglichen Krieg galt den deutschen Behörden von Beginn an der russische Zar, der durch seine unnachgiebige Haltung maßgeblich zur Verschärfung der Lage beitrug: „Die Mandschurei bilde für Seine Majestät ein noli me tangere und einen Gegenstand seiner Lieblings- und Privatpolitik",[128] für den Nikolaus bereit schien, einen Krieg zu riskieren, wobei er ja bekanntermaßen davon ausging, dass kein Krieg drohe, da er selbst eben diesen nicht wünsche. Ungeachtet der russischen Kopflosigkeit mit Blick auf die internationale Politik konnte man sich in Berlin auf die politische Stabilität und Besonnenheit in London und Paris verlassen, wo die diplomatischen Kanäle dafür Sorge tragen würden, den Konflikt lokal zu begrenzen.

Aus Paris wurde schon vor dem Kriegsausbruch am 12. Januar gemeldet, dass die Regierung nicht vorhatte, an Russlands Seite in einen Krieg zu ziehen und den Inhalt der Russisch-Französischen Allianz lediglich auf Europa beziehen werde. Fast zeitgleich meldete Graf von Arco-Valley aus Tokio,

> daß jetzt alle japanischen Staatsmänner für Krieg [seien]." Randbemerkung Wilhelms: „Es ist verständlich! Denn je länger sie sich von Rußland mit Verhandlungen hinhalten lassen, und währenddessen ihre Rüstungen fortzusetzen gezwungen sind, desto größer werden die Ausgaben, und desto höher der Kampfesmut des ganzen Volkes. [...] Es

> will scheinen, als ob die beiden Regierungen die Größe der Situation noch nicht begriffen haben. Es handelt sich nicht um die „open door" in der Mandschurei, über ein Masampho oder Condominium in Corea, sondern ob Rußland seiner Aufgabe gewachsen ist den Schutz und die Abwehr gegen die gelbe Rasse und für die Weiße Rasse und damit für die christliche Zivilisation zu übernehmen. Und ob die Japs entschlossen sind die Präponderanz der Gelben Rasse in Ostasien zu sichern, sich an ihre Spitze zu stellen und dieselbe zum Kampf gegen die Weiße Rasse zu organisieren und anzuführen. Das ist der Kern der Lage; und daher ist es wohl kaum fraglich auf wessen Seite die Sympathien aller halbwegs vernünftigen Europäer sein sollten.[129]

Aus deutscher Sicht war das russische Heer im Fernen Osten noch nicht geneigt, in den Krieg zu ziehen, selbst wenn zwei der Armeekorps, die gegen Österreich eingesetzt worden waren, in Richtung Ostasien aufbrachen. Im Gegensatz zur mangelnden russischen Vorbereitung wussten die deutschen Diplomaten sehr wohl, welcher Kurs zu verfolgen war. Reichskanzler Bernhard von Bülow (1849-1929) beschreibt den Kurs der deutschen Politik für die kommenden Monate schon am 16. Januar 1904 sehr präzise:

> Seine Majestät stimmt mit mir ganz darin überein, daß wir uns gegenwärtig gegenüber dem russisch-japanischen Konflikt ruhig halten und vor allem alles vermeiden müssen, was speziell in Rußland den Glauben erwecken könnte, als wollten wir zum Kriege hetzen. Rußland und der russische Zar müssen, wie auch die gegenwärtige ostasiatische Krise weiterlaufen möge, die Überzeugung gewinnen, daß sie an dem Deutschen Kaiser und an der deutschen Regierung einen loyalen und sicheren Nachbarn haben.[130]

Gleichzeitig eruierte der Vortragende Rat im Auswärtigen Amt, Friedrich August von Holstein (1837-1909), was man sich von einer Unterstützung des Zarenreiches im Kriegsfall gegen Japan erwartete:

> Kurz gefaßt liegen die Tatsachen so, daß Rußlands ostasiatische Politik sich in akutem Gegensatz befindet zur Politik von Japan, Amerika und England, während die russische Balkanpolitik in ihrem Bestreben, den „Hausschlüssel zum Mittelmeer" zu erlangen, die Interessen nicht nur von England, Frankreich und Italien, sondern auch von Österreich-Ungarn und Rumänien verletzt. Es ist nicht unwahrscheinlich, daß, wenn wegen einer dieser beiden Fragen Rußland in Krieg kommt, auch die an der anderen Frage interessierten Völkerschaften und Mächte die Gelegenheit benutzen, um gleichzei-

> tig loszuschlagen. Rußland hat folglich mit der Möglichkeit zu rechnen, daß sämtliche Großmächte, mit alleiniger Ausnahme von Deutschland, konzentrisch gegen Rußland vorgehen, sei es direkt kriegerisch, sei es mit diplomatischem Druck. Deutschland ist also die einzige Macht, an welche Rußland sich um Hülfe wenden kann.[131]

Die russische Führung schien diese Lage gar nicht zu begreifen, da man nicht einmal im Entferntesten an einen Krieg dachte. Die immer wieder geäußerten Warnungen Wilhelms II. stießen beim Zaren, seinem Cousin, auf Unverständnis, denn dieser sah die Ursache solcher Gerüchte allein in England, wo man gegen Russland zur Hetze rief. Selbst als Japan am 6. Februar 1904 die diplomatischen Beziehungen zum Zarenreich abbrach, schien Nikolaus unbeeindruckt.

Als der Zar dann auch noch nur halbherzig in den Krieg zog, war Bülow schon beinahe enttäuscht. Wie der Kaiser selbst, hatte der Reichskanzler

> gehofft, die Wärme seines Briefes werde den Zaren veranlassen, seine ganze Macht gegen Japan zu wenden. Statt dessen bleibe die Haltung des Kaisers Nikolaus nach wie vor eine kleinmütige, er scheine nicht fechten zu wollen, und es sei nicht ausgeschlossen, daß er die Mandschurei schließlich ohne Schwertstreich oder nach schwächlichem Widerstand den Japanern überlasse. Eine solche Wendung der Dinge müsse unter allen Umständen verhindert werden. Ich erwiderte, das sicherste Mittel um zu erreichen, daß die Russen mit Japan einen voreiligen und faulen Frieden schlössen, würden unvorsichtige deutsche Ermutigungen an die Adresse des Zaren sein. Wenn der Zar den Wunsch Seiner Majestät merke, daß er sich mit Japan fest verbeißen möge, so würde ihn das veranlassen, sofort abzuschnappen. [...] Seine Majestät der Kaiser gab zu, daß meine Argumente vom politischen Standpunkt aus zutreffend sein möchten. Ich übersähe aber eine ungeheuere Gefahr, die er als Souverän besser würdigen könne als Diplomaten, die gewohnheitsmäßig nur mit der Gegenwart rechneten, nämlich die gelbe Gefahr. Sie sei die größte Gefahr, welche die weiße Rasse, Christentum und Europäertum bedrohe. Wenn die Russen von den Japanern weiter zurückwichen, würde die gelbe Rasse in 20 Jahren in Moskau und Posen stehen. Als ich einwarf, daß ich an diese Gefahr nicht glaube, und dieselbe jedenfalls alle anderen Weltmächte, Rußland und England, Amerika und Frankreich näher berühre als uns, beharrte Seine Majestät auf seiner Ansicht, die ich zu Papier bringen und im Archiv deponieren möge. Es sei eine Schande, daß Frankreich seinen russischen Verbündeten im Stich lasse und England und die Vereinigten Staaten mit

> Japan sympathisierten. Wir müßten den Zaren auf die Größe der gelben Gefahr aufmerksam machen, die er noch nicht begreife.[132]

Für Wilhelm II. schien es also nicht nur reine Interessenpolitik zu sein, die ihn auf eine lange Auseinandersetzung zwischen Russland und Japan hoffen ließ, sondern ebenso sein Glauben an eine „Gelbe Gefahr“, gegen die er seinen Cousin möglichst lange und erfolgreich zu Felde ziehen zu sehen beabsichtigte. Deutschland verhielt sich also vorerst neutral. Am 21. März erfuhr Berlin ebenfalls von den Wünschen des amerikanischen Präsidenten mit Blick auf den Krieg, die durchaus deckungsgleich mit den politisch-militärischen Interessen des Deutschen Kaiserreiches waren, wenn es um die Entlastung der eigenen Ostgrenze ging:

> Es liege in unserem Interesse, daß der Krieg zwischen Rußland und Japan sich in die Länge ziehe, daß beide Mächte sich nach Möglichkeit aufreiben und daß nach Friedensschluß ihre geographischen Reibungsflächen nicht beseitigt werden, daß sie sich mit Bezug auf die Grenzen ihrer Interessensphären in ähnlicher Weise gegenüberstehen als vor dem Krieg. Das wird sie auf dem Kriegsfuß erhalten und ihre Gelüste nach anderen Gebieten mindern. Japan wird Deutschland dann nicht in Kiautschou und uns nicht in den Philippinen bedrohen. Rußlands Aufmerksamkeit wird von seinen Westgrenzen abgelenkt und bleibt im Osten konzentriert.[133]

Diese Aussagen imponierten dem Kaiser des Deutschen Kaiserreiches, bestätigten sie doch seine Idee der „Gelben Gefahr“. Die Presse sollte sich während des Krieges ebenfalls neutral verhalten und die deutschen Bemühungen im Vorfeld, einen Kriegsausbruch zu verhindern, unterstreichen. Eine zu offensichtliche Parteinahme für Russland hätte das Kaiserreich nämlich internationale Sympathien kosten können.

Schon Ende Februar konnten erstmals Erfolge der deutschen Strategie vermeldet werden: „Die Haltung vor uns nach dem Ausbruch der Feindseligkeiten mit Japan habe in den maßgebenden russischen Kreisen die dankbarste Befriedigung hervorgerufen.“[134] Paul Graf von Metternich (1853-1934), der deutsche Botschafter in London, vermeldete Ähnliches:

> [I]n Rußland [hat sich] ein vollkommener Umschwung zugunsten Deutschlands vollzogen [...]. Die früheren deutschfeindlichen Tendenzen seien gänzlich zurückgetreten und hätten dem Gefühle des

> Vertrauens Platz gemacht. [...] kaum anzunehmen, daß das vertrauensvolle Verhältnis je wieder gestört werden könne. Die Haltung der deutschen Regierung und des deutschen Volkes seit Beginn des Krieges habe aber auch in allen Kreisen Rußlands einen so tiefen Eindruck gemacht, daß jetzt überall ein freundschaftliches Gefühl gegen Deutschland bestehe.[135]

Trotz der immer wieder beteuerten Neutralität wurde keine offizielle Erklärung erlassen und im Verlauf des Krieges gaben etliche Ereignisse – unter anderem die Versorgung der russischen Kriegsschiffe mit Kohle durch die Hamburg-Amerika-Linie – Anlass dazu, die tatsächliche Neutralität Deutschlands zu bezweifeln. Zudem versuchten die deutschen Diplomaten und der Kaiser selbst über den gesamten Kriegsverlauf, Nikolaus zu einer vertraglichen Anlehnung an das Deutsche Kaiserreich zu bewegen, ein Vorhaben, das nicht auf Dauer geheim gehalten werden konnte.

Die russischen Niederlagen weckten schließlich die Hoffnungen in Berlin auf eine Loslösung Russlands von Frankreich und damit auf eine Beseitigung der Gefahr eines Zweifrontenkrieges gegen Deutschland. Nikolaus erkannte das allerdings nicht, sondern schrieb seinem Cousin stets in einer sehr apologetischen Manier, wenn er versuchte, Wilhelm II. den Sinn der russischen Niederlagen zu erklären.[136]

Während sich der russische Herrscher rechtfertigte, begann der deutsche Kaiser damit, erste schriftliche Attacken auf die russische Allianz mit Frankreich zu führen, um Zweifel an diesem Bündnis zu sähen: „One Gentleman of my suite spoke an English Diplomate a few days ago passing through Berlin. When the Conversation turned on the war my aide-de-camp expressed his astonishment at the French not helping Russia though they are her Allies. The Englishman answered: „Oh, no we could not allow that; we have stopped them from doing so; for that would have made us help the Japs, which we don't want to do."[137]

Deutschland suchte also von Beginn an die Anlehnung an Russland, aus englischen Kreisen waren aber eher anti-russische Töne zu vernehmen. König Eduard VII. (1841-1910) war laut Bülow der Ansicht, „[d]ie Russen hätten sich ihr Missgeschick selbst zuzuschreiben. Ihre Diplomatie sei ebenso ungeschickt gewesen, wie es jetzt ihre Kriegsführung zu Wasser und zu Lande wäre."[138] Die Japaner seien im Gegensatz dazu „moralisch im Recht",[139] da das

Zarenreich die japanischen Verhandlungsofferten nicht wahrgenommen hätte und der Regierung in Tokio letztlich keine andere Wahl geblieben sei, als den Krieg als letzten Ausweg aus ihrem Dilemma zu wählen. Gleichzeitig machte der englische König deutlich, daß er ein baldiges Ende des ostasiatischen Krieges wünsche und zu diesem Zwecke bald seine Vermittlung eintreten lassen möchte. Die Japaner würden jetzt sehr kulant sein. Als Bülow einwarf, „daß Rußland nach Niederlagen ohne schwere Erschütterung seines Prestiges kaum Frieden schließen könne, meinte der König, er sehe nicht ein, wie sich die Lage für Rußland verbessern sollte. Auf russische Erfolge sei weder zu Wasser noch zu Lande zu rechnen, und das Klügste, was die Russen tun könnten, wäre baldmöglichst und zu möglichst akzeptablen Bedingungen Frieden zu schließen.“[140]

Während die Briten erkannt hatten, dass mit einem russischen Sieg kaum zu rechnen war, wurde aus St. Petersburg dementiert, wie ernst die bisherigen militärischen Niederlagen waren. Witte teiltw Bülow mit, dass man in Regierungskreisen von einem völlig den Planungen entsprechendem Ablauf ausging, denn „Kuropatkin hätte in einem vor seiner Abreise gehaltenen Kriegsrat gesagt, er würde mit den Japanern fertig werden, wenn man ihm hierfür 400.000 Mann guter Truppen zur Verfügung stelle und er von dieser Armee 40.000 Mann an Toten und Verwundeten opfern dürfe.“ Da beides noch nicht erreicht war, betrachtete man die Lage in St. Petersburg als nicht gefährlich, sondern erwartete einen russischen Sieg in der zweiten Phase des Krieges.[141] Der deutsche Reichskanzler war jedoch besorgt und versuchte,

> die leitenden russischen Marinekreise in St. Petersburg darauf aufmerksam [zu] machen [...], wie verderblich für Rußland die bisherige Taktik seiner ostasiatischen Kriegsschiffe und namentlich der in Port Arthur eingeschlossenen Kriegsschiffe ist. Wenn sich dieselben weiter in der Defensive halten, so gehen sie unfehlbar früher oder später verloren, ohne daß Rußland davon irgendwelchen Vorteil hat. Wenn aber die russischen Kriegsschiffe mit dem Risiko und selbst um den Preis ihrer eigenen Vernichtung japanische Schlachtschiffe und Kreuzer angreifen und zerstören, so gewinnt dadurch, aber auch nur dadurch, Rußland die Möglichkeit, später mit seiner Ostseeflotte etwas in Ostasien auszurichten. Für Exzellenz von Tirpitz und Euer Hochgeboren brauche ich kaum hinzuzufügen, daß es für uns nützlich wäre, wenn beim Ausgang des russisch-japanischen Krieges Japan gerade zu See möglichst geschwächt wäre.[142]

Bülow kritisierte die defensive Haltung der russischen Flotte. Es schien an einem aktiven und offensiv ausgerichteten Kommandeur zu fehlen, der die Schiffe des Zaren wesentlich effektiver hätte zum Einsatz bringen können.

Nikolaus II. setzte seine Hoffnung auf die Zweite Pazifikflotte, selbst wenn er anerkennen musste, dass deren Zusammensetzung sehr heterogen war und die Versorgung der Flotte mit Kohle während der Reise nach Ostasien nicht einfach sein würde. Die deutsche Hamburg-Amerika-Linie hatte angeboten, die russischen Schiffe während der Reise mit Kohle zu versorgen, wofür der russische Zar um das Einverständnis seines deutschen Verwandten bat. Wilhelm stimmte dieser Bitte zu, selbst wenn Graf Arco-Valley aus Tokio meldete, dass diese Zusage für einiges Unbehagen in den politischen Kreisen gesorgt hatte:

> Selbst wenn japanische Regierung sich äußerlich ruhig verhält, wird die? Kohlenversorgung für Stimmung Japans gegen Deutschland verhängnisvoll wirken und Verstimmung, Mißtrauen und Haß für lange Zeit erwecken. Ich habe nicht zu untersuchen, was [die] Kaiserliche Regierung gegen [die] drohende Umgehung unserer Neutralität durch direkte Kohlenversorgung der Kriegsschiffe etwa tun könnte, aber im Interesse hiesiger deutscher und unserer Beziehungen zu Japan sind die Geschäfte dieser Reederei aufs tiefste zu beklagen.[143]

Der Reichskanzler wies das Auswärtige Amt an, im Falle von Fragen oder Kritik darauf hinzuweisen, dass die transportierte Kohle selbst aus England stamme, englische Schiffe ebenfalls am Transport teilnähmen und neben der Hamburg-Amerika-Linie auch ein „großes Londoner Haus beteiligt“[144] sei. Das Unternehmen hatte zudem angekündigt, sich nur dann vom Vertrag zu distanzieren, wenn die deutsche Regierung ein klares Veto gegen denselben aussprechen würde. Etwas, dass Berlin aufgrund der Pläne einer deutsch-russischen Annäherung nicht tun konnte. Hinzu kam, dass der Generaldirektor der HAPAG, Albert Ballin (1857-1918), ein Freund des Kaisers war und Bülow überreden konnte, den Vertrag bestehen zu lassen, um deutsche Wirtschaftsinteressen nicht zu gefährden.

Die Taktik des Reichskanzlers und des Kaisers, Russland durch diese positive Haltung zu einer pro-deutschen Haltung zu bewegen, ging scheinbar sogar auf, weshalb Bülow den Kaiser am 25. September 1904 explizit auf diesen Erfolg hinweist:

> [E]s werden jetzt sogar die sämtlichen fünf Schützendivisionen, welche unter Alexander II. lediglich gegen uns zum Einfall in Ostpreußen bestimmt, den Kavalleriedivisionen an unserer Grenze zugeteilt waren, zum Krieg nach Ostasien abgezogen, sogar mit ihrer neuen eben erst verausgabten Schnellfeuer-Artillerie. Das ist ein Ereignis, welches der alte Moltke – der die Formation dieser Truppenteile noch erlebte – und der alte Bismarck mit Sehnen und Hoffen sich herbeiwünschten, und ich zu erleben schon aufgegeben hatte. Nun mögen Eure Exzellenz sich mal vorstellen, was für einen Eindruck ein plötzliches Verweigern unsererseits, englische Kohlen auf teilweise englischen Dampfern für Rußlands Flotte zu liefern, in solchem Moment in Rußland und auf Seine Majestät gemacht hätten!? Seine Majestät degarniert unsere Westgrenze, und wir verhindern seine Flotte am Auslaufen: d.h. verhindern ihn daran, seine verlorene Seeherrschaft wieder zu gewinnen zu versuchen; zugunsten Japans, dessen Seeherrschaft dadurch ein für alle Mal fest gemacht worden wäre zum Nachteil sämtlicher europäischer Nationen, welche da draußen noch Interessen haben. Das hätte Rußland sofort mit einem russo-englischen Bündnis und Krieg gegen uns beantwortet; denn wir hätten es und den Kaiser persönlich auf das tödlichste verletzt![145]

Die Beziehungen zwischen England und Russland sollten wenig später einen Tiefpunkt erleben, als das Zweite Pazifikgeschwader während des sogenannten Doggerbank-Zwischenfalls in der Nacht vom 21. auf den 22. Oktober 1904 englische Fischerboote versenkte. Dieser Vorfall weitete sich zu einer internationalen Krise aus, die Europa an den Rand eines Krieges führte und damit drohte, den Russisch-Japanischen Krieg zu einem echten Weltkrieg auszuweiten. Die Briten betrachteten zudem das deutsche Kaiserreich als Bedrohung, da die stete Annäherung seit Anfang des Jahres den Eindruck entstehen ließ, die deutsche Seite würde die Haltung eines militärischen Verbündeten Russlands einnehmen. Zwar konnte die Krise dank französischer Vermittlung abgewendet werden, Russland aber schien in der Folge politisch isolierter als je zuvor zu sein und erweckte den Eindruck, sich durchaus offen mit dem Deutschen Kaiserreich über ein mögliches Bündnis verständigen zu wollen.

Diesen Moment wollte Bülow nutzen, um Russland zu einem Bündnisvertrag zu bewegen, weshalb er Wilhelm Ende Oktober 1904 einen ersten Entwurf zukommen ließ. Im Falle eines Angriffs auf einen der beiden Vertragspartner durch eine dritte europäische Macht würde man sich gegenseitig militärisch unterstützen. In einem zweiten Artikel wurde festgehalten, dass in solch einem Fall kein Separatfrieden von einer der beiden Mächte geschlossen werden durfte. Das Bündnis selbst wurde als Defensivbündnis deklariert, entstand während des Doggerbank-Zwischenfalls und ist ein klares Indiz dafür, was sich das Deutsche Kaiserreich vom Kriegsgeschehen erhoffte. Der Zar sowie sein Außenminister Lamsdorf waren dagegen skeptisch und mit der aktuellen Vertragsform nicht einverstanden. Darüber hinaus war Russland nicht bereit, eine Ausweitung eines Bündnisses über den aktuellen Krieg und damit auf die europäischen Verhältnisse zu befürworten. Es sollte sich lediglich auf den Kriegszeitraum erstrecken. Reichskanzler Bülow entwarf aufgrund der russischen Antwort einen Brief des Kaisers an seinen russischen Cousin, in dem für eine Ausweitung auf Europa plädiert wurde, denn nur „so wird das Bündnis wuchtiger, fester und dauert namentlich länger. Natürlich dürfen wir unser Interesse an dieser Veränderung nicht durchblicken lassen.“[146] Allerdings blieb Nikolaus auch von diesem Brief unbeeindruckt und zeigte sich unwillig, die deutschen Vorschläge zu akzeptieren, etwas das Wilhelm in einem Brief an Bülow sehr zynisch kommentierte:

> Der Hohe Herr fängt an, „kalte Füße“ zu kriegen in Bezug auf die Gallier, und ist so schlapp, daß er nicht einmal diesen Vertrag mit uns ohne ihre Erlaubniß – d.h. also auch nicht gegen dieselben – machen will. Es ist meines Erachtens unmöglich, daß Paris eher etwas davon erfährt als bis wir „Väterchens“ Unterschrift haben. [...] er hat den Galliern gegenüber – wegen der Anleihen – einen zu schwachen Rücken, und mich sollte es nicht Wunder nehmen wenn ihr Freund Witte nicht mit dem schlappen Lamsdorff gemeinsam uns da in die Suppe gespuckt hätte.[147]

Bülow nahm das zur Kenntnis, machte in seiner Antwort an Wilhelm sehr deutlich, was nun die oberste Aufgabe der deutschen Diplomatie sein müsse, da ein Bekanntwerden der deutschen Annäherungsversuche in Frankreich durchaus negative Folgen für das Kaiserreich haben konnte. Er wies den Kaiser förmlich an:

> In diesem kritischen Augenblick kommt es darauf an:
> 1. Die gehabten Pourparlers geheimzuhalten. Deshalb der indirekte Appell an die Loyalität des Zaren.
> 2. Keine Gereiztheit zu zeigen, um den Zaren nicht in die Arme von England zu treiben. Deshalb wollen wir auch gar nicht erwähnen, daß der Allianzgedanke von Rußland ausging.

3. England gegenüber die Augen aufzuhalten, aber keine Nervosität an den Tag zu legen.
4. Dem Zaren die Möglichkeit einer deutsch-russischen Verständigung für die Zukunft offenzuhalten, selbst wenn er jetzt abspringt.[148]

Wilhelm war trotzdem dagegen, klein beizugeben und versuchte durch den Hinweis auf die deutschen Kohlelieferungen noch einmal Druck auf Nikolaus auszuüben.

Der Zar war wiederum nicht bereit, ohne eine vorherige Konsultation seines französischen Bündnispartners einen Vertrag mit dem Deutschen Kaiserreich zu unterzeichnen. Schließlich erteilte die russische Regierung den deutschen Annäherungsversuchen „eine klare Absage an jeden Gedanken einer Verabredung ohne Vorwissen Galliens. Ein gänzlich negatives Resultat nach zweimonatlicher ehrlicher Arbeit".[149] Bülow hatte im Gegensatz zu Wilhelm erkannt, dass es nur schädlich sein konnte, die Russen zu einem Bündnis zu zwingen. Die russische Seite konnte aber mit Blick auf den weiteren Krieg vielleicht noch überzeugt werden, schließlich schien ein Erfolg auf dem Schlachtfeld immer noch nicht im Bereich des Möglichen zu liegen.

Die Finanzmärkte erhöhten aufgrund der stetigen russischen Niederlagen den Druck auf St. Petersburg und stärkten so die Opposition gegen den Krieg in Ostasien. Die Anti-Kriegspartei, unter anderem geführt von Witte, hatte ebenfalls die Aussichtslosigkeit sowie die Gefahr des weiteren Vorgehens im Fernen Osten erkannt: „Herr von Witte bezeichnete es als selbstverständlich, daß Rußland die Mandschurei inklusive Port Arthur und Dalny und den mandschurischen Teil der ostasiatischen Eisenbahn aufgeben müsse, um Frieden zu bekommen. Das russische Volk würde dies Gericht schlucken, wenn es ihm mit der richtigen Sauce vorgesetzt würde. Die Sauce sei eine liberale Reorganisation im Innern."[150] Wilhelm stachelte seinen Cousin ungeachtet solcher Meldungen zum weiteren Vorgehen gegen Japan an.[151]

Im Falle der Fortsetzung des Krieges schien die deutsche Politik nämlich zu gewinnen, wobei Wilhelm mehr an einer Abwehr der „Gelben Gefahr" als an einer ernsten Schwächung des Zarenreiches gelegen zu sein schien. Gleichzeitig war es für den Fall einer politischen Einigung zwischen den Kriegführenden besonders wichtig, einen Frieden zu vermeiden, in dessen Folge sich England,

Frankreich, Russland und Japan aussöhnten und zu einer Allianz verbänden, um das Deutsche Kaiserreich nicht gänzlich zu isolieren – eine Entwicklung, wie sie sich bis 1914 allerdings vollziehen würde.[152] Durch den Fall von Port Arthur im Januar 1905 nahmen die Spekulationen über einen baldigen Frieden zu – was Wilhelm seinem Cousin ebenfalls nicht vorenthielt.[153]

Nikolaus hoffte immer noch auf einen Erfolg seiner Zweiten Pazifikflotte, die bald auf dem Kriegsschauplatz eintreffen würde. Die Seeschlacht von Tsushima verfehlte ihre Wirkung indes nicht. Selbst der letzte russische Zweifler musste in dieser Situation, also nach Mukden und Tsushima, anerkennen, dass das Zarenreich sowohl zu Land als auch zur See nicht dazu im Stande gewesen war, einen als unterlegen geltenden asiatischen Gegner zu bezwingen. Der interne Druck wuchs darüber hinaus wegen der Unruhen in Russland immer mehr an und zwang letztendlich dazu, über Friedensgespräche nachzudenken. Das Zarenreich brauchte den Frieden genauso dringend wie Japan, „könne aber nicht zugeben, daß es besiegt sei".[154] Darüber hinaus war Nikolaus nicht gewillt, Gebiete abzutreten oder Reparationen zu zahlen. Er war in Folge der Ereignisse aber durchaus gewillt, das deutsche Angebot einer Allianz nun noch einmal wesentlich wohlwollender zu überdenken.

Er bat Wilhelm im Juli schließlich im Zuge einer Seereise auf seiner Yacht um ein geheimes Treffen in Primorsk/Björkö und signalisierte darüber hinaus ein echtes Interesse, die Vertragsverhandlungen vom November des Vorjahres wiederaufzunehmen. Bülow unterrichtete schließlich das Auswärtige Amt von diesen Entwicklungen:

> Seine Majestät bittet mich, ihm sofort und direkt [die] Abschrift des dem Zaren im vergangenen November von uns vorgeschlagenen Defensivbündnisses [...] zu telegraphieren. Seine Majestät verlangen ausdrücklich, daß ich niemanden (nicht einmal der Polizei) von bevorstehender Entrevue Mitteilung machen solle. Auf der „Hohenzollern" wisse niemand etwas von der Begegnung, über die absolut nichts vorzeitig in die Öffentlichkeit kommen dürfe.[155]

Bülow ließ sich darüber hinaus letzte Instruktionen des Auswärtigen Amtes für Wilhelm geben: „Soll ich Seiner Majestät telegraphieren, daß wir Rußland nicht erlauben können, Frankreich einzuweihen und zum Beitritt aufzufordern, bevor sich Rußland uns gegenüber gebunden hat? Erbitte Drahtantwort."[156] Das Auswärtige Amt antwortete prompt:

> Unser Anspruch, daß Rußland erst mit uns einig sein muß, bevor es mit Frankreich wegen der Angliederung verhandelt, ist nicht mehr zeitgemäß aus zwei Gründen. Einmal wird das Kabinett Roulier der Angliederung Deutschlands nicht so absolut widerstreben, wie das Declassé getan hätte. Sodann aber ist Rußland heute wegen der Geldfrage von Frankreich abhängiger als vor sechs Monaten, wird also keinen derartig folgenschweren Schritt ohne Frankreichs Zustimmung tun wollen.[157]

Es war Kaiser Wilhelm II. selbst, der sich im Juli 1905 auf eine diplomatische Mission begab, die – sofern erfolgreich – dazu in der Lage sein konnte, das deutsche Dilemma der Einkreisung durch Russland und Frankreich und der damit verbundenen Gefahr eines Zweifrontenkrieges zu entgehen. Und zunächst schien es so, als wäre es ihm wirklich gelungen: „Seine Majestät telegraphiert mir aus Björkö von heute, Montag, mittag, fünf Uhr: ‚Vertrag soeben von Zaren und mir unterschrieben […] Bis Frieden abgeschlossen, soll er geheim bleiben.'"[158]

Der Kaiser betrachtete sich selbst als Sieger auf dem Schlachtfeld der internationalen Diplomatie und ließ mitteilen, „daß das Werk der Annäherung gekrönt und der Wurf gelungen ist!"[159] Dabei betonte er die historische Bedeutung des Erreichten:

> Und jetzt da es so gekommen ist, da wundert man sich, und sagt wie ist so etwas möglich? Die Antwort ist für mich sehr klar! Gott hat es also gefügt und gewollt, allem Menschenwitz zum Trotz, allem Menschentreiben zum Hohn, hat er zusammengeführt, was zusammengehörte! Nun seine Wege sind andere als unsere Wege und Seine Gedanken sind höher denn unsere! Was im Vorigen Winter Russland im Hochmut ausschlug, und in Intrigensucht, zu unserm auszugestalten versuchte, hat es jetzt durch den Herren fruchtbare, harte, demütigende Hand herabgedrückt mit Dank freudigste als eine schöne Gabe akzeptiert.[160]

Ebenso lebhaft und erhaben beschreibt der deutsche Kaiser den Moment, da das Abkommen mit Nikolaus am 24. Juli 1905 unterzeichnet wurde.

> Es war todtenstill; nur das Meer rauschte und die Sonne schien fröhlich und heiter in die trauliche Sabine, und gerade vor mir lag leichten weiß die „Hohenzollern" und hoch in den Lüften flatterte im Mor-

> genwind die Kaiserstandarte auf ihr; ich las gerade auf deren schwarzen Kreuz die Buchstaben „Gott mit Uns" da sagt des Zaren Stimme neben mir „that is quite excellent. I quite agree!" Mein Herz schlägt so laut, daß ich es höre; ich raffe mich zusammen und sagte so ganz nebenhin: „Should You like to sign it? It would be a very nice souvenir of our entrevue"? Er überflog noch einmal das Blatt: Dann sagte er „Yes I will". Ich klappte das Tintenfaß auf, reichte ihm die Feder und er schrieb mit fester Hand „Nicholas", dann reichte er mir die Feder ich unterschrieb, und als ich aufstand schloß er mich gerührt in deine Arme und sagte „I thank God & I thank you, it will be of most beneficial consequences for my country & Yours; You are Russia's only real friend in the whole world, I have felt that through the whole war & I know it."[161]

Wilhelm war davon überzeugt, dass „der Morgen des 24. Juli 1905 bei Björkö ein Wendepunkt in der Geschichte Europa's geworden [war], dank der Gnade Gottes".[162] Umso bedrückender muss für ihn deshalb die Reaktion seines Reichskanzlers gewesen sein.

Dieser drückte seine Enttäuschung offen aus: „Wenn der Zar wirklich in so guter Stimmung war, dann ist es zu bedauern, daß dieselbe nicht mehr ausgenutzt wurde. Der Wert des unterzeichneten Vertrages ist für Deutschland wesentlich geringer, als er bei unveränderter Annahme des Entwurfs des Herrn Reichskanzlers gewesen wäre."[163] Nikolaus hatte nämlich darauf bestanden, den Vertrag auf Europa zu beschränken, etwas das Bülow als russischen Vorteil erachtete, zumal Russland im Falle eines Krieges zwischen Deutschland und England nicht mehr gegen Indien vorgehen brauchte und damit einen entscheidenden Vorteil eines solchen Bündnisses negiert zu haben schien. Die nicht mehr vorhandene Flotte der Russen, die alle ihre Schlachtschiffe in Tsushima verloren hatten, ließ den Wert eines Bündnisses gegen England wesentlich sinken. Vorteile hatte demnach nur das Zarenreich, dass im Falle eines Konflikts gegen das britische Empire auf deutsche Unterstützung in Europa bauen konnte. Die Bewertung des Vertragswerkes durch Bülow fällt deshalb insgesamt eher negativ aus:

> Weswegen ist die Beschränkung „en Europe" hineingebracht worden? Einem deutschen Interesse entspricht sie nicht, im Gegenteil. Aber desto mehr dem russischen Interesse. Welche europäische Macht könnte durch einen Angriff auf Rußland Deutschland eventuell nötigen, außerhalb Europas für Rußland einzutreten? Frank-

> reich, Österreich, Italien können aus verschiedenen Gründen dabei nicht in Betracht kommen. Japan und Amerika auch nicht, weil es keine europäischen Mächte sind. Bleibt also England allein übrig. England werden wir aber weder im Roten noch im Gelben Meer, sondern in der Nord- und Ostsee zu bekämpfen haben. Die Klausel „en Europe" nützt also den Russen, uns schädigt sie schwer. [...] Als positiver Nutzen des abgeänderten Vertrages bleibt nur das übrig, daß Rußland dem Viererbunde nicht füglich mehr beitreten kann. Der Kreis um Deutschland kann sich nicht mehr schließen. Damit ist immerhin schon etwas erreicht. Aber wir hätten mehr erreichen können, und wir müssen uns darauf gefaßt machen, daß das Bekanntwerden dieses Vertrages in England wenige Beunruhigung verursachen [...] wird.

Wilhelm nahm unmittelbar Stellung zu den Vorwürfen und sah sich selbst im Recht, wenn es um die Auslegung des Vertrages ging:

> Der Passus „en Europe" ist von mir nach reiflicher Erwägung mit vollstem Bewusstsein eingesetzt worden. Ohne ihn wären wir unbedingt zur Mitwirkung in Asien verpflichtet gewesen. [...] Kommt es zum Krieg mit England, so liegt gerade die russische Hülfe für uns nicht in Asien und dem chimärischen „Druck auf Indien", sondern in der Tatsache, daß Rußland uns absolute Rückenfreiheit in Europa gewährt, so daß der „Krieg mit zwei Fronten", den wir die letzten zwanzig Jahre bearbeitet haben, sich in einen Krieg mit einer Front, id est wie siebzig mit dem gesamten einheitlichen deutschen Heer gegen Frankreich allein verwandelt. Natürlich unter der Voraussetzung, daß Frankreich, um England zu helfen, gegen uns mobil macht, was nicht ausgeschlossen ist.[164]

Aus dem anfänglichen Hochgefühl des Kaisers sollte sich jetzt eine Regierungskrise entwickeln, denn Bülow reichte ein Rücktrittsgesuch ein, da ihm die eigenmächtigen Änderungen des Kaisers ohne vorherige Absprache mit ihm selbst als Reichskanzler zu weitgehend erschienen, der Artikel wohl aber kaum noch geändert werden konnte, ohne das russische Misstrauen zu wecken.

Wilhelm war schockiert und entrüstet gleichermaßen:

> Ich bin, nach reiflicher Erwägung, völlig außerstande zu sehen, daß die Lage für uns durch „en Europe" eine so ernstere oder gefährlichere gegen die bisherige geworden sei, daß Sie Veranlassung haben, mir Ihre Entlassung anzubieten. Sie haben von mir mitgeteilt erhalten zwei Tatsachen, die allein schon einen so enormen Fortschritt bedeuten gegen früher, daß sie für uns hoch eingeschätzt werden müssen:

> 1) daß Seine Majestät der Kaiser mir feierlich erklärte, daß für Rußland die Elsaß-Lothringer Frage un incident clos sei, 2.) daß er mir in die Hand versprochen hat, niemals mit England gegen und eine Verabredung oder Bündnis einzugehen. [...] P.S. Ich appelliere an Ihre Freundschaft für mich, und lassen Sie nicht wieder etwas von Ihrer Abgangsabsicht hören. Telegraphieren Sie mir nach diesem Briefe „all right", dann weiß ich, daß Sie bleiben". Denn der Morgen nach dem Eintreffen Ihres Abschiedsgesuches würde den Kaiser nicht mehr am Leben treffen! Denken Sie an meine arme Frau und Kinder![165]

Bülow blieb im Amt und die Wogen glätteten sich wieder, der Vertrag selbst kam jedoch nie zustande, da er nicht ratifiziert wurde. Die Position von Lamsdorf beim Zaren war wieder gestärkt und dieser war nicht bereit, die russische Außenpolitik den Abenteuern seines Monarchen anzupassen. Jede Besprechung des Vertrages wurde daher am Zarenhof unterbunden. Die Ratifizierung des Friedens von Portsmouth hätte schließlich zum Startpunkt der Deutsch-Russischen Allianz werden müssen, ein Schreiben Nikolaus II. an seinen deutschen Verwandten vom 7. Oktober 1905 zerstörte schließlich jede noch so kleine Hoffnung der deutschen Seite auf ein Inkrafttreten des in Björkö von den Monarchen beider Staaten unterzeichneten Vertrages.[166]

Die russische Regierung war nicht gewillt, ohne vorherige Absprache mit Frankreich, welches im Zuge des Russisch-Japanischen Krieges die Entente Cordiale mit England geschlossen hatte, eine Allianz mit dem Deutschen Kaiserreich einzugehen. Der Vertrag von Björkö wurde also nicht wie von Wilhelm erhofft zu einem entscheidenden Ereignis der Weltgeschichte, sondern lediglich zu einem kurzen, aber unwirksamen politischen Intermezzo, welches durch die Niederlage in der Schlacht von Tsushima und der damit verbundenen zeitweisen Resignation des Zaren zustande gekommen war. Der Versuch, die europäische Bündnispolitik aufgrund der russischen Schwäche zu einer für Deutschland günstigen Gesamtlage zu verändern, war folglich gescheitert.[167] Politisch war es also nicht gelungen, den Russisch-Japanischen Krieg für die deutsche Außenpolitik zu instrumentalisieren. Militärisch sollten die Ereignisse im Fernen Osten dessen ungeachtet erhebliche Auswirkungen auf das Deutsche Kaiserreich haben.

Der Krieg in Ostasien hatte nicht nur den Aufstieg Japans in die Reihe der Großmächte bedingt, sondern gleichzeitig den Niedergang der russischen Seemacht in dieser Region. In Europa dienten die Ereignisse auf den Schlachtfeldern zu Land und zur See zur Ausformung einer offensiven Militärstrategie bis zum Ausbruch des Ersten Weltkrieges in vielen europäischen Staaten. Insgesamt waren 83 Offiziere aus 15 Ländern entsandt worden, um die Geschehnisse rund um den Einsatz neuer Technologien auf dem Kriegsschauplatz zu beobachten. Alle westlichen Armeen „betrachteten den Krieg als Testfeld der modernen Kriegsführung",[168] denn technische Neuerungen wie beispielsweise das Maschinengewehr konnten hier erstmals bei vollem Einsatz studiert werden. Viele Beobachter waren am Ende des Krieges, und das ungeachtet gegenteiliger Erfahrungen wie zum Beispiel während der Belagerung von Port Arthur, davon überzeugt, dass eine offensive Ausrichtung von Armee und Marine kriegsentscheidend war. Die zaristische Armee und Marine agierte überwiegend defensiv, weshalb die japanischen Soldaten und Seeleute am Ende überlegen waren, nicht zuletzt aufgrund ihres dauerhaften und ungebremsten Einsatzes für Volk und Vaterland. Eventuell lag diese Einschätzung auch daran, dass Japan zunächst versucht hatte, die Militärbeobachter möglichst lange vom Kriegsschauplatz fernzuhalten, weshalb nicht alle Informationen aus erster Hand stammten.[169] Im Gegensatz dazu waren die deutschen Beobachter in einer beinahe exklusiven Position, da sie die russische Seite genauestens studieren konnten.[170] Doch auch bei ihnen dominierte der Offensivgedanke am Ende des Krieges.

Wie alle anderen waren sie vom Patriotismus der Japaner beeindruckt worden, die zudem im Stande waren, im besten Sinne westlicher Militärausbildung zu agieren, und dem Feind zu keinem Zeitpunkt des Krieges, vor allem mit Blick auf die eigene Ausbildung, dem feindlichen Heer unterlegen waren.[171] Zu Beginn des Krieges standen die deutschen Sympathien auf Seite der Russen, die ja politisch umgarnt werden sollten, doch Bülow musste im März 1905 ebenfalls eingestehen, dass „Japan […] während der letzten 10 Jahre bewiesen [habe], daß es verdient, als gleichberechtigtes Mitglied in die Reihe der zivilisierten Großmächte einzutreten".[172] In der gleichen Zeit, in der Japan das auf dem Schlachtfeld bewies, zeigten sich in der Organisation der russischen Armee und Marine etliche Defizite, die man in den militärstrategischen Kreisen des Deutschen Kaiserreiches sehr genau beobachtete. Schon vor Ausbruch des Krieges schien die schwächere Ausgangslage mit Blick auf den Seekrieg auf Seiten des Zarenreiches offensichtlich gewesen zu sein. Ein britischer Militärattaché in St. Petersburg beschrieb diese Ausgangslage wie folgt:

> Russlands maritime Schwäche sieht er einmal in der vergleichsweise geringen Zahl der Werften – Wladiwostok und Port Arthur – und deren Unzulänglichkeit, dann vornehmlich in der besseren Bauausführung, den stärkeren Angriffswaffen und den grösseren Schutz der japanischen Schiffe. [Der deutsche Marineattaché Hintze war trotzdem zuversichtlich:] Nun sind die russischen Schiffe langen eingehenden Erprobungen unterzogen und seither geraume Zeit in Dienst, es ist also Grund vorhanden anzunehmen, dass die bedenklichsten Schäden abgestellt sind und, was noch wichtiger ist, das Personal sich mit dem Vorhandenen abgefunden und eingearbeitet hat. Ist letzteres der Fall, so werden die geringen Ungleichheiten durch das Plus um ein modernes Linienschiff auf Russischer Seite als ausgeglichen angesehen werden können.[173]

Hintze war sich aber ebenfalls darüber im Klaren, dass die Aufrüstung der Japaner in den vergangenen Jahren nur das Ziel haben konnte, in Ostasien zu expandieren:

> [I]ch will zur Begründung meiner Auffassung nur anführen, dass Japans Rüstung zur See und zu Lande in keinem Verhältnis zu den Forderungen der Landesverteidigung, noch weniger zu den Mitteln des Landes steht, denen würden geringere Anstrengungen entsprechen. Die Rüstung Japan's ist auf den Angriff berechnet, und der Angriff soll der, auf friedlichem Wege nicht erreichbaren Ausbreitung dienen; der Nächstliegende Schauplatz solcher Ausbreitung ist das Asiatische Festland.[174]

Mit Blick auf die Leistungsfähigkeit der russischen Marine sollten sich aber alle Vorhersagen als falsch erweisen. Der Chef des Generalstabes der Marine, Alfred von Schlieffen (1833-1913), sowie der Vize-Admiral und der Chef des Admiralstabes der Marine, Wilhelm von Büchsel (1848-1920), tauschten sich im Januar 1904 über die Kräfteverhältnisse des japanischen Heeres aus.[175] Darüber hinaus war Wilhelm II. von Beginn des Konfliktes an interessiert, so viele militärische Informationen wie möglich vom Kriegsschauplatz zu erhalten. Er wies alle zur Beobachtung entsandten Seeoffiziere persönlich an: „Ueber wichtige Vorkommnisse ist Mir umgehend telegraphisch chiffriert unter Adresse „Admiral Berlin“ Meldung zu erstatten.“[176] Den Offizieren oblagen folgende Hauptaufgaben:

a) Sammeln von Erfahrungen über die Wirkung moderner Waffen gegen moderne Ziele.
b) Bildung eines Urteils über die Taktik und Verwendungsweise moderner Geschwader, Schiffe und Torpedofahrzeuge bei Tag und bei Nacht.
c) Sammeln von Erfahrungen über die Ausführung grosser Truppentransporte und Landungen, über die notwendigen und geeigneten Landungsmittel und Einrichtungen, über die Art der Befehlsteilung zwischen Armee- und Marine-Behörden.
d) Genaues Kennenlernen der materiellen und personellen Leistungsfähigkeit der beteiligten Seestreitkräfte.[177]

Bis August 1904 sind deutsche Offiziere deshalb allein im Stande gewesen, die Lage der russischen Armee und Flotte in Port Arthur zu observieren. Lange Zeit waren die deutschen Beobachter die einzigen, die verlässliche und unabhängige Informationen vom Kriegsschauplatz nach Europa sandten. Es waren ihre Erfahrungen, die die Planungen nach dem Krieg entscheidend mitbestimmen würden. Bis April 1904 war mehrfach über die schlechte Leistung der russischen Marine berichtet worden, aber noch glaubten einige Vertreter der westlichen Politik ebenso wie der Zar selbst, dass die Wende durch das Eintreffen russischer Verstärkung erreicht werden würde. Die meisten von ihnen sollten nämlich darüber belehrt werden, was die japanische Armee und Marine zu leisten im Stande waren. Insgesamt betrachtet waren sich alle Beobachter darüber einig, dass das Aufgebot des Zaren zu Land und zur See an einer schlechten Moral, schwachen Führung, unausgewogenen Strategie sowie der Uneinigkeit der Führung litt.[178] Zumindest schien sich der russische Autokrat aber bewusst gewesen zu sein, dass es ein verlustreicher Krieg werden würde: Dieser „würde lange dauern und blutig sein, denn von beiden Seiten würde mit der äussersten Erbitterung gekämpft werden, auf Perdon (sic!) wollte keiner rechnen".[179] Die anfänglichen Niederlagen wirkten nach Berichten aus St. Petersburg einkalkuliert:

> Die Russen waren, nach eigenen Angaben, völlig darauf gefasst, nach dem 9. Februar überrannt, bis jenseits der Mandschurei zurückgedrängt zu werden, die See preiszugeben. Nun machen die Japaner, statt der erwarteten kühnen und überraschenden Unternehmungen, methodische und gründliche Vorbereitungen, verschmähen alle Teiloperationen. Die darausfolgende (sic!) vergleichsweise Ruhe auf dem

> Kriegsschauplatz hat den Russen unendlich genützt; sie hat ihr moralisches Element wiederhergestellt.[180]

Der russische Kriegsplan stellt folglich „ein Wiederaufleben der alten Idee dar, möglichst viele japanische Truppen auf das Festland kommen zu lassen und sodann den Krieg zur See gegen deren rückwärtige Verbindungen zu führen. Aber der Plan geht über diese Idee hinaus, indem er den Ausgang und die Beendigung des Krieges von der Erringung der Seeherrschaft abhängig macht."[181] Der Hauptschlag gegen Japan sollte demnach von der russischen Flotte geführt werden und wenn Offiziere und Würdenträger in St. Petersburg „diesen Hauptschlag für Herbst dieses Jahres voraussehen, sprechen sie von der „faktischen Beendigung" des Krieges im Spätherbst. Das erinnert bedenklich an die zahlreichen Versprechungen und Versicherung der britischen Regierung während des Burenkrieges: dass der Krieg nunmehr binnen kurzem „practically" beendigt wäre."[182] Hintzes Einschätzung lässt hier bereits erkennen, dass sich schon nach knapp zwei Monaten des Krieges erste Zweifel am russischen Geschick auf dem Schlachtfeld abzeichneten. Die japanische „Untätigkeit" in der ersten Phase des Krieges unterstrich diese Annahme:

> Treffen dagegen die Japaner zur Vernichtung der Flotte des Stillen Ozeans keine energischeren Anstalten als bisher, so muss auf folgende Überlegung ihrerseits geschlossen werden:
> a) die bewussten (russischen) Verstärkungen werden, nach den bekannten Vorgängen zu urteilen, weder im Juli seebereit, noch im September in Ostasien kampfbereit sein; damit ist Zeit von unbestimmter Dauer zur vorherigen Vernichtung der Flotte des Stillen Ozeans gewonnen;
> b) gelangen sie später, im Laufe des Krieges wirklich auf den Kriegsschauplatz, so werden die Schiffe nach der langen Reise infolge Bewachsens und durch Verschmutzen der Kessel an Geschwindigkeit stark verloren, höchstwahrscheinlich nach der überstürzten Fertigstellung und den eiligen Probefahrten auch Havarien haben, mit einem Wort: nicht voll leistungsfähig sein.[183]

Das würde sie schlussendlich „zu einer leichten Beute der japanischen Flotte machen".[184] Hintzes Einschätzung sollte sich im Mai 1905 als richtig erweisen; bis dahin hatten die Beobachter des Krieges noch etliche andere Verlustmeldungen der russischen Truppen zu vermelden.

Die Niederlage am Yalu gegen die vorrückende japanische Armee wurde überdies als „Missgeschick der Russen“[185] bewertet, obwohl „hier zum ersten Mal ein mit aller modernen Technik bewaffnetes Heer der abendländischen Rasse von den Truppen eines gelben Volkes in regulärer Schlacht geschlagen worden sei.“[186] Diese Tatsache wurde in der *Deutschen Tageszeitung* nicht als ernste Gefahr bewertet und mit rassistischen Tönen überdeckt, da „die Russen keine reinen, sondern mongolisch gemischte Arier“ seien und „[r]assenmäßig [...] Rußland das eigentliche Halbasien Europas“ sei.[187] Die *Marine Rundschau* kam hingegen zu einem anderen Schluss: „Die Streitkräfte der Russen am Jalu waren im ganzen viel zu schwach, um der japanischen Armee den Übergang endgültig zu verwehren. Es kann daher die Absicht der russischen Oberleitung auch nur gewesen sein, dem Feinde an dieser Stelle empfindliche Verluste beizubringen, um ihn dadurch zunächst einmal die Luft zum weiteren Vorgehen für einige Zeit zu nehmen, und so Zeit zu gewinnen.“[188] Bemängelt wurde hier lediglich der Verlust zahlreicher Geschütze auf Seiten des zaristischen Heeres.

Insgesamt fiel die sehr langsame Mobilmachung auf russischer Seite sowie der schlechte Zustand der Soldaten auf. Geringe Rationen, deren Qualität bisweilen ungenießbar war, äußerst mangelhafter Munitionsnachschub und die schlechte Führung hatten negative Folgen für die Moral der Truppe. So wurde zudem das „Elend der russischen Offiziere“[189] beklagt. Diese hatten darüber hinaus eine schlechte Ausbildung erhalten und sollten Soldaten führen, die bisweilen kaum Erfahrungen im Umgang mit den neuen Waffentechniken besaßen. Es schien fast so, als verließen sich gerade die niederen Offiziere mehr auf glückliche Zufälle als auf ihre eigenen Fähigkeiten. Lediglich mit Blick auf die Fähigkeiten während eines Rückzuges wurde dem russischen Heer eine überragende Leistung attestiert. Die schlechte Führung durch die eigenen Offiziere sollte folglich zu einem der beliebtesten Leitmotive bei der Behandlung der Ursachen für die russische Niederlage werden. Kuropatkins Strategie wurde gleichfalls als Auslöser der schwachen Moral der zaristischen Truppen angesehen, da viele der Eingezogenen von Beginn an nicht wirklich gewillt waren, für unklare Gründe in den Krieg zu ziehen.[190]

Nach dem Krieg entstanden deshalb in Russland Diskussionen über die Ursachen der Niederlage. Die Konstitution der russischen

Truppen war aber besonders den westlichen Beobachtern nicht verborgen geblieben. Die „Dampfwalze" des europäischen Kontinents blieb weit hinter den Erwartungen zurück und alle vorhandenen Defizite in den Reihen des russischen Heeres und der Marine waren ganz offen zutage getreten. Wesentlich mehr Eindruck auf alle auf das Schlachtfeld entsandten Beobachter machte der sture Wille der Japaner, die bereit waren, Tausende aus den eigenen Reihen kaltblütig zu opfern, um das angestrebte Ziel zu erreichen. Zahllose Publikationen beschäftigten sich mit den Ereignissen und belegen das kurzzeitig sehr große Interesse an den Ereignissen in Ostasien, die folglich nicht unrezipiert blieben, besonders wenn es sich um militärstrategische Diskussionen handelte.[191] Die bereits zitierte *Marine Rundschau* hatte beispielsweise einen Wettbewerb ausgeschrieben, im Zuge dessen die Leser Beiträge einsenden sollten, in denen die Seeschlachten von Tsushima mit der von Trafalgar 1805 verglichen werden sollten. Die ersten großen Seeoperationen mit modernen Schlachtschiffen inspirierten nicht nur die schreibenden Theoretiker, sondern wie oben angesprochen gleichfalls die entwickelnden Ingenieure.[192]

Gerade der Landkrieg wies bedrohlich auf die Ereignisse des Ersten Weltkrieges hin. Schrapnell-Geschosse, schwere Artillerie, Stacheldraht, Belagerungsschlachten, etc. Das alles sollte auch den Ersten Weltkrieg prägen. Ebenso hielten sich – unbeeinträchtigt von den hohen Verlusten vor Port Arthur – die Fehlannahmen des Russisch-Japanischen Krieges in den Köpfen der Offiziere und verantwortlichen Strategen, nämlich, dass mit ausreichend offensiver Ausrichtung und unumstößlicher Willenskraft der Soldaten ein Sieg zu erreichen sei. Die offiziellen Darstellungen des Krieges[193] berichteten im gleichen Tenor, so dass nicht nur in Japan ein starker Bajonettkult entstand.[194] Aufgrund zahlreicher Informationen aus dem Fernen Osten zogen auch deutsche Strategen ihre Lehren aus dem Krieg, wobei die deutschen Darstellungen zum Russisch-Japanischen Krieg weitestgehend die Passivität der Russen als Grund für deren Niederlage betonten.[195] Die Offensive wurde als Schlüssel einer erfolgreichen Operation betrachtet.

1905 war klar, dass „der deutsche Marine-Attaché die Kriegstüchtigkeit der russischen Marine vor dem Kriege sehr überschätzt bzw. falsch beurteilt habe"[196] und selbst „die Kenner russischer Verhältnisse […] die Streitkräfte der Russen vor dem Kriege stark überschätzt"[197] hatten. Die Marine zog aus einem Inspektionsbericht des russischen Kreuzers Gromoboi nach der Schlacht bei Ulsan am 14. August 1904 die folgenden Schlüsse:

> Nötig sind jetzt Panzer, Panzer und abermals Panzer. Dieser Kampf hat viele Fragen aufgeklärt. […] Das dem Feinde nächste Schiff muß das stärkste des Geschwaders sein. Bei Kämpfen auf weite Entfernungen muß der Zwischenraum zwischen den Schiffen groß (bis zu 5 Kabellängen) sein; nimmt die Entfernung ab, so müssen sich auch die Zwischenräume verringern. […] Die Vereinigung des Feuers auf ein Schiff ist sehr wichtig.[198]

Es waren trotzdem nicht nur technische Defizite auf Seiten der russischen Marine, die für die Niederlage verantwortlich gemacht wurden, denn ebenso wie bereits in Berichten zum Landkrieg wurde auch die Moral der Seeleute des Zaren, hier beispielsweise durch das deutsche Konsulat in China mit Blick auf internierte Besatzungen, sehr negativ beschrieben:

> Die Kommandanten der hier entwaffneten russischen Kriegsschiffe haben sich wenig an die […] Vereinbarung […] gehalten, wonach ihre Mannschaften nur unter Führung und in strengster Ordnung die Stadt betreten sollten. Es kamen vielmehr täglich grössere Truppen an Land, die sich in voller Freiheit in die Seemannskneipen und Vergnügungslokale zerstreuten und dann in betrunkenem Zustande durch ihr Betragen dem russenfeindlichen Teil der hiesigen Presse willkommene Illustrationen zu den halb gehässigen, halb höhnischen Artikeln lieferten, die die Ausreise der baltischen Flotte verfolgte. […] Am 15. ds. Mts. kam es zu einer Katastrophe: Zwei Matrosen vom Askold, von denen der eine angetrunken war, hatten am Hafenquai einen Streit mit Rikschakulis. Im Verlaufe des Streites, um dessen Schauplatz sich Neugierige gesammelt hatten, griff der Angetrunkene nach einer am Wege liegenden Axt, schwang sie um den Kopf und liess sie auf den Schädel eines völlig unbeteiligten, gut gekleideten Chinesen niedersausen. Der Getroffene starb wenige Stunden später an der erlittenen Verletzung.[199]

Nach der Seeschlacht von Tsushima gab es selbst in den Zirkeln der hochrangigen Marinevertreter in St. Petersburg keine andere Möglichkeit mehr, als den Tatsachen ins Auge zu blicken. Admiral Fyodor Avelan (1839-1916)

> äusserte sich zur augenblicklichen Lage der Marine wie folgt:
> A. Dass Reformen in Bezug auf das Personal nötig waren, war uns bekannt. Allein der Krieg hat uns gehindert, sie in Angriff zu

nehmen. Doch haben wir nicht geahnt, dass binnen eines Jahres die umstürzlerische Bewegung in solchem Grade um sich greifen würde, wie es die Unruhen in der Flotte nun gezeigt haben. Die Propaganda ist unter die Leute durch die Reservisten getragen worden;"

B. Die Neuschaffung des Materials wird der Umbildung des Personals folgen; vorläufig werden neue Bestellungen nur soweit gemacht werden, als nötig ist, um die russischen Werften zu beschäftigen. Dies geschieht nur, um den Arbeitern Beschäftigung zu geben. Im Ausland sollen Schiffe erst später bestellt werden, wenn die Personalfrage im Gange ist.

C. Die Marine machte am liebsten auch mit den Bestellungen im Inland warten, bis die Erfahrungen der Schlacht von Tsushima verarbeitet sind. Aber diese liegen noch nicht einmal vor; denn die Japaner erlauben den gefangenen russischen Offizieren keine anderen Mitteilungen nach Russland als über ihr Befinden.[200]

Die Prämisse der russischen Flotte für die Zukunft war klar. Die „erste und heiligste Pflicht [musste] die unverzügliche Sicherung der Verteidigung der heimischen Küsten in allen unseren Gewässern, sodann erst, nach Massgabe der Mittel, die Neuschaffung der Schlachtflotte" sein.[201] Für die deutsche Marine bedeutete das eine Sorge weniger, denn „Russland verzichtet auf geraume Zeit hinaus auf eine Schlachtflotte und beschränkt sich auf die Sicherung der Küsten und Schaffung eines fähigen Bestandes an Offizieren und Mannschaften. Das bedeutet für die kommenden Jahre Bau von Torpedobooten und Unterseebooten und viele fachliche Schulen und Schulschiffe."[202] Der wesentlich höhere Verlust der russischen Marine an Kriegsschiffen[203] entfernte die Marine des Zaren von der Liste potentieller und vor allem ernstzunehmender Gegner für einen zukünftigen Seekrieg.

Insgesamt betrachtet war das „Urteil über die russische Flotte [...] geradezu vernichtend. Sie verstehen weder zu manövrieren noch zu schiessen".[204] Im Gegensatz dazu herrschte eine gewisse Begeisterung, wenn es um die Beschreibung der japanischen Marine ging: „Es sei eine Freude für einen Seemann gewesen, zu sehen, wie vortrefflich die japanischen Schiffe nach sechsmonatlichem Dienst noch ausgesehen hätten [...] Offiziere und Mannschaften seien vorzüglich ausgebildet und zeigten die stramme Friedensarbeit, die den Russen so gänzlich abgehe."[205] 1906 konnte die *Marine Rundschau* schließlich folgerichtig konstatieren:

> Rußland wird infolge seiner Lage nie eine große Seemacht sein, die geographischen Verhältnisse stehen dem entgegen. Es ist von seinen Ländermassen aus an die See vorgedrungen, hat jedoch nur drei Binnenmeere erreicht, die es zwingen, drei getrennte Flotten zu halten, ohne daß es daran gedacht hätte, die Verbindungslinien durch rechtzeitigen Erwerb von Stützpunkten zu sichern. Im Fernen Osten hat es zwei Stützpunkte angelegt, deren Verbindungslinie indes von den Japanern beherrscht wird. Japan hat daraus Nutzen gezogen.[206]

Die japanische Überlegenheit war keine numerische oder etwa auf die Ressourcen bezogen, umso mehr schien eine adäquate Ausbildung und Vorbereitung auf den Ernstfall sowie der ungebrochene Wille der Truppe über Sieg und Niederlage zu entscheiden. Eine Tatsache, die den Beobachtern, hier Major von Etzel, vor allem im Hinblick auf das Offizierskorps aufgefallen war:

> Verbunden mit einer tadellosen Organisation und Vorbereitung für den Krieg, moderner und guter Bewaffnung, einer gründlichen Ausbildung, – die durch das Entgegenkommen der großen europäischen Militärmächte besonders Deutschlands so sehr erleichtert worden war –, mußten der alte kriegerische Geist und die urwüchsige Kraft des Volkes besonders machtvoll zur Geltung kommen. Im Gegensatz zu der Stimmung in Russland war der Krieg in Japan im höchsten Grade volkstümlich. Das ganze Volk war von einem glühenden Patriotismus beseelt. Nicht nur der Offizier, sondern jeder Mann wußte, wofür er kämpfte und setzte seinen höchsten Ehrgeiz darein, sein Leben auf dem Schlachtfelde für den gottähnlichen verehrten Herrscher und „Dai Nippon" zu lassen.[207]

In Bezug auf die Schiffsausrüstung bzw. erfolgreichen Schiffstypen hatte der Krieg nicht nur belegt, wie wichtig eine ausreichende Panzerung war, sondern auch, dass immer größere Kaliber bei der Bestückung mit Schiffsgeschützen notwendig wurden. Bei einem Besuch der kaiserlichen Werft in Kiel machte der vormalige Kommandant des Panzerkreuzers Asama, Kapitän Yashiro, das noch einmal sehr deutlich:

> Er war der Ansicht, dass das schwere Geschütz den Kampf entscheide. Indessen sei ihm unsere 28 cm Kanone sympathischer als das 30,5 cm Geschütz der japanischen Marine. Man sei damit nicht zufrieden gewesen, da nach verhältnismässig kurzer Zeit starke Rissbildungen in den Rohren aufgetreten seien, die auf fast allen Schiffen ein Auswechseln einiger Geschütze noch während des Krieges nötig gemacht haben. [...] Es war ein Glück, dass die Russen uns dazu die nötige

> Zeit liessen, die Schlacht bei Tsushima wäre sonst verloren worden. [...] Es sei daher von grösster Wichtigkeit, die Schiffe hoch zu panzern. Es liege in der Natur der Sache, dass man im Kriege doch stets mehr Kohlen, Munition und Proviant nehme, als im Frieden, wodurch der Tiefgang sich vergrössere. [...] Am Schluss des Gesprächs betonte Kapitän Yashiro nochmals, dass er das Torpedoboot bei Nacht „für eine der furchtbarsten Waffen“ halte und dass er nicht anstehen wolle, ein Geschwader, das nachts einem gut ausgebildeten und entschlossen und energisch geführten Torpedobootsverbands in die Hände falle, in den meisten Fällen für verloren zu erklären. Vor allem betonte er auch bei Nichtgelingen eines Angriffs dessen ausserordentliche moralische Wirkung. Ein Verband, der in der Nacht, ganz besonders natürlich nach einer Schlacht, von Booten mehrfach angegriffen werde, sei am folgenden Tage in seiner Verwendungsfähigkeit bedeutend herabgesetzt, selbst wenn die Schiffe kampffähig blieben.[208]

Doch nicht nur mit Blick auf den Seekrieg hatte die deutsche Führung Informationen erhalten und ausgewertet. Kollegienrat Dr. Splett berichtet beispielsweise im Detail über seine Erlebnisse in Port Arthur:

> An die Schüsse und das Surren der Granaten haben wir uns so ziemlich gewöhnt. In der Stadt sammelten sich Haufen von Leuten, auch Damen, die zusahen, wie der Feind stundenlang irgend eine Stelle, wo er vielleicht ein Depot oder etwas derartiges vermutete, beschoss, nach dem Klang beurteilte man, ob es eine feindliche oder eigene Bombe war; kurz und gut, in den letzten Tagen fing sogar das gesellschaftliche Leben das selbstverständlich seine Vergnügungen, wie Musik, Spaziergänge, Fahren eingestellt hatte, wieder an, etwas reger zu werden.[209]

Trotz eines gewissen Gewöhnungseffektes lieferte der Krieg schreckliche Bilder, die der Kollegienrat detailreich beschreibt:

> Die grössten und unheimlichsten Verstümmelungen wurden durch Granatsplitter und Schiffseisenstücke verursacht. Es wurde oft der Körper zur Hälfte oder der Kopf mit einer Schulter abgerissen, dann der Kopf allein, beide Beine oder Hände. Einem Unglücklichen wurden alle Weichteile des Gesässes glatt bis auf die Beckenknochen und das Kreuzbein abgetragen, einem anderen wurde der Schädel gebrochen, sodass die Knochen der rechten Schädelhälfte, die nur durch die Haut zusammengehalten wurden, den Eindruck machten, wie Scherben eines zerbrochenen noch zusammenhängenden Topfes. [...] Aber alle hatten unter der Gasvergiftung zu leiden. Ganz leicht Ver-

> wundete, besonders aus verdeckten Stellen zeigten folgende Vergiftungserscheinungen. Ganz kleiner, nicht bedeutend beschleunigter Puls, völliger Kräfteverfall, Gedächtnisschwäche (völlige Besinnungslosigkeit habe ich nicht beobachtet). Übelkeit, Erbrechen, Irrereden, später wahnsinnige Kopfschmerzen, kurz die gewöhnlichen Vergiftungssymptome. Dabei waren alle gelb gefärbt. Noch bis jetzt ist die Färbung an den Nägeln zu finden.[210]

Die neuen Kugeln, die während des Krieges Verwendung fanden, bezeichnet er hingegen als human, denn „[i]m grossen und ganzen heilten die Wunden ausgezeichnet. Ich habe viele Fälle mit Schusswunden durch die Brust beobachtet, wo die Leute sich ganz gut erholten, wenig Blut spieen, keinen Haema- oder Pneumothorax bekamen. Ebenso genasen 2 Leute mit Schusswunden durch den Bauch."[211] Er war überzeugt, dass der Angriff mit dem Bajonett ab nun der Vergangenheit angehöre, er täuschte sich darin jedoch genauso wie in seiner Annahme von einer humanen Kriegsführung.

Mit Blick auf den Einsatz der Kavallerie im Russisch-Japanischen Krieg waren sich Experten einig: Es gab nur wenig über denselben zu berichten. Das sollte aber nicht direkt kritisch bewertet werden, sondern zu einer Berücksichtigung der veränderten Bedingungen anleiten.[212] Die Kavallerie müsste in der Zukunft anders eingesetzt werden, da die Ausweitung der Frontlinie, die länger andauernden Schlachten und die befestigten Positionen kaum mehr frontale Attacken zu Pferde zuließen. Zudem seien Kavalleristen mit einer klassischen Ausbildung noch nicht an die neue Situation gewöhnt, denn: „It requires quite a different temperament to ride to the attack with drawn swords at the gallop than it does to wait for hours placidly aiming in a fire position. As long as we lay principal stress on good dashing horsemanship and the clever handling of the arme blanche, and relegate training with the rifle to the second place, so long shall we foster the offensive spirit of our cavalry."[213] Im Russisch-Japanischen Krieg diente die Kavallerie deshalb in erster Linie zur Aufklärung oder aber zur Verfolgung fliehender Verbände des Gegners.

Besonders eindrucksvoll war die Besichtigung der Befestigungsanlage von Port Arthur im Januar 1905, über die Trommler am 24. des Monats Wilhelm II. berichtete. Darin beschreibt er den Besuch der Anlagen:

> viele unexplodierte Geschosse, darunter solche schwersten Kalibers, lagen herum [...] Auf dem freien Felde lagen noch japanische Leichen, in Sommerkleidung, herum, je näher wir an das Fort [...] herankamen, desto zahlreicher wurden die Leichen. [...] Vorzugsweise haben [auf russischer Seite] Maschinengewehre, Handwaffen und Handgranaten gearbeitet. Letztere sind in den einzelnen Verteidigungsstellen selbst laborirt (sic!) worden. Sie sind aus den verschiedensten, allen nur denkbaren, Materialien angefertigt. Die Russen verwerteten vorzugsweise abgeschossene S.K. Metallpatronen, aber auch leere Conservenbüchsen, einfache Stoffbeutel, sogar die erhalten gebliebenen, zylindrischen Teile von japanischen Shrapnelgeschossen waren von den Russen zur Anfertigung von Handgranaten benutzt worden. Diese Körper waren mit Schiesswolle, chemischem Pulver und Sprenggelatine gefüllt. Eine Zündschnur, welche durch einen, an der Hülle der Sprengmasse befestigten Friktionssatz vor dem Werfen in Brand gesetzt werden konnte, bewirkte die Entzündung.[214]

Dabei konnten Probleme mit der Zündschnur auftreten, denn „[w]ar diese zu kurz, so kamen Beschädigungen der eigenen Leute vor, war sie zu lang, so warf der Gegner meist die Handgranaten wieder zurück".[215] Im Zuge seines Besuches des Forts Erhlung erstaunte Trummler die Anlage der einfachen, aber effektiven Verteidigungsstellungen: „Bemerkenswert war in diesem Fort, wie auch an verschiedenen anderen Verteidigungsstellungen, folgende Vorrichtung: Eine Anzahl Gewehre, vorzugsweise 6, waren in einen hölzernen Rahmen gespannt, eine einfache Vorrichtung öffnete bezw. (sic!) schloss zu gleicher Zeit die Kammern, eine andere Vorrichtung feuerte diese Gewehre gleichzeitig ab."[216]

Zwar erkannten die Beobachter die Tatsache, dass viele der Anlagen notdürftig in Stand gesetzt worden waren, bedenkt man aber die enormen Verlustzahlen, so verwundert es, dass man im Zuge des Ersten Weltkrieges davon ausging, mit weniger Aufwand wesentlich aufwendigere Befestigungsanlagen durch den puren Willen der Angreifer im Sturm nehmen zu können. Zum oben bereits erwähnten 203-Meter-Hügel schreibt der deutsche Beobachter:

> Es erscheint als ob dieser Punkt mit einem guten Fort versehen, noch Monate lang hätte gehalten werden können. Nachdem aber die provisorischen Deckungen durch das Granatfeuer der Angreifer zerstört worden waren, bot sich den Verteidigern kaum noch eine nennenswerte Deckung. Daraus, dass trotzdem 4 verlustreiche Angriffe der Japaner innerhalb 11 Tagen erforderlich waren bei denen die Angrei-

> fe [...] 10000 Mann, einschliesslich 300 Offizieren, auf dem Platze liessen, lässt sich ein Schluss ziehen auf die ungewöhnliche Bravour der Verteidiger dieses Schlüsselpunktes. [...] Ausser zahllosen Patronen, Geschossen und Geschossteilen, zerbrochenen Waffen, Uniformen, Ausrüstungsgegenständen, lagen noch viele furchtbar verstümmelte Leichen, Köpfe, abgerissen Hände und Beine u.dgl. umher. Die Gefallenen waren nur oberflächlich begraben, überall ragten Gesichter, Arme, Beine aus dem Gestein hervor.

Ein Jahr nach dem Krieg fasste Generaloberst Ludwig Freiherr von Falkenhausen (1844-1936) in seinem Artikel „Angriff und Verteidigung", der in den *Vierteljahrsheften für Truppenführung und Heereskunde* erschien, die seiner Meinung nach wichtigen Lehren des Krieges zusammen.

> Der eben beendigte russisch-japanische Krieg liegt noch zu nahe, als daß die aus ihm zu schöpfenden Erfahrungen allgemeine Wirkung hätten erlangen können. Auch aus diesem Kriege ist indessen schon wegen der zahlreichen Kämpfe um befestigte Stellungen, welchem der Angreifer längere Zeit, auch seinerseits verschanzt gegenüber lag, wegen des langsamen Verlaufes und der starken Verluste die überwiegende Bedeutung der Verteidigung gefolgert worden. Ich teile diese Auffassung nicht.[217]

Falkenhausen, wie viele andere Planer und Strategen auch, plädierte für den Angriff.

> Wenn die Arbeit des Gedankens sich in die Tat umsetzen soll, wirken viele und mannigfaltige, auch unwägbare Bedingungen mit. Das Erste und Wichtigste aber ist der feste Wille vom höchsten Führer bis zum letzten Mann, alle Schwierigkeiten zu besiegen und den Erfolg zu erringen. Das klingt wie ein Gemeinplatz und doch liehe das Geheimnis des Sieges in der Möglichkeit, diesen festen Willen zu besitzen, zu behaupten und von oben nach unten zu verbreiten.[218]

Die Veränderungen mit Blick auf die Bedeutung schwerer Artillerie und die verschwindende Rolle der Kavallerie war Falkenhausen dabei nicht entgangen, der betont, dass die moderne Kriegsführung ein besseres Zusammenspiel aus Artillerie und Infanterie erforderte. Wie für viele andere war für ihn klar, dass die japanische Armee den Sieg der offensiven Ausrichtung derselben durch fähige Offiziere verdankte:

> Bei der Bedeutung, welche heutzutage die Masse erlangt hat, wird es gewiß schwerer sein, mit der Minderzahl zum Angriff zu schreiten.

> Für unausführbar halte ich es nicht, wenn Einsicht, Wille und Kraft zusammenwirken. Die Ereignisse im letzten Teil des mandschurischen Feldzuges haben diese Ansicht bestätigt. [...] Deshalb muß der leitende Gedanke bei einem Heere, welches Erfolge erringen will, immer das angriffsweise Verfahren sein und es müssen alle Kräfte darauf gerichtet sein, es zu voller Durchführung zu bringen. Die Wahrheit dieser Behauptung hat nach meiner Ansicht der russisch-japanische Krieg in vollem Maße erbracht. [Er unterstreicht zudem,] daß der Feldzug von den Russen verloren wurde, weil ihr Oberbefehlshaber in der Verteidigung und in den Verschanzungen sein Heil suchte.[219]

Die Japaner hätten sich wesentlich offensiver eingestellt, wären keiner Schlacht aus dem Wege gegangen und hätten damit den Beweis erbracht, dass es der „Wille zum Sieg" war, der die Schlacht entscheiden konnte. Der Glaube an solch eine Doktrin würde noch unzählige Leben kosten. Immerhin glaubten viele Strategen und Befehlshaber 1905, darin ein Mittel gefunden zu haben, um in den Kriegen der Zukunft bestehen zu können. Der Russisch-Japanische Krieg gab nämlich „Anhalt dafür, daß der Angriff die stärkere Form – oder besser ausgedrückt – das wirksamere Mittel der Kriegsführung ist, das man allerdings gründlich kennen und beherrschen muß".[220] Es soll hier nicht nur um die mit dem Kriegsgeschehen in Verbindung stehenden Publikationen, sondern auch um konkrete militärische Planungen gehen. Während bzw. direkt nach dem Russisch-Japanischen Krieg entstand nämlich einer der entscheidendsten deutschen Kriegspläne des 20. Jahrhunderts: der Schlieffen-Plan.

Dieser Plan, der kurz gefasst eine Umgehung der französischen Verteidigungsstellungen an der Westfront über Belgien bei gleichzeitiger Offenlegung der Ostfront gegenüber Russland vorsah, um so möglichst schnell auf Paris vorzustoßen und den Krieg an der französischen Front innerhalb kurzer Zeit zu beenden, um dann die gesamten Kräfte gegen Russland aufzuwerfen, basiert in erster Linie auf den Erfahrungen des Russisch-Japanischen Krieges. Der Krieg im Fernen Osten ermöglichte für einen begrenzten Zeitraum, das Heer des Zaren in den Plänen für einen Offensivfeldzug gegen Frankreich außer Acht zu lassen. Während die anglo-französische Entente Cordiale eine Gefahr bedeutete, stellte die Ausschaltung der russischen Flotte sowie die Entsendung des Heeres in die Mandschurei eine ungeahnte Chance dar. Es ist also durchaus richtig, den Krieg zwischen Japan und Russland als bedeutend für die politisch-militärische Entwicklung Deutschlands bis 1914 zu beurteilen. Die Auswirkungen auf die Reputation des russischen Heeres und seiner militärischen Möglichkeiten waren sogar so verheerend, dass es die deutschen Ängste vor einer militärischen Auseinandersetzung mit dem Zarenreich schrumpfen ließ. Die Armee des Zaren war nach dem Russisch-Japanischen Krieg nur noch „ein zerbrochenes Werkzeug"[221] und ein offensives Vorgehen der russischen Seite war für lange Zeit aus dem Bereich des Möglichen entfernt worden.

Schlieffen konnte bei seinen Planungen die Gefahr eines Zweifrontenkrieges daher zunächst völlig außer Acht lassen, da es Jahre in Anspruch nehmen musste, bis sich die russische Armee wieder erholt hätte. Der Plan des Chefs des deutschen Generalstabes muss daher zwangsläufig als eine direkte Konsequenz der Ereignisse in der Mandschurei betrachtet werden und zeigt, wie stark militärstrategische Planungen von der internationalen Politik abhingen. Der Erste Weltkrieg und die Verwirklichung der Grundideen Schlieffens sind deshalb als eine fast unausweichliche Folge der deutschen Beobachtungen zwischen 1904 und 1905 zu betrachten. In seiner *Denkschrift für einen Krieg gegen Frankreich* wurde deutlich, dass der Russisch-Japanische Krieg seine Spuren im Deutschen Kaiserreich in einer sehr prägnanten Form hinterlassen hatte. Terence Zuber hat nichtsdestoweniger eine Diskussion um die Existenz des Schlieffen-Planes ausgelöst, die hier nicht verschwiegen, sondern vielmehr endgültig beendet werden soll.[222] In seinem Buch *Inventing the Schlieffen Plan: German War Planning, 1871-1914* fasst Zuber seine Thesen noch einmal zusammen und will beweisen, dass es niemals einen Schlieffen-Plan gegeben habe.[223] Zuber geht davon aus, dass der Schlieffen-Plan eine Erfindung des Generalstabes gewesen sei, um das Versagen in der Marne-Kampagne zu erklären. Den Russisch-Japanischen Krieg stellt der apologetische Historiker dabei als ein Ereignis dar, das keinerlei Einfluss auf die deutschen Militärplanungen gehabt habe.[224]

Diese These wiederholt Zuber in seinem ein knappes Jahrzehnt später erschienenen Buch *The Real German War Plan 1904-14*, indem er behauptet, dass „der Krieg keinerlei Konsequenzen auf die deutschen Kriegsplanungen des Jahres 1904"[225] habe, was für die Anfangsphase des Krieges sogar stimmen mag. Dass die russischen Truppen 1905 aber „noch diszipliniert und loyal" gewesen seien, ist stark zu bezweifeln.[226] Zuber ist fest davon überzeugt, „dass sich die Idee, das russische Heer sei 1905 zusammengebrochen, in den Berichten des Geheimdienstes nicht belegen"[227] ließe. Dabei muss eindrücklich darauf hingewiesen werden, dass sich der amerikanische „Historiker" überhaupt nicht mit den Quellen des Russisch-Japanischen Krieges oder den eigenhändigen Ausführungen Schlieffens befasst, sondern seine Aussagen auf eine extrem enge und sicherlich nicht den Standards der Quellenkritik entsprechende Analyse weniger Archivalien stützt.

Diese engmaschige Interpretation, die zwangsläufig zu einer kurzsichtigen, in Zubers Fall apologetischen Geschichtsschreibung führen muss, wurde von zahlreichen Militärhistorikern kritisiert.[228] Die „radikale Reinterpretation der deutschen Kriegsplanungen vor 1914"[229] ist in ihrer Gesamtheit „eindimensional"[230] und der Schlieffen, den Zuber beschreibt, ist ein uninformierter sowie uninteressierter Militär, dessen Planungen in einem politischen sowie internationalen Vakuum stattfanden.[231] Dabei ist aufgrund der bisherigen Untersuchung völlig offensichtlich, dass sich Schlieffen aufgrund der Ereignisse zwischen Februar 1904 und Mai 1905 nicht mehr auf den Osten konzentrieren musste, sondern zumindest für die Zeit in der der Schlieffen-Plan entstand, sein Augenmerk einzig auf Frankreich richten konnte. Sein Plan war perfekt auf das Jahr 1905 zugeschnitten, aber nicht auf das Jahr 1914.[232] Zuber interessiert sich in keiner Weise für die Bewertung der russischen Armee durch den deutschen Generalstab, vermutlich weil sich seine These bei einer genaueren Betrachtung derselben nicht halten ließe.[233] Die Niederlagen hatten alle Schwächen des Zarenheeres aufgedeckt,[234] weshalb Schlieffen in seinen Planungen 1905 bewusst davon ausgehen konnte, nur gegen Frankreich einen Krieg an der Westfront führen zu müssen. Um seinen Plan zu verstehen, gilt es folglich umso mehr, den weiteren, den globalen Kontext seiner Entstehung im Auge zu behalten, etwas das Zuber bewusst nicht getan hat.[235]

Gewiss war der Kriegsplan von 1914 nicht der Schlieffen-Plan, was Gerhard P. Gross und Annika Mombauer detailliert untersucht haben.[236] Helmuth von Moltke (1848-1916) kannte den Plan seines Vorgängers im Generalstab,[237] nahm jedoch Veränderungen vor, zumal sich die politische sowie militärische Lage bis

1914 durchaus verändert hatte. Ab 1913 ist deshalb von einem Moltke-Plan, basierend auf den Ideen Schlieffens zu sprechen.[238] Beiden war klar, dass nur eine Umgehung des französischen Festungsgürtel an der Westfront einen Erfolg versprach. Moltke ließ Ostpreußen dennoch nicht völlig ungeschützt, besonders nachdem sich das Zarenreich nach dem Ende des Russisch-Japanischen Krieges wieder erholt und ein umfangreiches Aufrüstungsprogramm durchlaufen hatte.[239] Hinzu kam die Tatsache, dass Russland im Falle einer Krise eher dazu gewillt war, einen Krieg in Kauf zu nehmen, als politisch nachzugeben, da sich die Regierung des Zaren keine weitere außenpolitische Niederlage leisten konnte, besonders nicht, da der Russisch-Japanische Krieg bereits so viele Schwächen offenbart hatte. Um die Diskussion um Zubers Thesen gar nicht erst weiterzuführen, sollen Schlieffens Ansichten aus dem Jahre 1905 hier nicht ausgelassen werden, sondern vielmehr für sich sprechen.

Zunächst glaubten der deutsche Generalstab und sein oberster Stratege an einen russischen Sieg:

> Graf Schlieffen, den ich heute im Auftrage des Herrn Reichskanzlers aufsuchte, bestätigte mir zunächst die mir von anderer Seite schon zugegangene Auffassung des Generalstabes, daß Rußland zwar keine größeren Truppenverbände von seiner Westgrenze für den Krieg in Ostasien zurückgezogen habe, durch andere Umstände aber jedenfalls gegenwärtig sich in einer für einen westlichen Krieg höchst ungünstigen Lage befinde. Nicht nur seien die Truppenkörper durch Entnahme von Offizieren und Mannschaften für den östlichen Kriegsschauplatz geschwächt und die Mobilmachung jedenfalls verlangsamt, es läge auf der Hand, daß ein Staat nur höchst ungern zwei Kriege zugleich führen werde, selbst wenn er hierzu militärisch an und für sich in der Lage sei. Die besten Führer, wie Kuropatkin, befänden sich zudem im Osten. Wenn die Notwendigkeit eines Krieges mit Frankreich sich also für uns ergeben sollte, so wäre der gegenwärtige Augenblick wohl zweifellos hierzu günstig. Auf meine Frage nach dem Grunde für die noch immer nicht erfolgte Entsendung des X. und XVII. Korps, von deren Mobilisierung schon seit langem die Rede sei, erfuhr ich, daß der Grund hiervon an den mangelhaften Verbindungen mit dem Osten liege. Die einzige dorthin führende Eisenbahn habe sich als ganz ungenügend und mangelhaft erwiesen. Deshalb sei auch der Gedanke nicht in Erwägung zu ziehen, daß bei Ausbruch westlicher Verwickelungen die im Osten befindliche Streitmacht von dort zurückgezogen werde. Diese Operation würde Mo-

> nate erfordern. An den endgültigen Sieg der russischen Waffen scheint auch unser Generalstab zu glauben, wenn man auch keine bestimmte Ansicht hierüber aussprach.[240]

Für die deutschen Militärplanungen war zudem zunächst nur wenig zu erwarten, wie Schlieffen am 20. April 1904 berichtet: Die Truppenverlagerungen Russlands nach Ostasien seien nicht entscheidend, da

> der Gewinn, soweit es sich beurteilen läßt, nicht auf das deutsche, sondern auf das österreichische Konto zu schreiben [...] [wäre]. An den gegen Deutschland bisher bestimmten Streitkräften brauchten höchstens einige Batterien zu fehlen. Der Zahl nach bleibt somit Russland als Gegner für uns ziemlich unverändert. An Güte haben aber seine Truppen wohl etwas gelitten. Die besten Generale, Offiziere und Mannschaften sind nach dem fernen Osten abgegeben worden. Die Stämme sind geschwächt. Bei einer Mobilmachung muß auf ältere Jahrgänge der Reservisten zurückgegriffen werden. In allen Zweigen der Verwaltung wird es an dem oder jenem fehlen. Das Räderwerk der Mobilmachung wird nicht ohne Störungen ablaufen. Für den Aufmarsch der Armeen wird es an den zahlreichen Lokomotiven und Wagen fehlen, die jetzt dem erhöhten Betrieb auf den sibirischen und mandschurischen Eisenbahnen dienen müssen.[241]

Es war dem Chef des Generalstabes zu diesem Zeitpunkt bewusst, dass Russland „sich zu allen Sorgen, die ihm dieser [Krieg gegen Japan] bereitet, noch die Last eines europäischen Krieges aufladen wird.“[242] Der Sieg der japanischen Armee in allen Landschlachten des Russisch-Japanischen Krieges sowie die beinahe vollständige Vernichtung der Flotte des Zaren in der Seeschlacht von Tsushima hatten völlig andere Voraussetzungen geschaffen. Reichskanzler Bülow bat Schlieffen deshalb am 4. Juni 1905 im Geheimen um eine Stellungnahme: „Euere pp. beehre ich mich ganz vertraulich und nur für meine Orientierung um eine sehr gefällige Auskunft darüber zu bitten, welchen Grad von militärischer Leistungsfähigkeit Rußland binnen Jahr und Tag nach dem Friedensschluß auf einem europäischen (z.B. balkanischen oder karpathischen) Kriegsschauplatz würde betätigen können.“[243] Gerade weil die Antwort Schlieffens, die von Zuber völlig ignoriert wurde, Auskunft darüber gibt, wie der Chef des Generalstabes die Lage beurteilte, soll diese hier ausführlich zitiert werden. Er antwortete auf Bülows Anfrage:

Rußland wird, sobald es mit Japan Frieden geschlossen hat, die nach Ostasien entsandten Armeekorps und Divisionen zurückziehen. Nach Ablauf von etwa 6 Monaten kann im europäischen Rußland der Zahl nach dieselbe Heeresmacht sich befinden, die dort bei Beginn des Jahres 1904 vorhanden war. Etwas länger wird es dauern, bis die Vorräte an Waffen und Munition ergänzt, das Artilleriematerial erneuert worden ist. In einiger Zeit kann die alte Armee äußerlich wiederhergestellt sein. Innerlich werden wesentliche Verschiedenheiten eingetreten sein. Schon lange wußte man, daß die russische Armee keine bedeutenden Führer besäße, es war bekannt, daß die Offiziere der Mehrzahl nach wenig Wert hätten, und daß die Ausbildung der Truppe nur als ungenügend anzusehen wäre. Dagegen wurde der russische Soldat für einen der besten der Welt gehalten. Sein unbedingter Gehorsam, sein geduldiges Ausharren, seine ruhige Todesverachtung wurden als unschätzbare Eigenschaften anerkannt. Jetzt ist der Glaube an diese Eigenschaften stark erschüttert. Der Gehorsam hat sich durchaus nicht immer als blind erwiesen. Viele Fälle sind bekannt geworden, in denen die Offiziere nicht befahlen, sondern baten, überredeten, parlamentieren. In anderen Fällen haben sich die Mannschaften widersetzt und sind zu gröbsten Tätlichkeiten gegen Vorgesetzte übergegangen. Die Autorität des Offiziers wie die Unterwürfigkeit der Soldaten sind gleichermaßen fraglich geworden. Auch das geduldige Ausharren hat sich nicht bewährt. Eine Panik ist in dem mandschurischen Feldzuge nicht selten ausgebrochen. Bis zum Letzten hat die Truppe nur selten ausgehalten. Es hat sich gezeigt, daß der berühmte russische Gehorsam sich weniger auf Pflichttreue und Ehrgefühl, als auf Stumpfsinn und fatalistische Resignation gründet, und daß diese der slawischen Rasse angeborenen Eigenschaften nur bis zu einer gewissen Grenze vorhalten, dann aber in Brutalität ausarten. Vor allem aber ist der russische Soldat nicht ausgebildet. Er versteht nicht zu schießen und sich im Gefecht zu bewegen. [...] Die Vervollkommnung der Waffen erfordert jetzt eine überaus sorgfältige Ausbildung. Da die Russen diese nicht erhalten haben, so sind sie einer anderen Armee nicht gewachsen, für den Angriff überhaupt nicht tauglich. Es hat sich durch den ostasiatischen Krieg gezeigt, daß die russische Armee noch weniger gut war, also sie in der allgemeinen Meinung eingeschätzt wurde, und sie ist durch den Kreis nicht besser, sondern schlechter geworden. Die hat jede Freudigkeit, jedes Vertrauen und den Gehorsam verloren. Es ist durchaus fraglich, ob eine Besserung eintreten wird. Dazu fehlt vor allem die Selbsterkenntnis. Die Ursache ihrer Niederladen suchen die Russen nicht in den allgemeinen eigenen Unvollkommenheiten, sondern in der Überlegenheit an Zahl der Gegner und in der Unfähigkeit einzelner Führer. Es fehlt aber auch an den Männern, welche eine Reform durchzuführen vermöchten und an den notwendigen moralischen Begriffen. Es wird

> daher nur dem natürlichen Laufe der Dinge entsprechen, wenn die russische Armee auch weiter nicht besser, sondern schlechter wird. Die inneren Zustände in dem großen Nachbarreiche werden sicherlich dazu beitragen, diese Entwickelung zu beschleunigen.[244]

Schlieffen war sich darüber bewusst, dass das Zarenreich weiterhin ein militärischer Faktor blieb und in den langfristigen Planungen Berücksichtigung finden musste, 1905 war das jedoch nicht der Fall. Hinzu kommt für den Generalstabschef eine weitere Tatsache: „Wenn sich die russische Armee auch verschlechtert, als gewaltige Masse fällt sie doch immer ins Gewicht."[245]

Inwiefern Schlieffen tatsächlich an eine Ausführung seines Planes gedacht hat, beziehungsweise inwieweit er ihn als politisches Argument für eine Aufrüstung des deutschen Heeres nutzen wollte – Schlieffen agierte in seiner Strategie mit nicht vorhandenen Divisionen – lässt sich vermutlich nicht völlig zweifelsfrei nachweisen, aber zu behaupten, dass es nie einen Schlieffen-Plan gegeben habe, entspricht konsequenterweise keinesfalls den Tatsachen. Dass der Chef des Generalstabes die Entwicklungen im Zuge des Russisch-Japanischen Krieges nicht wahrgenommen und sich stur auf Europa fokussiert hätte, ist ebenfalls falsch. Schlieffen war sich selbstverständlich bewusst, was der Krieg bedeutete, inwieweit er die Schlagkraft des Zarenreiches in den Folgejahren einschränkte und welche Möglichkeiten sich deshalb für einen isolierten Krieg im Westen ergaben. Hätte der Chef des deutschen Generalstabes die Ereignisse von Mukden und Tsushima nicht wahrgenommen, wäre er vermutlich ebenso engstirnig wie Zuber gewesen.

Der Russisch-Japanische Krieg im Allgemeinen und die Seeschlacht von Tsushima im Speziellen hatten folglich eine nicht zu unterschätzende Wirkung auf das Deutsche Kaiserreich. Während die politische Annäherung am Widerstand Frankreichs, an der zögernden Haltung Nikolaus II. sowie an deutschen Zweifeln an den Vertragsbedingungen scheiterte, blieben die militärischen Lehren, mit Blick auf den Offensivangriff als taktisches Allheilmittel, und der Grundgedanke des Schlieffen-Plans bis 1914 erhalten. Beide Entwicklungen hatten einen entscheidenden Einfluss auf die weitere Geschichte Deutschlands, weshalb der Russisch-Japanische Krieg mit seinen Land- und Seeschlachten in Zukunft stärker Eingang in die historische Betrachtung des Ersten Weltkrieges finden sollte.

4. Ein vergessener Mythos

Kriege verändern die Welt. Diese Aussage muss hier nicht ausführlich erörtert werden. Allerdings kann hinzugefügt werden, dass auch einzelne Schlachten den Lauf der Geschichte, wenn auch zunächst nur des jeweiligen Krieges, verändern. Die Seeschlacht von Tsushima hat sicherlich zur Veränderung der historischen Entwicklung beigetragen. Sie beendete einen Krieg, in dem erstmals eine asiatische Macht gegen eine europäische Großmacht antrat und unter Beweis stellen konnte, dass die Überlegenheit des Westens nicht länger gegeben war. Gleichzeitig beendete der japanische Sieg alle Hoffnungen auf ein russisches Großreich, das sich über ganz Ostasien erstrecken würde. Japan wurde, nachdem es mit Geschossen und Kanonen erfolgreich gewesen war, mit Pauken und Trompeten in den Rang einer Großmacht erhoben. In Japan wurden die Helden des Russisch-Japanischen Krieges zu Ikonen des nationalen Heldentums stilisiert und die Möglichkeiten, militärische Siege mit Eifer und Hingabe zu erreichen, in Abhandlungen zum Erfolg des Angriffs in der Schlacht thematisiert. Admiral Tōgō wurde gar zum Nelson Ostasiens ernannt. Die Seeschlacht von Tsushima beendete jedoch nicht nur den Russisch-Japanischen Krieg, sie sollte den weiteren Verlauf der Geschichte, und zwar nicht nur Ostasiens, bestimmen.

Die russische Revolutionsbewegung hatte durch den Verlauf des Russisch-Japanischen Krieges Auftrieb erhalten, nicht zuletzt deswegen, weil das japanische Militär bereit gewesen war, deren Aktionen zu finanzieren und durch Akashi in Schweden koordinieren zu lassen. Der Zar hatte bis zum Schluss auf eine Wende des Krieges in Ostasien gehofft und war gewillt, den Krieg fortzusetzen. Nach dem Verlust der beinahe gesamten Flotte als Folge der Schlacht von Tsushima musste gleichwohl auch Nikolaus II. einsehen, dass die Fortsetzung des Krieges nicht mehr möglich war, zumindest dann nicht, wenn ein Revolutionsausbruch in Russland selbst vermieden werden sollte. Das Oktobermanifest wurde schließlich in direkter Konsequenz der ostasiatischen Ereignisse konzipiert, um einen gewissen Reformwillen zu signalisieren und so die brenzlige Situation an der russischen Heimatfront zu befrieden. Die Reformen waren zwar nur von kurzer Dauer, ungeachtet dessen wären sie ohne die Seeniederlage des Zweiten Pazifikgeschwaders aber vermutlich gar nicht notwendig gewesen, da ein Sieg die Position des Zaren gestärkt hätte.

Es ist nicht die Aufgabe des Historikers, das „was wäre wenn" zu eruieren, sondern vielmehr auf die Folgen des Russisch-Japanischen Krieges im Allgemeinen sowie der Seeschlacht von Tsushima im Speziellen hinzuweisen. Nach dem Verlust seiner Flotte signalisierte der Zar Verhandlungsbereitschaft. Global wurde der Russisch-Japanische Krieg als Folge nicht zuletzt durch den Ort der Friedensgespräche, Portsmouth in New Hampshire. Der amerikanische Präsident Theodore Roosevelt sollte eine der entscheidenden Figuren dieser Friedensverhandlungen werden, dabei aber vor allem amerikanische Interessen verfolgen, um das Gleichgewicht in Ostasien zu erhalten. Aufgrund dessen wurde er von japanischer Seite später nicht als „ehrlicher Makler", um hier einen bismarckschen Begriff zu bemühen, betrachtet, sondern als jemand, der die Interessen Japans zum Wohle eigener nationaler Ambitionen verkauft hatte. Witte, der für die russische Seite verhandelte, erreichte in Portsmouth den einzigen Sieg für Russland und zwar am Verhandlungstisch, wo er alle Forderungen seiner japanischen Kollegen ablehnte und darauf bestand, dass das Zarenreich weder Reparationen zahlen noch Territorium an Japan abtreten müsse. Als Folge des Krieges und trotz des glänzenden Seesieges der Japaner wurden sie also wie 1895 um die Früchte des so teuer erkauften Sieges betrogen, weshalb sich Japan sowohl von den internationalen Finanzmärkten zurückzog, als auch gleichzeitig begann, eigene expansive Pläne auf dem asiatischen Kontinent umzusetzen, welche in gewisser Weise notwendig waren, um die wirtschaftlichen Folgen des kostspieligen Krieges gegen das Zarenreich zu kompensieren.

Scheinbar periphere Ereignisse der Weltgeschichte können maßgeblich weit entfernte und als (vermeintliche) Zentren interpretierte Regionen beeinflussen, weshalb gerade ein Blick auf Deutschland offenlegt, welche Wirkungen der Russisch-Japanische Krieg und die Seeschlacht von Tsushima auf das globale Geschehen bis 1914 hatten. Im Deutschen Kaiserreich wurde der Waffengang zwischen Japan und dem Zarenreich als Chance zur politischen Annäherung an das Zarenreich betrachtet. Zum einen zog Russland Truppen von der Grenze zum deutschen Nachbarn ab, zum anderen keimte beim Reichskanzler, dem Kaiser sowie dem Auswärtigen Amt die Hoffnung auf, dass man das Zarenreich im Zuge des Krieges stärker an Deutschland binden könne, insbesondere da die deutsche Hamburg-Amerika-Linie die russische Flotte während ihrer Reise nach Ostasien mit Kohle belieferte. Die Russisch-Französische Allianz sollte – wenn möglich – gestört werden und das deutsch-russische Verhältnis in reziproker Form erzielt werden, um die politische Isolation des Deutschen Kaiserreiches in Europa zu verhindern. Diese Ambitionen scheiterten zunächst. Erst nach der russischen Niederlage von Tsushima bat Nikolaus II. um ein Treffen mit seinem deutschen Cousin, um über die Zukunft zu beraten. Wilhelm II. nutzte diese Chance, ein Bündnis auf den Weg zu bringen, das jedoch am internen Widerstand der politischen Berater beider Monarchen scheitern sollte. Politisch konnte die Situation folglich nicht ausgenutzt werden.

Ungeachtet dessen hatten die Ereignisse in Ostasien aber einen entscheidenden Einfluss auf die militärstrategischen Planungen des deutschen Generalstabes unter der Führung von Schlieffen. Dieser entwickelte als Folge seiner Beobachtungen des Russisch-Japanischen Krieges einen Offensivplan, der auf einem isolierten Krieg gegen Frankreich basierte. Dieser war 1914 zwar nicht mehr im Original ausgeführt worden, die Grundidee der deutschen Kriegsoffensive zu Beginn des Ersten Weltkrieges war jedoch definitiv eine direkte Folge des Russisch-Japanischen Krieges. Das Ausscheiden Russlands als Seemacht hatte zudem dafür gesorgt, dass der Rüstungswettlauf zur See in erster Linie gegen die britischen Dreadnoughts, deren Konzeption ebenfalls eine direkte Konsequenz der Seeschlacht von Tsushima war, geführt werden musste.

Umso erstaunlicher ist es, dass die Bedeutung der Seeschlacht von Tsushima heute kaum mehr wahrgenommen wird. Wie eingangs betont, weckte das Jubiläum des Jahres 2005 zwar ein wissenschaftliches Interesse an der Schlacht, eine breite Öffentlichkeit scheint sich, zumindest in Westeuropa und Nordamerika, jedoch nicht für die Ereignisse des Jahres 1905 zu interessieren. In Russland bzw. der Sowjetunion bildete die Seeschlacht einen entscheidenden Wendepunkt und ist bis heute ein bedeutender Bestandteil der Historiographie. Für viele russische Beobachter stellte die Niederlage einen Beweis für die Unfähigkeit des Zarenregimes dar und belegte lediglich, worüber bereits spekuliert worden war: Die Dynastie der Romanows bewegte sich auf ihren Niedergang zu. Während man in militärischen Kreisen eher darauf bedacht war, aus dem Debakel zu lernen, spielten die Ereignisse den politischen Kritikern der Autokratie in die Hände.

Autoren wie Evgeny Martynov unterstrichen die Notwendigkeit einer flexibleren Kommandostruktur innerhalb des zaristischen Heeres und nahmen kein Blatt vor den Mund, wenn es darum ging, Missstände innerhalb der russischen Truppen und deren struktureller Organisation anzusprechen.[1] Neben ihm wies der Professor der Akademie des Generalstabes in St. Petersburg, Aleksandr A. Neznamov, auf die Unzumutbarkeiten im Heer sowie der Marine des Zaren hin.[2] Im Zuge der Auseinandersetzung mit der Geschichte der Russischen Revolution und den Ereignissen des Jahres 1905 wurden die Geschehnisse in Ostasien stetig diskutiert.[3] Der Russisch-Japanische Krieg blieb dadurch stets mit der Revolution der Folgejahre verbunden, weshalb die Erinnerung an die Schlachten in der Mandschurei sowie die Seeschlacht von Tsushima nicht verblasste.

Besonders in der Historiographie der Sowjetunion wurde Japan stets als Aggressor dargestellt, so dass die Kritik am alten Regime mit nationalen Gefühlen des Abwehrkampfes gegen die imperialistischen Großmächte, die Japan im Kampf gegen Russland protegiert hatten, um dem Imperialismus in Asien auf Kosten russischer Interessen Vorschub zu leisten, vermengt wurde.[4] Für Josef Stalin (1878-1953) war die Niederlage gegen Japan gar ein schwarzer Fleck der Vergangenheit sowie eine Last im russischen Bewusstsein, die erst mit dem Ende des Zweiten Weltkrieges und dem sowjetischen Sieg gegen das japanische Kaiserreich beseitigt werden konnte.[5] In den vergangenen Jahren, besonders im Zuge des Jubiläums im Jahre 2005, wurde das russische Interesse an der Geschichte des Russisch-Japanischen Krieges geweckt, wobei neben historischen Abhandlungen auch patriotische Darstellungen, die den Kampfgeist der russischen Helden feiern, erschienen.[6] Unabhängig von der wissenschaftlichen bzw. historiographischen Beschäftigung mit dem Krieg und seinen Schlachten haben dieselben einen nicht zu unterschätzenden kulturellen Einfluss in Russland hinterlassen. Autoren wie Leonid Andrejew, Konstantin Balmont, Alexander Blok, Anton Tschechow, Maxim Gorki, Wjatscheslaw Iwanow, Aleksandr Kuprin, Dmitri Mereschkowski, Fjodor Sologub und Leo Tolstoi wurden in ihren Werken von den Erfahrungen des Russisch-Japanischen Krieges beeinflusst.[7] Doch nicht nur in der Literatur fand der Krieg seinen Niederschlag, sondern auch in der Musik: „Auf den Mandschurischen Hügeln" (Na sopkah Manchzhurii) ist ein Walzer, der bis heute einen gewissen Bekanntheitsgrad besitzt und unter Stalin sowie Breschnew neu vertont wurde.[8]

Ebenso wie in Russland und der Sowjetunion blieb der Russisch-Japanische Krieg besonders in Japan im kollektiven Gedächtnis. Für die Geschichte des Landes war diese Konfrontation, die zur Konsolidierung des japanischen Kaiserreiches als Großmacht in der Meiji-Zeit (1868-1912) eine unglaublich wichtige Rolle spielte, ein Wendepunkt. Der Krieg überwiegt in der Erinnerung sogar den Ersten Weltkrieg, der in Japan zwar wahrgenommen, aber nicht als asiatisches Ereignis interpretiert worden war. Gerade in der Zeit nach 1945 stellte die Auseinandersetzung mit dem Russisch-Japanischen Krieg zudem die Möglichkeit dar, sich mit japanischer Größe und nicht den eigenen Verfehlungen der jüngsten Vergangenheit zu beschäftigen. Auf den Stellenwert des Krieges in der japanischen Historiographie wurde oben bereits ausführlich hingewiesen, doch sogar innerhalb der japanischen Populärkultur der 1950er Jahre blieb der Russisch-Japanische Krieg präsent. Watanabe Kunios Film „Kaiser Meiji und der große Russisch-Japanische Krieg" (Meiji tennō to Nichi-Ro daisensō, 1957) gehörte zu den erfolgreichsten Filmen des Jahres 1958 und stellte landesweit Umsatzrekorde auf. Gerade für die älteren Generationen war die Darstellung[9] der japanischen Siege der Jahre 1904 und 1905 ein Beweis historischer Größe. Der Film bediente damit nicht nur die vom Publikum erwarteten Stereotype, sondern etablierte gleichzeitig einen Meiji-Boom, der bis heute ungebrochen ist. Während der Meiji-Kaiser auf erfolgreiche Kriege gegen China (1894/95) und Russland (1904/1905) zurückblicken konnte, waren die militärischen Konflikte der frühen Shōwa-Zeit (1926-1945) wenig rühmlich und wurden nur allzu bereitwillig von der Geschichte des modernen Japan in seiner ersten glorreichen Epoche verdrängt. Im Gegensatz zu Russland wurde also in erster Linie an den militärischen Erfolg, nicht an die Unfähigkeit der Regierenden in der Zeit des Krieges erinnert.

In den nationalen Geschichten der Kombattanten ist der Russisch-Japanische Krieg also durchaus verankert. Ganz anders verhält es sich mit Blick auf Westeuropa und die Vereinigten Staaten und das obwohl der Krieg auch hier einen nicht zu unterschätzenden Einfluss ausgeübt hatte. Während in der Retrospektive die nationalistische Wirkung auf Japan in den USA erkannt wurde,[10] war das Medieninteresse, das während des Russisch-Japanischen Krieges in den Vereinigten Staaten bestanden hatte, nicht aufrecht erhalten worden, so dass Abhandlungen zum Krieg in Nordamerika lange ausblieben. In Großbritannien und Deutschland war neben dem Medieninteresse der Zeitungen ferner der Buchmarkt an Darstellungen zum Krieg interessiert, so dass unmittelbar und teilweise noch im Zuge der Ereignisse in Ostasien erste Publikationen veröffentlicht wurden,[11] die später durch militärische Analysen – wie beispielsweise die Darstellung von Hamilton – ergänzt wurden. Neben den Militärbeobachtern publizierten die Kriegsberichterstatter schon kurz nach dem Krieg ihre Memoiren bzw. Erlebnisberichte.[12] Das deutsche Interesse spiegelte sich ebenfalls in zahlreichen Publikationen, beispielsweise den bereits zitierten Darstellungen von Freiherr Eberhard von Tettau wider. Das Medieninteresse schien dabei genauso schnell verschwunden zu sein, wie es entstand. Sicherlich überschattete schon bald der Erste Weltkrieg das Interesse und die geographische Distanz zum Schauplatz dürfte dazu beigetragen haben, dass der Russisch-Japanische Krieg nie ins kollektiven Gedächtnis der Deutschen einging. Da Wissenschaft nicht selten ein Abbild der öffentlichen Belange darstellt, blieb es folglich ebenso in diesem Bereich still, wenn es um eine fundierte Auseinandersetzung mit den globalen Folgen eines vermeintlich peripheren Ereignisses der Weltgeschichte ging.

Die Seeschlacht von Tsushima als Teil des Russisch-Japanischen Krieges hat einen gravierenden Einfluss auf die Geschichte des 20. Jahrhunderts ausgeübt. Gerade deshalb ist es nur gerecht, diese in die Reihe der bedeutenden Schlachten der Weltgeschichte aufzunehmen, da sie trotz ihrer lokalen Verortung in Ostasien die Geschicke Europas sowie der USA bestimmte. Dieses Buch ist deshalb nicht nur als eine Einordnung Tsushimas in die Geschichte des 20. Jahrhunderts, sondern gleichfalls als ein Plädoyer zur globalen Perspektivierung scheinbar peripherer Ereignisgeschichte zu betrachten.

Zeittafel

4./5. Februar 1904	Gespräche zwischen Russland und Japan abgebrochen, japanischer Botschafter verlässt St. Petersburg, Admiral Tōgō erhält Befehl zum Auslaufen der Flotte
8./9. Februar 1904	Überraschungsangriff der japanischen Marine auf die russische Flotte in Port Arthur
10. Februar 1904	Kriegserklärung Japans
11./12. Februar 1904	USA und China erklären ihre Neutralität
16. Februar 1904	Russische Kriegserklärung an Japan
24.-26. Februar 1904	Japanische Flottenoperationen bei Port Arthur
6. März 1904	Japanische Flotte attackiert Wladiwostok
17. März 1904	Hauptquartier der Ersten Japanischen Armee (Kuroki) wird nach Korea verlegt
13. April 1904	Admiral Makarovs Schiff, Petropavlovsk, trifft auf eine Mine und sinkt. Ende der russischen Flottenoperationen
30. April 1904	Schlacht am Yalu
5. Mai 1904	Zweite Japanische Armee landet auf der Liaodong-Halbinsel
10. Mai 1904	Port Arthur wird von der nördlichen russischen Armee abgeschnitten
19. Mai 1904	Vierte Japanische Armee landet westlich des Yalu und marschiert in Richtung Norden
25. Mai 1904	Schlacht von Nanshan
4. Juni 1904	General Nogi Maresuke übernimmt mit der Dritten Japanischen Armee die Belagerung Port Arthurs
20. Juni 1904	Konferenz der russischen Marineführung beschließt, die Baltische Flotte zum Kriegsschauplatz zu entsenden
23. Juni 1904	Ausbruchversuch der russischen Flotte von Port Arthur nach Vladivostok scheitert
3./4. Juli 1904	Japanische Truppen attackieren die äußeren Festungsanlagen Port Arthurs
August 1904	Russische Truppen in der Mandschurei ziehen sich nach Liaoyang zurück

7. August 1904	Bombardement Port Arthurs durch die japanische Armee beginnt
10. August 1904	Admiral Tōgō verhindert finalen Ausbruchversuch der russischen Flotte aus Port Arthur
26. August – 4. September 1904	Schlacht von Liaoyang
3. Oktober 1904	Auslaufen der Baltischen Flotte
4. Oktober 1904	Das Deutsche Reich informiert Russland über die Sicherung der Kohleversorgung
15. Oktober 1904	Baltische Flotte verlässt Libau
17. Oktober 1904	Baltische Flotte läuft in die Nordsee ein
22. Oktober 1904	Dogger Bank-Zwischenfall
27. November – 5. Dezember 1904	Schwere Kämpfe bei Port Arthur, v.a. 203-Meter-Hügel
1. Januar 1905	Kommandant Stössel übermittelt Kapitulation und übergibt Port Arthur an die Japaner
22. Januar 1905	St. Petersburger Blutsonntag
15. Februar 1905	Russische Führung entsendet weitere Schiffe zur Verstärkung der Baltischen Flotte
22. Februar – 10. März 1905	Schlacht von Mukden
7./8. April 1905	Russische Flotte passiert Singapur
21. April 1905	Roosevelt erbittet Russisch-Japanische Friedensgespräche
27./28 Mai 1905	Seeschlacht von Tsushima
3. Juni 1905	Das Deutsche Reich empfiehlt Russland Verhandlungen
10. Juni 1905	Japan akzeptiert das US-Angebot zu Friedensgesprächen
12. Juni 1905	Russland akzeptiert das US-Angebot zu Friedensgesprächen
5. September 1905	Der Friedensvertrag von Portsmouth beendet den Russisch-Japanischen Krieg

Anmerkungen

Einleitung: Der „nullte Weltkrieg"?

1 Regan, Guinness Book, S. 178.
2 Rede Rosa Luxemburgs zum Maifeiertag 1904, http://www.marxists.org/archive/luxemburg/1904/05/01.htm (acc. 11.9.2015).
3 Hildebrand, Ära, S. 28.
4 Nish, Planning, S. 12.
5 Steinberg, World War Zero, S. 2. Dazu auch: Kowner, Clash, S. 4. Kowner lehnt die Bezeichnung ab, da ein Vergleich mit den großen Konflikten des 20. Jahrhunderts zu viele Unterschiede belege. Dass dem nicht so ist, wird vor allem Kapitel 5 des vorliegenden Buches zeigen, das sich mit den Folgen des Krieges im Allgemeinen und der Seeschlacht von Tsushima im Speziellen beschäftigt.
6 Thorson, Opinion, S. 305.
7 Zwar hatte die japanische Marine bereits im Sino-Japanischen Krieg (1894/95) erfolgreich agiert, der Sieg über eine europäische Großmacht besaß allerdings einen wesentlich höheren Stellenwert.
8 Nish, Planning, S. 11.
9 Towle, Observers, S. 19.
10 Shimazu, Society, S. 34.
11 Adolph Engel an den Chef des Admiralstabes der Marine, Vize-Admiral Büchsel, Berlin, 15. August 1904, BArch MArch RM 5/5777.
12 Auch in der russischen Marine ließ eine Untersuchungskommission die Ereignisse analysieren. Diese wurden schließlich in einer umfassenden Studie publiziert. Voenno-istoricheskaia komissiia po opisaniiu Russko-iaponskoi voiny: Russko-iaponskaia voina 1904 1905 gg., 9 Bde. St. Petersburg 1910-1913. Vgl. zu den Bemühungen des russischen Marine-Generalstabes, die Erfahrungen des Krieges auszuwerten, auch Schimmelpenninck van der Oye, Rewriting, S. 79.
13 A British Officer, Literature, S. 509; Hitsman/Morton, Military Attaché, S. 82. Siehe beispielhaft für die Auseinandersetzungen mit dem Krieg: Betts, Strategy; Bird, Lectures, Negier, Lessons.
14 Military Correspondent of The Times, War, S. 1. Darin heißt es: „No great campaign fought out within the memory of this generation offers such a vast and fruitful field for study by men of the British race as the Russo-Japanese War of 1904-5. For the first time for nearly a hundred years we have seen an island Empire at grips with a first-rate continental Power. For the first time the new machinery with which science and modern invention have endowed the navies of the world has been put to the practical test of serious war. For the first time, almost in the history of the world, we have seen naval and military forces, directed by master hands, co-operating in close and cordial fashion to impose, by their united efforts, the national will upon the enemy."

15 Kowner, Clash, S. 3; Kusber, Publizistik, S. 220; Towle, Observers, S. 20.
16 Cohen, War Monuments, S. 388.
17 Higashi Ajia Kindaishi Gakkai, Nichi-Ro Sensō; Numata, Nichi-Ro rikusen; Tsuchiya, Teikoku; Yomiura Shinbun Shuzaihan, Kenshō. Die globalen Folgen des Krieges wurden in Japan wesentlich früher thematisiert: Shimomura, Nichi-Ro Sensō. Zu den Jubiläumsbegleitenden Konferenzen in Japan siehe: Katō, Russo-Japanese War, S. 95-96.
18 Shimazu, Death.
19 Kusber, Publizistik, S. 217.
20 Steinberg, World War Zero, S. 1. So etwa Steinberg, Russo-Japanese War oder Kowner, Impact. Zwar sind im Zuge des 100-jährigen Jubiläums des Krieges auch in deutscher Sprache Aufsatzbände erschienen, diese sind als solche jedoch teilweise kaum in der Lage, die umfassende Perspektivierung des Krieges, also seiner Ereignis- sowie seiner Wirkungsgeschichte, zu leisten und erscheinen deshalb eher als der klägliche Versuch, den internationalen Trend zur Erinnerung an die Ereignisse von 1904 bis 1905 auszunutzen: Sprotte, Russisch-Japanischer(?) Krieg. Wesentlich gelungener ist ein Band des Deutschen Instituts für Japanstudien: Inaba/Saaler, Russisch-Japanischer(?) Krieg sowie Kreiner, Russisch-Japanischer(?) Krieg.
21 Towle, Observers, S. 20-21.
22 Sakurai, Bullets, S. 41.
23 Ebd., S. 37.
24 Hitsman/Morton, Military Attaché, S. 83. Ein Beispiel wären die Folgen einer Verletzung durch Schusswaffen, die verschiedentlich belegt sind. Vgl. etwa Suzuki, Notes, S. 1127-1128.
25 Japanese Losses, in: The British Medical Journal.
26 Hitsman/Morton, Military Attaché, S. 82; Towle, Observers, S. 25. Zur Veränderung der Bedeutung der Kavallerie zwischen Burenkrieg und Russisch-Japanischem Krieg siehe ausführlich: Jacob, Pferde.
27 Sakurai, Bullets, S. 152-153.
28 Kowner, War, S. 43.
29 Duus, Takeoff Point, S. 154.
30 Hildebrand, Ära, S. 30f.
31 Howland, Sovereignty, S. 54.
32 Saul, Peace, S. 440.
33 Lensen, Korea, S. 245.
34 Peters, Krieg, S. 345f.
35 Roxby, Question, S. 142.
36 Laffan, Tokyo, S. 220-221; Sareen, India, S. 239-241.
37 Otte, Fragmenting, S. 105.
38 Chang, Designs, S. 321; Hildebrand, Ära, S. 40.
39 Heyman, Trotsky, S. 73; Wolff, History, S. 440.
40 Bartlett, Japonisme, S. 8.
41 Staatssekretär des Reichsmarine-Amts, von Tirpitz, an den Chef des Admiralstabes der Marine, Büchsel, Berlin, 18. Januar 1904, BArch MArch RM 5/5777.
42 Bird, Lectures, S. 64.

43 Jacob, Polen.
44 Ebd., S. 3; Steinberg, World War Zero, S. 5-6; Togo, Implications, S. 158.
45 Kowner, Clash, S. 13.
46 Towle, Observers, S. 24-25.
47 Das mag vor allem daran liegen, dass der Krieg nie wirklich Teil des deutschen kollektiven Geschichtsbewusstseins wurde, vgl. Eberspaecher, Road, S. 290.
48 „Mehr als je müssen uns die Vorgänge im Russisch-Japanischen Krieg interessieren, nachdem uns beide Staaten den Fehdehandschuh hingeworfen haben.“ Deutsche Zeitung 561 (4. November 1914), BArchB R8034-II/8171.

1. Kontexte: Der Russisch-Japanische Krieg

1 Nish, Yalu, S. 45.
2 Goldfrank, Redux, S. 88.
3 Auslin, Strategy, S. 3.
4 Snow, Shipping, S. 44.
5 Cloman, Circum-Baikal Railroad, S. 53.
6 Marine Rundschau, Beiheft, S. 2.
7 Kreiner, Ort, S. 57.
8 Pinon, Struggle, S. 295; Sisemore, Lessons, S. 9.
9 Menning, Mahan, S. 137-138; Schimmelpenninck van der Oye, Origins, S. 23-32; Sisemore, Lessons, S. 5-6.
10 Goldfrank, Redux, S. 91; Nish, Yalu, S. 51; Schimmelpenninck van der Oye, Origins, S. 34-38.
11 Chapman, Estimation, S. 20-21; Ferguson, Allies, S. 523-524. Nicht alle britischen Militärs waren skeptisch. Sir Claude MacDonald, der im Zuge des Boxeraufstandes Seite an Seite mit den japanischen Streitkräften gekämpft hatte, befürwortete ein anglo-japanisches Bündnis. Vgl. MacDonald, Detachment Bd. XII, S. 2-20.
12 Sir Ernest Satow, British Minister in Beijing, to Admiral Sir Cyprian Bridge, Commander-in-Chief, China Station, 25 February 1904, Bridge Papers BRI/17, National Maritime Museum, Greenwich. Zitiert nach Ferguson, Allies, S. 525.
13 Captain WC Black, ‘Comments on Colonel Churchill’s Report’, 2 June 1903, DAQMG, WO 106/48, The National Archive. Zitiert nach Ferguson, Allies, S. 526.
14 Hamilton to Lady Hamilton, 28 March 1904, Hamilton Papers 3/2/3, Liddell Hart Centre for Military Archives, King’s College, London. Zitiert nach Ferguson, Allies, S. 527.
15 Hamilton, *Scrap Book*, Bd. 1, 8-10.
16 Diary, 3 November 1904, Hamilton Papers 3/1/4, LHCMA. Zitiert nach: Ferguson, Allies, S. 528.

17 Otte, Fragmenting, S. 96.

18 So wurden in Japan pensionierte Staatsmänner bezeichnet, die unabhängig von dieser Nomenklatur jedoch weiterhin über entscheidenden Einfluss auf die Staatsgeschäfte verfügten.

19 Katsura Tarō den, Bd. 1, S. 1055-1057; Ōyama, Yamagata, S. 196-197.

20 Hara, Takashi nikki, Bd. 2, S. 6; Honda, Tamashii, S. 246-263; Matsumoito, Shizen, S. 657 u. 703.

21 Schimmelpenninck van der Oye, Origins, S. 34-39; Teramoto, Diplomacy, S. 33-34.

22 Sergei Witte machte die Bezobrazovski später für den Ausbruch des Krieges verantwortlich: Lukoianov, Bezobrazovtsky, S. 65.

23 Zur Vita vgl. vgl. Lukoianov, Bezobrazovtsky, S. 67f.

24 Militär-Bericht Nr. 45 der Kaiserlich Deutschen Gesandtschaft in China, Peking, 11. Dezember 1903, BArch MArch RM 5/5763.

25 Lukoianov, Bezobrazovtsky, S. 74-77.

26 Marine Rundschau, Beiheft, S. 1.

27 Für eine detaillierte Übersicht der japanischen Verhandlungsversuche siehe: Asakawa, Conflict, S. 298-348; Chiba, Kōshō, S. 289-321.

28 Botschafter in St. Petersburg, von Alvensleben, an den Reichskanzler von Bülow, St. Petersburg, 24. Dezember 1903, BArch MArch RM 5/5763.

29 Zum Immediatvortrag: Hat der Beginn eines Krieges mit Russland im Laufe des Winters für Japan Vorteile, Berlin, 5. Dezember 1903, BArch MArch RM 5/5763.

30 Militärattaché in Tokyo, von Etzel, Militär-Bericht No. 69/03, Tokyo, 26. November 1903, BArch MArch RM 5/5763.

31 Schimmelpenninck van der Oye, Origins, S. 26.

32 Beillevaire, Impact, S. 129.

33 Jacob, Actions, S. 111-119; Shimazu, Society, S. 36f.

34 Yi, Kankoku, S. 278-291.

35 Kato, Senso, S. 34-75; Shumpei, Oligarchy, S. 63-67.

36 Rey, Japon, S. 612-27.

37 Der japanisch-russische Krieg, in: Münchner Neueste Nachrichten (23. Oktober 1904), BArchB R 8034-II/8170.

38 Militärattaché bei der Kaiserlich deutschen Gesandtschaft, von Etzel, an das Königlich Preussische Kriegsministerium, Berlin, Bericht No. 23./04., Tokyo, 17. März 1904, BArch MArch RM 5/5766.

39 Wolff, Intermediaries, S. 306.

40 Kaiserlich Deutsche Botschaft in Peking an den Reichskanzler von Bülow, Peking, 31. Mai 1904, BArch MArch RM 5/5774.

41 Chinesischer Botschafter in Berlin, Yintchang, an den Kaiserlichen Staatssekretär des Auswärtigen Amtes, Herrn Freiherr von Richthofen, Berlin, 13. Februar 1904, BArch MArch RM 5/5774.

42 Wolff, Intermediaries, S. 306.

43 Chinesischer Botschafter in Berlin, Yintchang, an den Kaiserlichen Staatssekretär des Auswärtigen Amtes, Herrn Freiherr von Richthofen, Berlin, 13. Februar 1904, BArch MArch RM 5/5774.

44 Menning, Mahan, S. 130f.

45 Tägliche Rundschau 393 (23. August 1904), BArchB R 8034-II/8170.

46 Semenoff, Russo-Japanese War, S. 37; Steinberg, Overview, S. 110.

47 Marine Rundschau, Beiheft, S. 164 123A; Goltz, Stellung, S. 192; Menning, Mahan, S. 145; Military Correspondent of The Times, War, S. 89f.

48 Marine Rundschau, Beiheft, S. 64.

49 Marine-Attache für die Nordischen Reiche, Hintze, an den Staatssekretär des Reichs-Marine-Amts-Berlin, St. Petersburg, 20. Juni 1904, BArch MArch RM 5/5766.

50 Verpflegung, in: Vierteljahrshefte für Truppenführung und Heereskunde, S. 657-662.

51 Menning, Mahan, S. 149; Sergeev, Military Intelligence, S. 288-294.

52 Komura Jutarō an Grafen von Arco Valley, Tokyo, 6. Juni 1904, BArch MArch RM 5/5772.

53 Marineattaché bei der deutschen Gesandtschaft, Trummler, an den Staatssekretär des Reichs-Marine-Amts, Tokyo, 20. Februar 1905, BArch MArch RM 5/5772.

54 Marineattaché bei der deutschen Gesandtschaft, Trummler, an seine Majestät den Kaiser und König, Wilhelm II., Bericht No. 10, Tokyo, 9. August 1904, BArch MArch RM 5/5767, S.1.

55 Sergeev, Military Intelligence, S. 299-318.

56 Steinberg, Overview, S. 111; Tettau, Monate, S. 85-106. Vgl. zur Bewertung der angewandten Taktiken im Russisch-Japanischen Krieg auch Buren- und japanische Taktik, in: Der Tag 445 (22. September 1904), BArchB R 8034-II/8170.

57 Tettau, Monate, S. 86.

58 Ebd., S. 90.

59 Ebd.

60 Ebd.

61 Ebd., S. 99.

62 Haldane, Operations, S. 129; Howland, Battle, S. 15-18; Marine Rundschau, Beiheft, S. 100. Pferde waren weniger in der Schlacht von Nutzen, als vielmehr für die Beweglichkeit der Artillerie sowie die Sicherung der Nachschubwege: Berliner Börsen Zeitung 123 (14. März 1905), BArchB R 8034-II/8170; Das japanische Pferd, der Besieger Rußlands, in: Rheinische Volkszeitung 200 (30. August 1904), BArchB R 8034-II/8170; Haldane, Operations, S. 112-116.

63 Norddeutsche Allgemeine Zeitung 202 (28. August1904), BArchB R 8034-II/8170.

64 Vom Kriegsschauplatz in Ostasien, in: Berliner Lokal Anzeiger 468 (5. Oktober 1904), BArchB R 8034-II/8170.

65 Tettau, Monate, S. 296. Für eine detaillierte Beschreibung des Schlachtgeschehens vgl. ebd., S. 295-348.

66 Ebd., S. 297.

67 Ebd., S. 297f.

68 Ferguson, Allies, S. 529; The Historical Section of the Committee of Imperial Defence, History, Bd. 1, S. 16.

69 Völlige Niederlage des Generals Kuropatkin, in: Berliner Lokal Anzeiger 415 (4. September 1904), BArchB R 8034-II/8170.

70 Peters, Krieg, S. 350.

71 Elman, Rise, S. 144.

72 Botschafter in St. Petersburg, von Alvensleben, an Reichskanzler von Bülow, St. Petersburg, 15. Dezember 1903, BArch MArch RM 5/5763.

73 Denkschrift „Die Verwendung der Landungsbateilung der schweren Schiffsartillerie beim Angriff auf Port Arthur“, Kokumin Shimbun, 6.-30. Oktober 1906, BArch MArch RM 5/5771, S.74.

74 Matsukata, Bullets, S. 184.

75 Vizeadmiral Curt von Prittwitz an Wilhelm II., Tschifu, 10. August 1904, BArch MArch RM 5/5774.

76 Sakurai, Bullets, S. 214. Dazu auch: Ebd., S. 217f.

77 Die Lage Port Arthurs verzweifelt, in: Berliner Tageblatt 431 (25. August 1904), BArchB R 8034-II/8170.

78 Bartlett, Port Arthur, liefert eine detaillierte Beschreibung der Belagerung.

79 Verpflegung, in: Vierteljahrshefte für Truppenführung und Heereskunde, S. 664f.

80 Marineattaché für die Nordischen Reiche, Hintze, an den Staatssekretär des Reichs-Marine-Amts-Berlin, St. Petersburg, 11. Januar 1905, BArch MArch RM 5/5769.

81 Oberleutnant zur See Heyne, „Erzählungen von Offizieren über die letzten Tage in Port Arthur“, Tokyo, 9. Januar 1905, BArch MArch RM 5/5769, S. 2-3.

82 Erstürmung des 203-Meter-Hügels vor Port Arthur, in Berliner Lokal Anzeiger 564 (1. Dezember 1904), BArchB R 8034-II/8170; Luntinen/Menning, Navy, S. 244; Matsukata, Bullets, S. 192-194.

83 Das Elend der russischen Offiziere, in: Kleines Journal 336 (3. Dezember 1904), BArchB R 8034-II/8170.

84 Ferguson, Allies, S. 532; Nish, Planning, S. 11-16.

85 Matsukata, Bullets, S. 197-201.

86 Hamilton, Scrap Book, Bd. 2, S. 317.

87 Die größte Schlacht der Weltgeschichte, in: Vossische Zeitung (11. März 1905), BArchB R 8034-II/8170.

88 Lone, Reconsideration, S. 10; Steinberg, Overview, S. 126.

89 Berliner Tageblatt (4. Februar 1905), BArchB R 8034-II/8170.

90 „Wenn Rußland darauf [finanzielle Ende der japanischen Kräfte, Anm. d. Verf.] vor allem baut und seinen Gegner zu ermüden hofft, so täuscht es sich ganz gewiß darin, wie es [das] in so manchem anderen Punkte bei der Einschätzung der Japaner getan hat.“ Der japanische Bauer und der Krieg, in: Bayrische Rundschau 208 (6. September 1904), BArchB R 8034-II/8170.

91 Bird, Lectures, S. 69.

92 Tettau, Monate, S. III-IV.

93 Elman, Rise, S. 157; Rawlinson, Struggle, S. 163-169; The Japan Weekly Mail, 4. August 1894, S. 130f.

94 Lieven/Papastratigakis, Russian Far Eastern Squadron, S. 209f.; Luntinen/Menning, Navy, S. 229. Einen Überblick zur Entwicklung der russischen Flotte liefert Papastragakis, Imperialism.

95 Korvettenkapitän Funke, Notizen aus Erzählungen russischer Offiziere, Tsingtau, 31. August 1904, BArch MArch RM 5/5768, S. 1.

96 Lieven/Papastratigakis, Russian Far Eastern Squadron, S. 223.

97 Abschrift des Marine-Attachés in England an den Staatssekretär des Reichsmarineamts, London, 26. Oktober 1903, BArch MArch RM 5/5763.

98 Marine Rundschau, Beiheft, S. 5.

99 Spance, Emergence, S. 20.

100 Oberstleutnant v. Förster und Hauptmann Hoffmann, Abschrift über das Gefecht von Tschemulpo, Berlin, 14. April 1904, BArch MArch RM 5/5765.

101 Abschrift über den Bericht des Angriffs auf Port Arthur, Berlin, 21. März 1904, BArch MArch RM 5/5777.

102 Geheimer Bericht von Marineattaché in Port Arthur, Hepman, an Seine Majestät den Kaiser und König, Wilhelm II., Port Arthur, 22. April 1904, BArch MArch RM 5/5777, S. 7.

103 Kaiserlich Deutsches Konsulat Moskau, Rechtenberg, an Reichskanzler von Bülow, Moskau, 10. März 1904, BArch MArch RM 5/5765.

104 Die Seeschlacht vom 27. Januar (9.Februar), Nowoje Wremja, 26. Februar/10. März 1904, BArch MArch RM 5/5765.

105 Marine Rundschau, Beiheft, S. 48-50.

106 Ebd., S. 70.

107 Ebd., S. 10.

108 Der Krieg in Ostasien, in: Deutsche Tageszeitung 391 (20. August 1904), BArchB R 8034-II/8170; Immediatvortrag: Russisch-japanischer Krieg, Berlin, den 21. Juni 1904, BArch MArch RM 5/5766; Marine Rundschau, Beiheft, S. 9f.

109 Marineattaché für die Nordischen Reiche, Hintze, an den Staatssekretär des Reichs-Marine-Amts-Berlin, St. Petersburg, 6. April 1904, BArch MArch RM 5/5766, S. 10.

110 Geheimer Bericht von Marineattaché in Port Arthur, Hepman, an Seine Majestät den Kaiser und König, Wilhelm II., Port Arthur, 22. April 1904, BArch MArch RM 5/5777, S. 5

111 Ebd., S.4

112 Geheimer Bericht von Marineattaché in Port Arthur, Hepman, an Seine Majestät den Kaiser und König, Wilhelm II., Port Arthur, 22. April 1904, BArch MArch RM 5/5777, S. 7.

113 Ebd. S.12.

114 E. Schipper an den deutschen Konsul in China, Mororan, 1. Februar 1906, BArch MArch RM 5/5771.

115 Anlage zu A. 180: Aufstellung Minenunfälle und -sichtungen, BArch MArch RM 5/5771.

116 Bericht No. 35, des Marineattaches (graphe) der Deutschen Botschaft in Tokyo, an den Chef des Admiralstabes der Marine, Tokyo, 17. Juni 1907, BArch MArch RM 5/5771.

117 Korvettenkapitän Funke, Notizen aus Erzählungen russischer Offiziere, Tsingtau, 31. August 1904, BArch MArch RM 5/5768, S. 3.

118 Marine Rundschau, Beiheft, S. 45.

119 Die Ausfahrt der baltischen Flotte, in: Vorwärts 215 (13. September 1904), BArchB R 8034-II/8170.
120 Marineattaché für die Nordischen Reiche, Hintze, an Seine Exzellente den Kaiserlichen Admiral, Staatsminister und Staatssekretär, Herrn von Tirpitz, St. Petersburg, 19. August 1904, BArch MArch RM 5/5766, S. 1.
121 Corbett, Operations, S. 27-40.
122 North Sea Incident: International Commission of Inquiry: Despatch from the British Agent Forwarding the Report of the Commissioners, February 1905, BArch MArch RM 5/5778, S. 5.
123 Luntinen/Menning, Navy, S. 247f.
124 Marineattaché für die Nordischen Reiche, Hintze, an den Staatssekretär des Reichs-Marine-Amts-Berlin, St. Petersburg, 25. Mai 1905, BArch MArch RM 5/5769.
125 Marineattaché bei der deutschen Gesandtschaft, Trummler, an seine Majestät den Kaiser und König, Wilhelm II., Bericht No. 35, Tokyo, 17. Juni 1905, BArch MArch RM 5/5770.
126 Zitate, ebd.

2. Hundert Jahre nach Trafalgar: Die Seeschlacht von Tsushima

1 Die Darstellung folgt, sofern nicht anders ausgewiesen, Corbett, Operations, S. 240-311; Luntinen/Menning, Navy, S. 254-257 sowie in erster Linie der zeitgenössischen Darstellung in Hale, Sea Fights.
2 Semenoff, Tsushima, S. 10.
3 Ebd. S. 62-65.
4 Hale, Sea Fights.
5 Chapman, Estimation, S. 42.
6 Berry, Russo-Japanese War, S. 15.
7 U. a. Seppings, Togo, machte den Admiral auch in Großbritannien und der restlichen westlichen Welt bekannt. Das Bild der japanischen Helden nach dem Krieg stand in starkem Kontrast zum früherem Bild der Japaner und anderer Asiaten, vgl. Kowner, Nation, S. 32. Beobachter Frederic Villiers beschreibt die Akuratheit und die Expertise auf der Mikasa, die es mit jedem britischen Schlachtschiff hätte aufnehmen können vgl. Villiers, Port Arthur, S. 68. Als die Rurik gesunken war, versuchten die Japaner die russischen Seeleute zu retten, vgl. Newton, McCully Report, S. 186.
8 Luntinen/Menning, Navy, S. 257; Nish, Planning, S. 18.
9 Partner, Peasants, S. 179f.

3. Ein gekreuztes T und die globalen Folgen

1 Bushkovitch, Far East, S. 352-362; Shites, Representations, S. 396.
2 Scherr, Imagination, S. 425-427; Shites, Representations, S. 398.
3 Ananich, Expenditures, S. 450-452; Bushnell, Specter, S. 334.
4 The Times, 11. März 1905 und 14. März 1905.
5 Gatrell, Tsushima, S. 257.
6 Menning/Steinberg, Lessons, S. 77f.; Schimmelpenninck van der Oye, Rewriting, S. 80. Detaillierte Beschreibungen zur Debatte finden sich in Dyke, Military Doctrine, 131-154; Menning, Bayonets, 200-237.
7 Gatrell, Tsushima, S. 268.
8 Tolstoy's Letter, S. 158. Zur Verarbeitung des Stoffes in der Sowjetunion vgl. Oleiniko, War.
9 Cohen, War Monuments, S. 388.
10 Ansprache Stalins am 22.9.1945, in: Stalin, Krieg, S. 230-232.
11 Komori, Akashi; Futrell, Akashi, S. 7-22.
12 Inaba, Career, S. 17.
13 Kujala, Letters, S. 170f.
14 Akashi Motojiro: Falling Flowers and Flowing Water, Mai 1938, Diplomatisches Archiv des japanischen Verteidigungsministeriums, B12080958600.
15 Kirby, Independence, S. 152.
16 Zur Vita Zilliacus vgl. Kujala, Paris, S. 88-91.
17 Kujala, General Staff, S. 265; Nagaoka, Tokyo, an Akashi Motojir , Militärattaché, Stockholm, 31. August 1904, in: Akashi, Rakka, S. 57.
18 Pavlov, Money, S. 80.
19 Inaba, Politics, S. 71. Dazu ausführlich Jacob, Polen.
20 Akashi, Rakka, S. 27.
21 Bandō, Porandojin.
22 Akashi, Rakka, S. 38; Inaba, Politics, S. 71f.; Kujala, Paris, S. 101; Kujala, General Staff, S. 266.
23 Berton, Enemies, S. 39-41; Kujala, Paris, S. 125; Kujala, General Staff, S. 268.
24 Kujala, Paris, S. 126.
25 Gapon, Story, S. 141f.
26 Zitate: Ebd., S. 150.
27 Vgl. dazu das Revolutionsmodell nach Jacob, Revolutionen.
28 Pavlov, Money, S. 84. Zu den Teilnehmern: Kujala, Paris, S. 150.
29 Kujala, General Staff, S. 277.
30 Ebd., S. 3.
31 Bushnell, Specter, S. 346.
32 Mosolov, Court, S. 6-10.
33 Zitate: Esthus, Nicholas II, S. 396.
34 Ebd., S. 397.
35 Telegramme: Delcassé an Bompard, 12. März 1905 u. Bompard an Delcassé, 13. März 1905, in: Documents Diplomatiques Francais, Bd. 6, S. 192f.
36 Roosevelt an Hay, 2. April 1905, in Morison, Letters, Bd. 4, S. 156-158.

37 Bülow, Memoirs, Bd. 2, S. 147; Okamoto, Oligarchy, S. 111-118.
38 Vernadsky, Source Book, Bd. 3, S. 704.
39 Beispielhaft seien hier für Frankreich Byram, Jap, oder Danrit, L'Invasion, genannt.
40 Beillevaire, Impact, S. 129.
41 Dickinson, War, S. 525.
42 Konishi, World Order, S. 92.
43 Kublin, Socialists, S. 327.
44 Heimin Shimbun 18 (14. März 1904).
45 Shimazu, Society, S. 37f.
46 Sun, Memoirs, S. 65.
47 Podoler/Robinson, Confluence, S. 185.
48 Schichor, Ironies, S. 217.
49 Rodell, Inspiration, S. 630-653.
50 Quincy, Magnanimity, S. 4.
51 Anlage C. zum Monatsbericht des Monats Juli 1905: Die Ereignisse auf dem russisch.japanischen Kriegsschauplatz im Monat Juli, Tsingtau, 4. Juli 1905, BArch MArch RM 5/5770.
52 Menning, Mahan, S. 155.
53 Treaty of Peace Has Been Signed, in: The Herald and News (8. September 1905), S. 1.
54 Peters, Friede, S. 369.
55 Ebd., S. 21.
56 Parsons, Containment, S. 27.
57 Agarwal, Korea, S. 267.
58 Esthus, Agreement, S. 46-51.
59 Thorson, Public Opinion.
60 Zum positiven Japanbild Kennans siehe Kennan, War und Kennan, Naval School.
61 Kennan, Tea-Houses, S. 126. Zu dieser Thematik auch Shimazu, Enemy, S. 370f.
62 Miller, Victory, S. 466-471.
63 Aussichtslose Bemühungen, in: Deutsche Tageszeitung 415 (4. September 1904), BArchB R 8034-II/8170.
64 Rußlands Entschluss zur Durchführung des Krieges, in: Berliner Lokal Anzeiger 430 (13. September 1904), BArchB R 8034-II/8170.
65 Schattenberg, Sprache, S. 11.
66 Trani, Treaty, S. 62. Zur Suche nach einem geeigneten Verhandlungsort vgl. Portsmouth Herald, 7. Juli, 1905.
67 Zu Witte siehe: Harcave, Sergei Witte.
68 Kokovtsov, Past, S. 52f.
69 Lukoianov, Peace, S. 52.
70 Witte, Erinnerungen, S. 239.
71 Schattenberg, Sprache, S. 15.
72 Matsumura, Nichi-Ro sensō, S. 13-15, 40, 110f., 140f., 491. Kentaro, Peril, 641-648. Ähnliche Artikel wurden auch von anderen „prominenten" Japanern verfasst, vgl. etwa Okuma, Problems, S. 161-165.

73 Theodore Roosevelt an Kermit Roosevelt, June 11, 1905, zitiert nach Trani, Treaty, S. 80.
74 Ebd., S. 95f.
75 New York Times, 21. Juli 1905.
76 Trani, Treaty, S. 100.
77 Gaimusho, Komura, Bd. 2, S. 42-44.
78 Saul, Peace, S. 500-502.
79 No Progress is Made by Plenipotentiaries at Peace Conference, in: The San Francisco Call (18. August 1905), S. 3.
80 Lukoianov, Peace, S. 58f.; Trani, Treaty, S. 144.
81 Meyer an Theodore Roosevelt, August 25, 1905, zitiert nach: Trani, Treaty, S. 146.
82 President Tries to Save Conference, in: Daily Press, (23. August 1905), S. 1.
83 Gaimusho, Komura, Bd. 2, S. 107f.
84 Trani, Treaty, S. 156.
85 Ebd.
86 Asada, Balance, S. 1285.
87 Li, Power, S. 5.
88 Russia's Last Word, in: The Semi-Weekly Messenger (29. August 1905), S. 1.
89 This is Basis of Peace Treaty, in: Bismarck Daily Tribune (31. August 1905), S. 1. Eine ganz ähnliche Meldung erschien in: Synopsis of Russo-Japanese Treaty, in: Rock Island Argus (5. September 1905), S. 1.
90 Peace Now Assured, in: The Billings Gazette (1. September 1905), S. 2.
91 Ebd.
92 To Arrange Terms of Armistice Today, in: Bisbee Daily Review (1. September 1905), S. 1.
93 Ebd.
94 The Hawaiian Star (31. August 1905), S. 1.
95 Czar Thanks Roosevelt, in: Bismarck Daily Tribune (31. August 1905), S. 1.
96 The Seattle Republican (8. September 1905), S. 4.
97 Sentiment Against Witte, in: The Bemidji Daily Pioneer (6. Oktober 1905), S. 1. Eine ähnliche Meldung erschien auch im Evening Star: Against Count Witte, in Evening Star (5. Oktober 1905), S. 1.
98 Saul, Peace, S. 498.
99 Wolff, Portsmouth, S. 126.
100 Roosevelt Has Notable Record, in: The Newport Miner (4. März 1909), S. 3. Es wurden sogar Gedichte über den Friedensschluss verfasst, vgl. Metcalfe, Truths. In Portsmouth selbst brachte man unmittelbar nach den Verhandlungen eine Gedenktafel an: To Commemorate the Signing of the Russo-Japanese Peace Treaty, in: Palestine Daily Herald (5. September 1906), S. 7.
101 Theodore Roosevelt an Hay, (26. Juli 1904), zitiert nach: Trani, Treaty, S. 31.
102 Theodore Roosevelt an Spring Rice, 13. Juni 1904, zitiert nach: Trani, Treaty, S. 34. Derartige Äußerungen häuften sich im Laufe des Krieges, vgl.

Roosevelt an Spring Rice, 27. Dezember 1904, in: Morison, Letters, Bd. 4, S. 1084-1088.

103 Roosevelt an Spring Rice, 19. März 1904, in: Morison, Letters, Bd. 5, S. 759-761.

104 Jusserand, Reminiscences, S. 300f.

105 Griffis, Victories, S. 5.

106 Peters, Friede, S. 367.

107 Peters, Krieg, S. 350.

108 Peters, Friede, S. 367.

109 Ebd.

110 Katō, Russo-Japanese War, S. 98.

111 Will Hear China's Protests, in: The Sun (12. November 1905), S. 10.

112 Shimazu, Society, S. 44.

113 Not in Shape to Insist, in: The Bemidji Daily Pioneer (6. September 1905), S. 1. Denison war auch einer derjenigen, die mit der der japanischen Friedensdelgation nach Abschluss des Vertrags nach Japan reiste, vgl. No Demonstration When Treaty Reached Japan, in: The Times Dispatch (6. Oktober 1905), S. 1.

114 Esthus, Roosevelt, S. 112-127.

115 Matsui, Agreement, S. 36; Trani, Treaty, S. 159.

116 Zu den Ansichten beider vgl. Mahan, Influence u. Corbett, Classics.

117 Spance, Emergence, S. 2.

118 Roosevelt an Spring-Rice, 16. Juni 1905, zitiert nach: Chapman, Estimation, S. 44.

119 Tovy/Halevy, Cold War, S. 145.

120 Admiral Tomioka Sadatoshi spricht vom Konzept des „bregrenzten Krieges“, siehe: Ikeda Strategy, S. 125-146, hier 144.

121 Peters, Deutschland, S. 340-342.

122 Long, Relations, S. 233.

123 Lepsius, Große Politik (im Folgenden GP), Nr. 5920, Aufzeichnung des Vortragenden Rats im Auswärtigen Amt, von Holstein, Berlin, 24. März 1902.

124 GP, Nr. 5921, Aufzeichnung des Vortragenden Rats im Auswärtigen Amt, von Holstein, Berlin, 12. Juli 1902.

125 GP, Nr. 5927, Der Stellvertretende Staatssekretär des Auswärtigen Amtes von Mühlberg an den Gesandten in Tokyo, Grafen von Arco, Berlin, 26. Oktober 1903.

126 GP, Nr. 5928, Der Stellvertretende Staatssekretär des Auswärtigen Amtes von Mühlberg an den Gesandten in Tokyo, Grafen von Arco, Berlin, 27. Oktober 1903.

127 GP, Nr. 5929, Der Botschafter in Petersburg Graf von Alvensleben an den Reichskanzler, Grafen von Bülow, St. Petersburg, 20. Dezember 1903.

128 Ebd.

129 GP, Nr. 5937, Der Gesandte in Tokyo, Graf von Arco an das Auswärtige Amt, Tokyo, 13. Januar 1904.

130 GP, Nr. 5943, Aufzeichnung des Reichskanzlers, Grafen von Bülow, Berlin, 16. Januar 1904.

131 GP, Nr. 5944, Aufzeichnung des Vortragenden Rats im Auswärtigen Amt, von Holstein, Berlin, 16. Januar 1904.
132 GP, Nr. 5961, Aufzeichnung des Reichskanzlers, Grafen von Bülow, Berlin, 14. Februar 1904.
133 GP, Nr. 5992, Der Botschafter in Washington, Freiherr Speck von Sternburg an das Auswärtige Amt, Washington, 21. März 1904.
134 GP, Nr. 6028, Der Botschafter in Paris, Fürst von Radolin an den Reichskanzler, Grafen von Bülow, Paris, 28. Februar 1904.
135 GP, Nr. 6029, Der Botschafter in London, Graf von Metternich an den Reichskanzler, Grafen von Bülow, Linden, 14. März 1904.
136 GP, Nr. 6034, Kaiser Nikolaus II. von Rußland an Kaiser Wilhelm II., Tsarskoe Selo, 1. Juni 1904.
137 GP, Nr. 6037, Kaiser Wilhelm II. an Kaiser Nikolaus II. von Rußland, Neues Palais, 12. Juni 1904.
138 GP, Nr. 6038, Aufzeichnung des Reichskanzlers, Grafen von Bülow, z.Z. in Kiel, Kiel, 26. Juni 1904.
139 Ebd.
140 Ebd.
141 GP, Nr. 6043, Der Reichskanzler, Graf von Bülow, z.Z. in Norderney, an Kaiser Wilhelm II., Norderney, 15. Juli 1904.
142 GP, Nr. 6053, Der Reichskanzler, Graf von Bülow, z.Z. in Norderney, an das Auswärtige Amt, Norderney, 9. September 1904. Die Schwächung Japans war aus deutscher Sicht von Vorteil, da eine solche Entwicklung die Möglichkeiten der eigenen Expansion in Ostasien erweitern hätte.
143 GP, Nr. 6079, Der Gesandte in Tokyo, Graf von Arco an das Auswärtige Amt, Tokyo, 20. September 1904.
144 GP, Nr. 6080, Der Reichskanzler, Graf von Bülow, z. Zt. in Homburg v.d.H., an das Auswärtige Amt, Homburg v.d.H., 23. September 1904.
145 GP, Nr. 6081, Der Reichskanzler, Graf von Bülow, z.z. in Homburg v.d.H., an das Auswärtige Amt, Homburg v.d.H., 25. September 1904.
146 GP, Nr. 6125, Der Reichskanzler, Graf von Bülow an Kaiser Wilhelm II., Berlin, 16. November 1904.
147 GP, Nr. 6126, Kaiser Wilhelm II., z.Z. in Gr.-Strehlitz, an den Reichskanzler, Grafen von Bühlow, Gr. Strehlitz, 23. November 1904.
148 GP, Nr. 6127, Der Reichskanzler, Graf von Bülow an Kaiser Wilhelm II., z.Z. in Moscheen bei Kujau (Oberschlesien), Berlin, 24. November 1904.
149 GP, Nr. 6146, Kaiser Wilhelm II. an den Reichskanzler, Grafen von Bülow, 28. Dezember 1904.
150 GP, Nr. 6167, Aufzeichnung des Reichskanzlers, Grafen von Bülow, Berlin, 2. November 1904.
151 GP, Nr. 6174, Kaiser Wilhelm II. an Kaiser Nikolaus II. von Rußland, Potsdam, 19. November 1904.
152 GP, Nr. 6178, Der Reichskanzler, Graf von Bülow an Kaiser Wilhelm II., Berlin, 26. Dezember 1904.
153 GP, Nr. 6180, Kaiser Wilhelm II. an Kaiser Nikolaus II. von Rußland, Berlin, 2. Januar 1905.

154 GP, Nr. 6198, Der Botschafter in Paris, Fürst Radolin an den Reichskanzler, Fürsten von Bülow, Paris, 25. Juli 1905.

155 GP, Nr. 6202, Der Reichskanzler Fürst von Bülow, z.Z. in Norderney, an das Auswärtige Amt, Norderney, 20. Juli 1905.

156 GP, Nr. 6206, Der Reichskanzler, Fürst von Bülow, z.Z. in Norderney, an das Auswärtige Amt, Norderney, 22. Juli 1905.

157 GP, Nr. 6207, Der Vortragende Rat im Auswärtigen Amt, von Holstein an den Reichskanzler, Fürsten von Bülow, z.Z. in Norderney, Berlin, 22. Juli 1905.

158 GP, Nr. 6215, Der Reichskanzler Fürst von Bülow, z.Z. in Norderney, an das Auswärtige Amt, Norderney, den 24. Juli 1905. Eine Abschrift des Abkommens im Wortlaut findet sich in: GP, Nr. 6218, Der Rat im Kaiserlichen Gefolge, Gesandter von Tschirschky an den Reichskanzler, Fürsten von Bülow, z.Z. in Norderney, Björkoe, an Bord S.M.Y. „Hohenzollern", 24. Juli 1905.

159 GP, Nr. 6220, Kaiser Wilhelm II., z.Z. in Wisby, an den Reichskanzler, Fürsten von Bülow, z.Z. in Norderney, Wisby, 25. Juli 1905.

160 Ebd.

161 Ebd.

162 Ebd.

163 GP, Nr. 6227, Aufzeichnung des Vortragenden Rats im Auswärtigen Amt, von Holstein, Berlin, 28. Juli 1905.

164 GP, Nr. 6229, Der Reichskanzler, Fürst von Bülow, z.Z. in Norderney, and das Auswärtige Amt, Norderney, 30. Juli 1905.

165 GP, Nr. 6237, Kaiser Wilhelm II., z.Z. in Wilhelmshöhe, an den Reichskanzler, Fürsten von Bülow, z.Z. in Norderney, 11. August 1905.

166 GP, Nr. 6247, Kaiser Nikolaus II. von Rußland an Kaiser Wilhelm II., z.Z. in Glücksburg, Peterhof, 7. Oktober 1905.

167 Seligman, Germany, S. 118.

168 Sheffy, Model, S. 256.

169 London, Officers, S. 41; The Wisdom of the East, in: Punch (16. März 1904).

170 Eberspaecher, Road, S. 293.

171 Wright, Spark, S. 598. Kuropatkin hatte als einer der wenigen Vertreter auf russischer Seite bereits vor dem Krieg vor dem Potential der Japaner gewarnt: Kuropatkin, Army, Bd. 1, S. 241, bestätigt, dass die Japaner wesentlich besser ausgebildet waren. Vgl. dazu auch: Hirono, Kuropatkin.

172 GP, Nr. 6188, Der Reichskanzler, Graf von Bülow an den Gesandten in Tokyo, Grafen von Arco, Berlin, 14. März 1905.

173 Marineattaché für die nordischen Reiche, Hintze, an den Staatssekretär des Reichs-Marine-Amts, Berlin, St. Petersburg, 29. Dezember 1903, BArch MArch RM 5/5763, S. 1-2.

174 Ebd., S. 5.

175 Chef des Generalstabes der Armee, Schlieffen, an den Kaiserlichen Vize-Admiral und Chef des Admiralstabes der Marine, Büchsel, Berlin, 28. Januar 1904, BArch MArch RM 5/5777.

176 Wilhelm II., Anweisung für die zum Hauptquartier der russischen oder japanischen Streitkräfte entsandten Seeoffiziere, Berlin, 13. Februar 1904, BArch MArch RM 5/5772.

177 Ebd. Wilhelm war beispielsweise auch vom Kommando der Marinestation der Nordsee gebeten worden, Informationen zu beschaffen: „Bei dem grossen Interesse, welches die Seeoffiziere den kriegerischen Vorgängen in Ostasien [...] naturgemäss entgegenbringen, wird es mit Bedauern von ihnen empfunden, dass sie von jenen Ereignissen nur durch Zeitungsnachrichten Kenntnis erhalten, die bekanntlich lückenhaft sind und nicht auf authentischen Quellen beruhen. Ich halte es für sehr wichtig und zweckdienlich, dass den Offizieren Gelegenheit geboten wird, die Massnahmen der Kriegführenden, die stattgefunden Gefechte u.s.w. vom Standpunkte der deutschen Seeoffiziere beleuchtet zu sehen, und zu erfahren, was die Befehlshaber unserer an Ort und Stelle befindlichen Schiffe als Augenzeugen oder nach authentischen Quellen berichten." Kommando der Marinestation der Nordsee an den Chef des Admiralstabes der Marine, Wilhelmshaven, 28. Februar 1904, BArch MArch RM 5/5777 Dazu auch: Steinberg, Germany, S. 1969.

178 Towle, Defence, S. 113.

179 Marineattaché für die Nordischen Reiche, Hintze, an den Staatssekretär des Reichs-Marine-Amts-Berlin, St. Petersburg, 1. April 1904, BArch MArch RM 5/5766, S. 1.

180 Ebd., S. 3.

181 Ebd., S. 4.

182 Ebd., S. 5.

183 Ebd., S. 6.

184 Ebd.

185 Die Niederlage der Russen, in: Frankfurter Zeitung (6. Mai 1904), BArchB R 8034-II/8169.

186 Die gelbe Gefahr, in: Deutsche Tageszeitung 115 (18. Mai 1904), BArchB R 8034-II/8169.

187 Ebd.

188 Marine Rundschau, Beiheft, S. 94.

189 Das Elend der russischen Offiziere, in: Kleines Journal 336 (3. Dezember 1904), BArchB R 8034-II/8170.

190 Berliner Lokal Anzeiger 400 (26. August 1904), BArchB R 8034-II/8170; Das Aussehen des russischen Soldaten, in: Hamburger Courier 500 (4. November 1904), BArch R 8034-II/8170; Das Elend der russischen Offiziere, in: Kleines Journal 336 (3. Dezember 1904), BArchB R 8034-II/8170; Die Zustände in der russischen Armee, in: Vossische Zeitung 248 (27. Mai 1905), BArchB R 8034-II/8170; Airapetov, Army, S. 164-169; Der Ausgang des Krieges stimulierte jedoch nicht nur Diskussionen über strategische Aspekte, sondern beispielsweise auch über die psychologische Versorgung traumatisierter Soldaten, vgl. Plamper, Fear S. 261.

191 Janson, Zusammenwirken; Lothes, Flottenstützpunkte; Polmann, Küstenkrieg; Reventlow, Krieg. Zu Hopman, siehe: Hopman, Logbuch u. Epkenhans, Leben.

192 Eberspaecher, Road, S. 304.
193 United States War Department. General Staff, Office of the Chief of Staff (Military Information) Division, Reports of Military Observers Attached to the Armies in Manchuria, 5 parts (Washington: GPO, 1906-1907).
194 Snyder, Ideology.
195 Cox, Aphorisms, S. 396f. Zum Einfluss auf die deutschen Militärkreise siehe u.a. Wallach, Theories, 36f.
196 Bericht Bonsart von Schellendorfs, Major im grossen Generalstabe, Schettnienen, 14. Juli 1905, BArch MArch RM 5/5773.
197 Ebd. Hervorhebung im Original.
198 Ebd. Hervorhebung im Original.
199 Kaiserlich Deutsches Generalkonsulat für China, Dr. Knappe, an den Reichskanzler von Bülow, Shanghai, 17. Dezember 1904, BArch MArch RM 5/5775.
200 Marineattaché für die Nordischen Reiche, Hintze, an den Staatssekretär des Reichs-Marine-Amts, Berlin, St. Petersburg, 14. Juli 1905, BArch MArch RM 5/5769.
201 Ebd.
202 Ebd.
203 Schiffsverluste im russisch-japanischen Kriege, 1904/05, Anlage zum Lieferformular Kriegsschiffe in Ostasien, 23. Juni 1905, BArch MArch RM 5/5770.
204 Kaiserlich Deutsche Gesandtschaft, von Mumm, an Reichskanzler, von Bülow, Peiteiho, 20. August 1905, BArch MArch RM 5/5768.
205 Ebd.
206 Der Kampf um die Seeherrschaft, Sonderabdruck aus *Marine-Rundschau*, 1. Heft, 1906, BArch MArch RM 5/5771, S. 513.
207 Militärbericht No. 18/06 des Militärattachés der Kaiserlich Deutschen Gesandtschaft in Tokyo, Major v. Etzel, an das Königlich Preußische Kriegsministerium, Berlin, Tokyo, 25. Februar 1906, BArch MArch RM 5/5771. Ähnlich auch: Marineattaché bei der japanischen Gesandtschaft, Trummler, an seine Majestät den Kaiser und König, Wilhelm II., Tokyo, 28. Dezember 1904, BArch MArch RM 5/5769.
208 Geheimes Schreiben von der Kaiserlichen Werft Kiel, Scheibe, an den Staatssekretär des Reichs-Marine-Amts, Berlin, Kiel, 28. Juni 1906, BArch MArch RM 5/5771, S. 1-5.
209 Vortrag des Kollegienrats Dr. Splett in der Sitzung des Marineärztlichen Vereins, 25. Oktober 1904, BArch MArch RM 5/5769, S. 3.
210 Ebd. S. 4-8.
211 Ebd., S. 11.
212 Wrangel, Cavalry, S. 1.
213 Ebd., S. 55.
214 Marineattaché bei der japanischen Gesandtschaft, Trummler, an seine Majestät den Kaiser und König, Wilhelm II., Bericht No. 25, Tokyo, 24. Januar 1905, BArch MArch RM 5/5769.
215 Ebd.
216 Ebd.

217 Falkenhausen, Angriff, S. 386.
218 Ebd., S. 392.
219 Ebd., S. 408 u. 411.
220 Ebd., S. 413.
221 Seligman, Germany, S. 117.
222 Zu einer Übersicht des Diskussionsverlaufes siehe in chronologischer Abfolge: Zuber, Schlieffen Plan; Holmes, March; Zuber, Terence Holmes; Holmes, Thing; Zuber, Again; Holmes, Asking; Zuber, Orphan.
223 Zuber, Schlieffen Plan, S. 5. Die Arbeit wurde als Doktorarbeit an der Universität Würzburg eingereicht und angenommen. Es muss bezweifelt werden, dass der Gutachter dieser Arbeit mit dem umfassenden Quellenbestand zum Themenkomplex Schlieffen-Plan vertraut gewesen ist. Andernfalls wäre davon auszugehen, dass bewusst eine Arbeit apologetischer Natur mit dem Doktortitel gewürdigt worden ist, was einen noch wesentlich bedenklicheren Tatbestand darstellen würde.
224 Zuber, Schlieffen Plan, S. 213.
225 Zuber, War Plan, S. 16.
226 Ebd., S. 27.
227 Ebd.
228 So z. B. Ehlert, Introduction, S. 9; Foley, Schlieffen Plan, S. 68; Mombauer, Moltke Plan, S. 57.
229 Foley, Schlieffen Plan, S. 73.
230 Gross, Schlieffen Plan, S. 86.
231 Foley, Schlieffen Plan, S. 73 u. 76; Gross, Schlieffen Plan, S. 86 u. 111.
232 Mombauer, Moltke Plan, S. 54.
233 Foley, Schlieffen Plan, S. 74f. Die deutschen Berichte, Otto von Lauesten, Report, 10. December 1905, BArch MArch, PH3/653; Berichte über den russisch-japanischen Krieg, BArch MArch, PH3/653, sind jedoch vernichtend, wenn es um die Beurteilung der russischen Truppe geht.
234 Kusber, Forces, S. 248.
235 Foley, Schlieffen Plan, S. 76-78.
236 Gross, Schlieffen Plan u. Mombauer, Moltke Plan. Ungeachtet dessen waren allerdings alle Kriegspläne der europäischen Mächte sehr offensiv ausgerichtet, vgl. Ordner, Aufmarschpläne.
237 Gross, Schlieffen Plan, S. 97.
238 Mombauer, Moltke Plan, S. 55.
239 Ebd., S. 50.
240 GP, Nr. 6031, Aufzeichnungen des Vortragenden Rats im Auswärtigen Amt, Fürsten von Lichnowsky, Berlin, 19. April 1904.
241 GP, Nr. 6032, Der Chef des Generalstabs der Armee, General der Kavallerie Graf von Schlieffen an den Reichskanzler, Grafen von Bülow, Berlin, 20. April 1904.
242 Ebd.
243 GP, Nr. 6194, Der Reichskanzler Graf von Bülow, an den Chef des Generalstabs der Armee, General der Kavallerie Grafen von Schliefen, Berlin, 4. Juni 1905.

244 GP, Nr. 6195, Der Chef des Generalstabs der Armee, General der Kavallerie Graf von Schliefen an den Reichskanzler, Fürsten von Bülow, Berlin, 10. Juni 1905.

245 Ebd.

4. Ein vergessener Mythos

1 Martynov, Russko-Iaponskoi voiny.

2 Neznamov, Russko-Japonskoi. Siehe dazu auch: Kipp, Soviet Military Doctrine, S. 93 und Kokoshin, Soviet Strategic Thought, S. 27.

3 Kusber, Publizistik, S.217 und S. 234.

4 Levitskii, Russko-Iaponskaia voina und Svechin, Strategiia.

5 Ansprache Stalins am 22.9.1945, in: Stalin, Vaterländischen Krieg, S. 230-232.

6 Dazu ausführlich mit Auflistung entsprechender Publikationen: Schimmelpenninck van der Oye, Rewriting, S. 81. Dieser Trend dürfte sich aufgrund der neuen politischen Maßgaben an die russische Geschichtsschreibung in der Ära Putin fortsetzen, wobei der wissenschaftliche Wert solcher Darstellungen durchaus offen bezweifelt werden sollte.

7 Siehe dazu ausführlich: Bartlett, Japonisme; Heldt, Russian Literature; Wells, Russo-Japanese War.

8 Around us, it is calm; Hills are covered by mist, / 1. Suddenly, the moon shines through the clouds, / Graves hold their calm. / The white glow of the crosses — heroes are asleep. / The shadows of the past circle around, / Recalling the victims of battles. / 2. Dear mother is shedding tears, / The young wife is weeping, / All like one are crying, / Cursing fate, cursing destiny! / 3. Around us, it's calm; The wind blew the fog away, / Warriors are asleep on the hills of Manchuria / And they cannot hear the Russian tears. / Let sorghum's rustling lull you to sleep, / Sleep in peace, heroes of the Russian land, / Dear sons of the Fatherland. / 4. Dear mother is shedding tears, / The young wife is weeping, / All like one are crying, / Cursing fate, cursing destiny! / 5. You fell for Russia, perished for Fatherland, / Believe us, we shall avenge you / And celebrate a bloody wake!

9 Iwamoto, Emperor Meiji, S. 39-43.

10 Thorson, Pacific Northwest Opinion, S. 305.

11 Cassell's History of the Russo-Japanese War.

12 Beispielhaft Baring, Russians u. Earl Brooke, Eye-Witness.

Abbildungen

1 *Japanische Soldaten auf dem Weg zur Front, aufgenommen während der Mittagspause.*

2 *Straßenszene in Tokio während des Krieges mit Russland.*

3 Russische Truppen in der Mandschurei und das Kamerateam des französischen „Petit Journal", Le Petit Journal vom 5. Juni 1904.

4 Darstellung eines japanischen Angriffes auf eines der russischen Forts im Zuge der Belagerung Port Arthurs 1904/05.

5 *Das russische Überlegenheitsgefühl wurde in Karikaturen wie dieser ausgedrückt. Die Flotte des Zaren würde dem Feind eine blutige Nase bescheren. Die tatsächlichen Ereignisse zeigten jedoch genau das Gegenteil.*

6 *Die Zerstörung russischer Kriegsschiffe in der Schlacht von Port Arthur, wie sie auf zeitgenössischen japanischen Farbholzschnitten dargestellt wurde.*

7-8 *Der Kreuzer Varjag (Stapellauf 1899) vor und nach der Schlacht von Chemulpo (1904).*

9 Ansicht des Hafens von Port Arthur mit versenkten russischen Schiffen (1904).

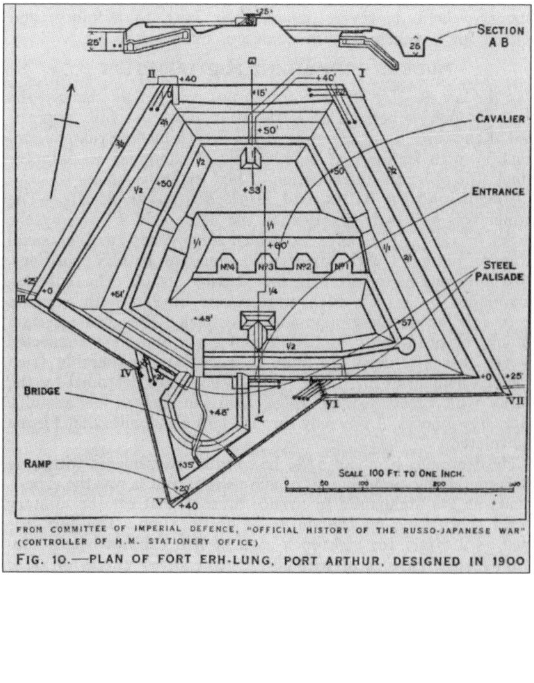

FROM COMMITTEE OF IMPERIAL DEFENCE, "OFFICIAL HISTORY OF THE RUSSO-JAPANESE WAR" (CONTROLLER OF H.M. STATIONERY OFFICE)

FIG. 10.—PLAN OF FORT ERH-LUNG, PORT ARTHUR, DESIGNED IN 1900

10 Grundriss eines der Forts, das zum Verteidigungsring um Port Arthur gehörte.

11 *Photographie russischer Verteidiger Port Arthurs hinter den Leichen der japanischen Angreifer.*

12 *Nach langer Belagerung kapitulierte die Besatzung von Port Arthur. Die Geschütze der Verteidiger fielen dadurch in japanische Hände.*

13 Japanische 25-Zentimeter-Haubitze im Einsatz.

14 Japanische Schiffsartillerie während einer Beschussübung.

15 Admiral Tōgō Heihachirō (1848-1934).

16 Admiral Zinovij Petrovič Rožestvenskij (1848-1909).

17 Das russische Schlachtschiff Borodino (Stapellauf 1901).

18 *Der japanische Kreuzer Tsushima (Stapellauf 1902).*

19 *Das Schlachtschiff Peresvet (Stapellauf 1898) zerstört im Hafen von Port Arthur.*

20 *Die Schäden am Kreuzer Oleg (Stapellauf 1903), der nach der Seeschlacht von Tsushima in Manila interniert wurde.*

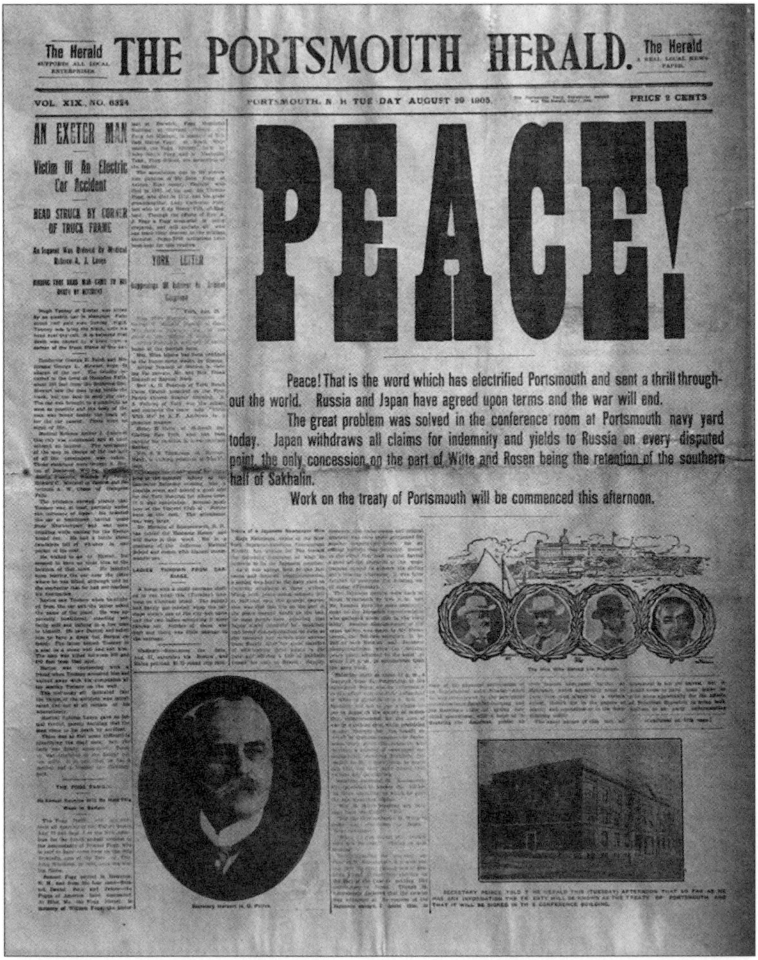

The Herald

THE PORTSMOUTH HERALD.

The Herald

PRICE 2 CENTS

AN EXETER MAN

Victim Of An Electric Car Accident

HEAD STRUCK BY CORNER OF TRUCK FRAME

YORK LETTER

PEACE!

Peace! That is the word which has electrified Portsmouth and sent a thrill throughout the world. Russia and Japan have agreed upon terms and the war will end.

The great problem was solved in the conference room at Portsmouth navy yard today. Japan withdraws all claims for indemnity and yields to Russia on every disputed point, the only concession on the part of Witte and Rosen being the retention of the southern half of Sakhalin.

Work on the treaty of Portsmouth will be commenced this afternoon.

21 *„Frieden!" verkündete die Schlagzeile des Portsmouth Herald am 29. August 1905.*

22 *Gedenkstein für die russischen Seeleute in Shanghai, einem ihrer Internierungshäfen.*

23 *Der russische Kreuzer Aurora (Stapellauf 1900) dient heute als Museumsschiff in St. Petersburg.*

24 *Das Flagschiff Admiral Tōgōs, die Mikasa (Stapellauf 1902), sank wenige Tage nach dem Ende des Russisch-Japanischen Krieges, als das Munitionsdepot explodierte. Nach Wiederinstandsetzung blieb es bis 1923 in Dienst. Noch im selben Jahr wurde es in Yokusuka geankert und zu einer Gedenkstätte umgewandelt.*

Karten

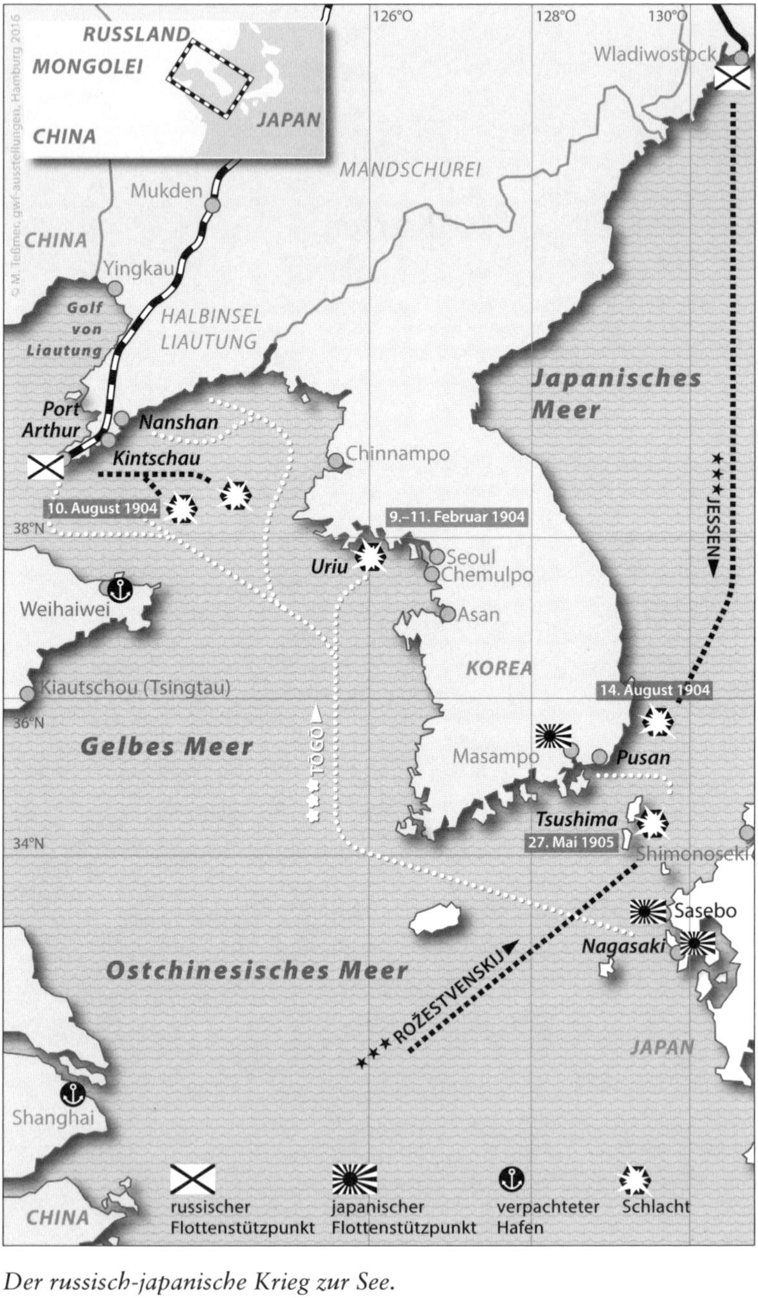

Der russisch-japanische Krieg zur See.

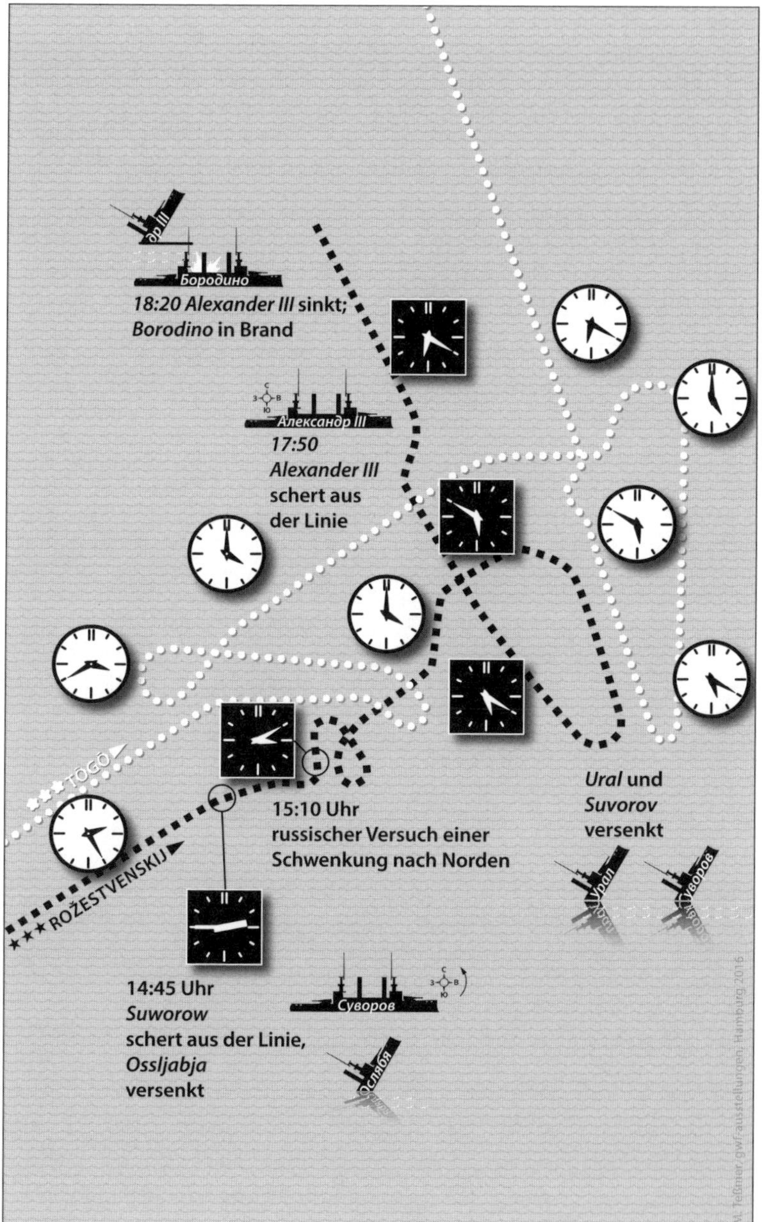

Die Seeschlacht von Tsushing am 18. Mai 1905.

Quellen- und Literaturverzeichnis

Ungedruckte Quellen

Bundesarchiv Berlin

BArchB R 8034-II/8169.
BArchB R 8034-II/8170.
BArchB R8034-II/8171.

Bundesarchiv, Militärarchiv Freiburg

BArch MArch RM 5/5763.
BArch MArch RM 5/5764.
BArch MArch RM 5/5765.
BArch MArch RM 5/5766.
BArch MArch RM 5/5767.
BArch MArch RM 5/5768.
BArch MArch RM 5/5769.
BArch MArch RM 5/5770.
BArch MArch RM 5/5771.
BArch MArch RM 5/5772.
BArch MArch RM 5/5773.
BArch MArch RM 5/5774.
BArch MArch RM 5/5775.
BArch MArch RM 5/5777.
BArch MArch RM 5/5778.

Diplomatisches Archiv des Japanischen Außenministeriums

B12080958600.

Zeitungen

Albuquerque Evening Citizen
Bayrische Rundschau
Berliner Blatt
Berliner Lokal Anzeiger
Berliner Tageblatt
Bisbee Daily Review
Bismarck Daily Tribune
Daily Press

Der Tag
Deutsche Tageszeitung
Deutsche Zeitung
Evening Star
Frankfurter Zeitung
Hamburger Courier
Hamburger Nachrichten
Neue Freie Presse
The Japan Weekly Mail
Kleines Journal
Marine-Rundschau
Münchner Neueste Nachrichten
New-York Tribune
Norddeutsche Allgemeine Zeitung
Palestine Daily Herald
Punch
Rheinische Volkszeitung
Rock Island Argus
San Francisco Examiner
Schlesische Zeitung
Tägliche Rundschau
The Bemidji Daily Pioneer
The Billings Gazette
The Cairo Bulletin
The Calumet News
The Citizen
The Hawaiian Star
The Herald and News
The Newport Miner
The Roswell Daily Record
The San Francisco Call
The San Juan Islander
The Seattle Republican
The Semi-Weekly Messenger
The Sun
The Sunday Star
The Times Dispatch
The Topeka State Journal
Vorwärts
Vossische Zeitung

Literatur

A British Officer: The Literature of the Russo-Japanese War, I, in: The American Historical Review 16:3 (1911), S. 508-528.

Agarwal, B. S.: Korea as an Epicentre of Northeast Asian Power Politics: A Historical and Geopolitical Perspective, in: The Indian Journal of Political Science 67:2 (2006), S. 261-278.

Airapetov, Oleg R.: The Russian Army's Fatal Flaws, in: Steinberg, John W. u. a. (Hg.): The Russo-Japanese War in Global Perspective. World War Zero Bd. 1, History of Warfare Bd. 29. Leiden u. a. 2005, S. 157-177.

Akashi Motojirô, Rakka ryûsui, in: Akashi Motojirô: Rakka ryûsui. Colonel Akashi's Report on His Secret Cooperation with the Russian Revolutionary Parties during the Russo-Japanese War, üs. von Inaba Chiharu und hg. v. Olavi K. Fält und Antti Kujala, Helsinki, 1988, S. 23-67.

Altieri, Riccardo u. Jacob, Frank: Einleitung: Die Russische Revolution und ihre Bedeutung, in: Altieri, Riccardo u. Jacob, Frank (Hg.): Die Geschichte der Russischen Revolutionen: Erhoffte Veränderung, erfahrene Enttäuschung, gewaltsame Anpassung. Bonn 2015, S. 7-27.

Ananich, Boris: Russian Military Expenditures in the Russo-Japanese War, 1904-5, in: Steinberg, John W. u. a. (Hg.): The Russo-Japanese War in Global Perspective. World War Zero Bd. 1, History of Warfare Bd. 29. Leiden u. a. 2005, S. 449-464.

Asada Masafumi: The China-Russia-Japan Military Balance in Manchuria, 1906–1918, in: Modern Asian Studies 44:6 (2010), S. 1283-1311.

Asakawa Kan'ichi: The Russo-Japanese Conflict: Its Causes and Issues. Boston u. a. 1904.

Ascher, Abraham: The Revolution of 1905. Russia in Disarray. Stanford 1988.

Ashmead-Bartlett, Ellis: Port Arthur: The Siege and Capitulation. Edinburgh/London 1906.

Asiaticus: Reconnaissance in the Russo-Japanese War. London 1908.

Auslin, Michael R.: Japanese Strategy, Geopolitics and the Origins of the War, 1792-1895, in: Steinberg, John W. u. a. (Hg.): The Russo-Japanese War in Global Perspective. World War Zero Bd. 1, History of Warfare Bd. 29. Leiden u. a. 2005, S. 3-21.

Bandō Hiroshi: Porandojin to Nichi-Ro Sensō (Die Polen und der Russisch-Japanische Krieg). Tokio 1995.

Baring, Marice: With theRussians in Manchuria. London 1906.

Bartlett, Rosamund: Japonisme and Japanophobia: The Russo-Japanese War in Russian Cultural Consciousness, in: Russian Review 67:1 (2008), S. 8-33.

Beillevaire, Patrick: The Impact of the War on the French Political Scene, in: Kowner, Rotem (Hg.): The Impact of the Russo-Japanese War. London u. a. 2007, S. 124-136.

Berry, Michael: The Russo-Japanese War: How Russia Created the Instrument of their Defeat, Masterarbeit, United States Marine Corps Command and Staff College. Quantico, Virginia 2008.

Berton, Peter: From Enemies to Allies: The War and the Russo-Japanese Relations, in: Kowner, Rotem (Hg.): The Impact of the Russo-Japanese War. London u.a. 2007, S. 78-87.

Betts, T. J.: The Strategy of Another Russo-Japanese War, in: Foreign Affairs 12:4 (1934), S. 592-603.

Bird, Wilkinson D.: Lectures on the Strategy of the Russo-Japanese War. London 1909.

British Assistance to the Japanese Navy during the Russo-Japanese War of 1904-5, in: The Great Circle 2:1 (1980), S. 44-54.

Brooke, Leopold: An Eye-Witness in Manchuria. London 1905.

Buchanan, Daniel C.: Washington's Cherry Blossoms, in: The Far Eastern Quarterly 10:1 (1950), S. 68.

Bülow, Bernhard: Memoirs of Prince von Bülow, 4 Bde. Boston 1931.

Bushkovitch, Paul: The Far East in the Eyes of the Russian Intelligentsia, 1830-1890, in: Steinberg, John W. u.a. (Hg.): The Russo-Japanese War in Global Perspective. World War Zero Bd. 1, History of Warfare Bd. 29. Leiden u.a. 2005, S. 349-363.

Bushnell, John: The Specter of Mutinous Reserves: How the War Produced the October Manifesto, in: Steinberg, John W. u.a. (Hg.): The Russo-Japanese War in Global Perspective. World War Zero Bd. 1, History of Warfare Bd. 29. Leiden u.a. 2005, S. 333-348.

Byram, Léo: Petit Jap deviendra grand! Paris 1908.

Cassell's History of the Russo-Japanese War, 5 Bde. London u. New York 1904-1905.

Chang, Sung-Hwan: Russian Designs on the Far East, in: Hunczak, Tara (Hg.): Russian Imperialism from Ivan the Great to the Revolution. New Jersey 1974, S. 299-322.

Chapman, John: British Naval Estimation of Japan and Russia, 1894-1905, in: On the Periphery of the Russo-Japanese War, Part I, Suntory Center Discussion Paper No. IS/04/475 (April 2004), S. 17-55.

Chiba Isao: Nichiro Kōshō – Nichiro Kaisen Gen'in no Saikentō (Russisch-Japanische Verhandlungen: Eine Neubewertung der Gründe für den Ausbruch des Russisch-Japanischen Krieges, in: Kindai Nihon Kenkyūkai (Hg.) Hikaku no naka no kindai Nihon shisō (Die Ideen des Modernen Japan im Vergleich). Tokio 1996, S. 289-321.

Cloman, Sydney: The Circum-Baikal Railroad, in: Journal of the United States Infantry Association 2 (1906), http://www.russojapanesewar.com/railroad.html (acc. 25.6.2015). Cohen, Aaron J.: Long Ago and Far Away: War Monuments, Public Relations, and the Memory of the Russo-Japanese War in Russia, 1907-14, in: The Russian Review 69 (2010), S. 388-411.

Corbett, Julian S.: Maritime Operations in the Russo-Japanese War, 1904-1905, 2 Bde. Annapolis 2015 [1914/15].

Cox, Gary P.: Of Aphorisms, Lessons, and Paradigms: Comparing the British and German Official Histories of the Russo-Japanese War, in: The Journal of Military History 56:3 (1992), S. 389-402.

Crowley, David: Seeing Japan, Imagining Poland: Polish Art and the Russo-Japanese War, in: Russian Review 67:1 (2008), S. 50-69.

Dennett, Tyler: Roosevelt and the Russo-Japanese War. Garden City 1925.
Der Russisch-Japanische Krieg, Beihefte zur Marine-Rundschau. Berlin 1904.
Dickinson, Frederick R.: Commemorating the War in Post-Versailles Japan, in: Steinberg, John W. u. a. (Hg.): The Russo-Japanese War in Global Perspective. World War Zero Bd. 1, History of Warfare Bd. 29. Leiden u. a. 2005, S. 523-543.
Die Verpflegung des russischen Mandschureiheeres, in: Vierteljahrshefte für Truppenführung und Heereskunde 3:4 (1906), S. 657-666.
Doleac, Charles B.: An Uncommon Commitment to Peace: Portsmouth Peace Treaty 1905. Portsmouth 2006.
Driant, Émile-Cyprien: L'invasion jaune. La mobilisation sino-japonaise. Paris 1909.
Duus, Peter: The Takeoff Point in Japanese Imperialism, in: Wray, Harry u. Convoy, Hilary (Hg.): Japan Examined: Perspectives on Modern Japanese History. Honolulu 1983, S. 153-157.
Dyke, Carl van: Russian Imperial Military Doctrine and Education, 1832-1914. New York 1990.
Earl Brooke, Leopold: An Eye-Witness in Manchuria. London 1905.
Eberspaecher, Cord: The Road to Jutland? The War and the Imperial German Navy, in: Kowner, Rotem (Hg.): The Impact of the Russo-Japanese War. London u. a. 2007, S. 290-305.
Edström, Bert: Japan's Fight for Great Power Status in the Meiji Period. Stockholm 1989).
Ehlert, Hans et. al.: Introduction: The Historiography of Schlieffen and the Schlieffen Plan, in: Ehlert, Hans u. a. (Hg.): The Schlieffen Plan: International Perspectives on the German Strategy for World War I. Lexington 2014, S. 1-16.
Elman, Benjamin: The 'Rise' of Japan and the 'Fall' of China after 1895, in: Zheng Yangwen (Hg.): The Chinese Chameleon Revisited: From the Jesuits to Zahng Yimou. Newcastle upon Tyne, S. 143-171.
Esthus, Raymond A.: The Taft-Katsura Agreement—Reality or Myth? in: Journal of Modern History 31:1 (1959), S. 46-51.
Esthus, Raymond A.: Theodore Roosevelt and Japan. Seattle u. a. 1966.
Esthus, Raymond A.: Nicholas II and the Russo-Japanese War, in: Russian Review 40:4 (1981), S. 396-411.
Falkenhausen, General der Infanterie z.D. Frhr. v.: Angriff und Verteidigung, in: Vierteljahrshefte für Truppenführung und Heereskunde 3:2 (1906), S. 383-414.
Falls, Cyrill: A Hundred Years of War, 1850-1950, 3. Aufl. New York 1967.
Fält, Olavi K./Kujala, Antti: Preface, in: Akashi Motojirô: Rakka ryûsui. Colonel Akashi's Report on His Secret Cooperation with the Russian Revolutionary Parties during the Russo-Japanese War, üs. von Inaba Chiharu und hggv. Olavi K. Fält und Antti Kujala. Helsinki, 1988, S. 5-7.
Fält, Olavi K.: The Influence of Finnish-Japanese Cooperation during the Russo-Japanese War on Relations between Finland and Japan in 1917-1944, in: Akashi Motojirô: Rakka ryûsui. Colonel Akashi's Report on His Secret Cooperation with the Russian Revolutionary Parties during the Russo-Ja-

panese War, üs. von Inaba Chiharu und hggv. Olavi K. Fält und Antti Kujala. Helsinki, 1988, S. 177-196.

Ferguson, Duncan Stuart: 'Splendid Allies' or 'No more Deadly Enemies in the World?' General Sir Ian Hamilton, the British Military and Japan 1902–1914, in: Journal of the Royal Asiatic Society of Great Britain & Ireland 20:4 (2010), S. 523-536.

Filippova, Tatiana: Images of the Foe in the Russian Satirical Press, in: Steinberg, John W. u. a. (Hg.): The Russo-Japanese War in Global Perspective. World War Zero Bd. 1, History of Warfare Bd. 29. Leiden u. a. 2005, S. 411-424.

Foley, Robert T.: The Schlieffen Plan – A War Plan, in: Ehlert, Hans u. a. (Hg.): The Schlieffen Plan: International Perspectives on the German Strategy for World War I. Lexington 2014, S. 67-83.

Frankel, Jonathan: The War and the Fate of the Tsarist Autocracy, in: Kowner, Rotem (Hg.): The Impact of the Russo-Japanese War. London u. a. 2007, S. 54-77.

Französisches Außeniministerium (Hg): Documents Diplomatiques Francais (1871-1914), 1901-1911. Paris 1930-1955.

Futrell, Michael: Northern Underground: Episodes of Russian Revolutionary Transport and Communications through Scandinavia and Finland 1863-1917. London 1963.

Futrell, Michael: Colonel Akashi and Japanese Contacts with Russian Revolutionaries in 1904-5, in: Far East Asian Affairs 4 (1967), S. 7-22.

Gaimusho (Hg): Komura Gaikoshi (Geschichte der Diplomatie Komuras), 3 Bde. Tokio 1953.

Gapon, George: The Story of My Life. New York 1906.

Gatrell, Peter: After Tsushima: Economic and Administrative Aspects of Russian Naval Rearmament, 1905-1913, in: The Economic History Review, New Series, 43:2 (1990), S. 255-270.

Gluck, Carol: Japan's Modern Myths: Ideology in the Late Meiji Period. Princeton 1985.

Goldfrank, David: Crimea Redux? On the Origings of the War, in: Steinberg, John W. u. a. (Hg.): The Russo-Japanese War in Global Perspective. World War Zero Bd. 1, History of Warfare Bd. 29. Leiden u. a. 2005, S. 87-101.

Goltz, Hauptmann Frhr. v. der: Rußlands mittelasiatische Stellung, in: Vierteljahrshefte für Truppenführung und Heereskunde 3:2 (1906), S. 191-230.

Griffis, William Elliot: Japanese Victories: Are They a Menace or a Blessing, in: Evening Star (29. Oktober 1905), S. 5-6.

Gross, Gerhard P.: There Was a Schlieffen Plan: New Sources on the History of German Military Planning, in: Ehlert, Hans u. a. (Hg.): The Schlieffen Plan: International Perspectives on the German Strategy for World War I. Lexington 2014, S. 85-136.

Haldane, A. L.: Fourth Japanese Army. Operations from the Date of its Disembarkation in Manchuria to the 31st July 1904, in The Russo-Japanese War. Reports from British Officers Attached to the Japanese and Russian Forces in the Field, Bd. 1. London 1908, S. 106-134.

Hale, John Richard: Famous Sea Fights. From Salamis to Tsu-Shima. Boston 1911, http://www.gutenberg.org/files/25088/25088-h/25088-h.htm (acc. 20.9.2015).

Hamilton, Ian: A Staff Officer's Scrap-book during the Russo-Japanese war, 2 Bde. London 1905-1907.

Hara Keiichirō (Hg.): Hara Takashi nikki (Das Tagebuch von Hara Takashi), 3 Bde. Tokio 1981.

Harcave, Sidney: Count Sergei Witte and the Twilight of Imperial Russia: A Biography. Armonk, NY 2004.

Heidt, Barbara: „Japanese" in Russian Literature: Transforming Identities, in: Rimer, Thomas (Hg.): A Hidden Fire: Russian and Japanese Cultural Encounters, 1868-1926. Stanford 1995, S.170-183.

Henning, Jospeh M.: White Mongols? The War and American Discourses on Race and Religion, in: Kowner, Rotem (Hg.): The Impact of the Russo-Japanese War. London u.a. 2007, S. 153-166.

Heyman, Neil M.: Leon Trotsky's Military Education: From the Russo-Japanese War to 1917, in: The Journal of Modern History 48:2 (1976), S. 71-98.

Higashi Ajia Kindaishi Gakkai (Hg.): Nichi-Ro Sensō to Higashi Ajia sekai (Der Russisch-Japanische Krieg und die ostasiatische Welt). Tokio 2008.

Hildebrand, Klaus: „Eine neue Ära der Weltgeschichte". Der historische Ort des Russisch-Japanischen Krieges 1904/05, in: Kreiner, Josef (Hg.): Der Russisch-Japanische Krieg (1904/05). Göttingen 2005, S. 27-51.

Hildebrand, Klaus: The Sword and the Scepter: The Powers and the European System before 1914, in: Ehlert, Hans u.a. (Hg.): The Schlieffen Plan: International Perspectives on the German Strategy for World War I. Lexington 2014, S. 17-41.

Hirono Yoshihiko: Kuropatokin Nihon Nikki ni tsuite (Über Kuropatkins japanisches Tagebuch), in: Nichi-Ro Sensō Kenkyūkai (Hg.): Nichi-Ro Sensō Kenkyū no Shin-shiten (Neue Forschungsperspektiven zum Russisch-Japanischen Krieg). Yokohama 2005, S. 31-45.

Hitsman, J. Mackay/Morton, Desmond: Canada's First Military Attaché: Capt. H. C. Thacker in the Russo-Japanese War, in: Military Affairs 34:3 (1970), S. 82-84.

Hockley, Allen/Ercison, Steven: Introduction, in: Hockley, Allen/Ercison, Steven (Hg.): The Treaty of Portsmouth and Its Legacies. Hanover, NH 2008, S. 1-7.

Holmes, Terence: The Reluctant March on Paris: A Reply to Terence Zuber's „The Schlieffen Plan Reconsidered", in: War in History 8:2 (2001), S, 208-232.

Holmes, Terence: The Real Thing: A Reply to Terence Zuber's „Terence Holmes Reinvents the Schlieffen Plan", in: War in History 9:1 (2002), S, 111-120.

Holmes, Terence: Asking Schlieffen: A Further Reply to Terence Zuber, in: War in History 10:4 (2003), S. 464-479.

Honda Kumatarō: Tamashii no gaikō (Die Diplomatie Komura Jutarōs). Tokio 1941.

Hopman, Albert: Das Logbuch eines deutschen Seeoffiziers. Berlin 1924.

Hopman, Albert: Das ereignisreiche Leben eines "Wilhelminers": Tagebücher, Briefe, Aufzeichnungen, hggv. M. Epkenhans. München 2004.

Howland, Douglas: Sovereignty and the Laws of War: International Consequences of Japan's 1905 Victory over Russia, in: Law and History Review 29:1 (2011), S. 53-97.

Howland, C. V.: First Japanese Army. The Battle of the Ya-Lu; lecture given by a Japanese General Staff Officer, with remarks by Lieut.-General Sir Ian Hamilton, in: Steinberg, John W. u. a. (Hg.): The Russo-Japanese War in Global Perspective. World War Zero Bd. 1, History of Warfare Bd. 29. Leiden u. a. 2005, S. 15-22.

Ikeda K.: Japanese Strategy and the Pacific War, 1941-5, in: Nish, Ian (Hg.): The Anglo-Japanese Alienation, 1919-1952. Cambridge 1982, S.125-146.

Inaba Chiharu: Akashi's Career, in: Akashi Motojirô: Rakka ryûsui. Colonel Akashi's Report on His Secret Cooperation with the Russian Revolutionary Parties during the Russo-Japanese War, üs. von Inaba Chiharu und hggv. Olavi K. Fält und Antti Kujala. Helsinki, 1988, S. 17-20.

Inaba Chiharu: An Explanatory Note on Rakka ryûsui, in: Akashi Motojirô: Rakka ryûsui. Colonel Akashi's Report on His Secret Cooperation with the Russian Revolutionary Parties during the Russo-Japanese War, üs. von Inaba Chiharu und hggv. Olavi K. Fält und Antti Kujala. Helsinki, 1988, S. 11-16.

Inaba Chiharu: The Politics of Subversion. Japanese Aid to Opposition Groups in Russia during the Russo-Japanese War, in: Akashi Motojirô: Rakka ryûsui. Colonel Akashi's Report on His Secret Cooperation with the Russian Revolutionary Parties during the Russo-Japanese War, üs. von Inaba Chiharu und hggv. Olavi K. Fält und Antti Kujala. Helsinki, 1988, S. 69-84.

Iwamoto, Kenji u. Kuroda-Baskett, Dariko: Emperor Meiji and the Great Russo-Japanese War-Nostalgia and Restoration in Ōkura Mitsugu's "Emperor Film", in: *Review of Japanese Culture and Society* 21 (2009): Unfinished Business: The Endless Postwar in Japanese Cinema and Visual Culture, S. 33-49.

Iznanka revolutsii: Vooruzhennoe vosstanie v Rossii na yaponskie sredstva, St. Petersburg 1906.

Jacob, Frank: Vom kriegsentscheidenden Faktor zum Sinnbild antiquierter Kriegsführung – Pferde im Burenkrieg und im Russisch-Japanischen Krieg, in: Jacob, Frank (Hg.): Pferde in der Geschichte, Darmstadt (im Druck).

Jacob, Frank: Anti-Russian Secret Actions – The Kokuryūkai and the Russo-Japanese War, in: Altre Modernità 11 (2014), S. 111-119.

Jacob, Frank: Polen und der Russisch-Japanische Krieg – Der japanische Geheimdienst und die polnische Unabhängigkeitsbewegung, in: Altieri, Riccardo u. Jacob, Frank (Hg.): Spielball der Mächte – Beiträge zur polnischen Geschichte. Bonn 2014, S. 165-183.

Janson, August von: Das Zusammenwirken von Heer und Flotte im russisch-japanischen Kriege 1904/5. Berlin 1905.

Japanese Losses in the War, in: The British Medical Journal 1:2371 (1906), S. 1360-1361.

Jusserand, Jean Jules: What Me Befell: The Reminiscences of J.J. Jusserand. Boston 1933.

Katō Yōko: Sensō no ronri: Nichi-Ro sensō kara taiheiyō sensō made (Die Logik des Krieges: Vom Russisch-Japanischen Krieg bis zum Pazifikkrieg). Tokio 2005.

Katō Yōkō: What Caused the Russo-Japanese War – Korea or Manchuria, in: Social Science Japan Journal 10:1 (2007), S. 95-103.

Kawashima, Shin: Nichi-Ro Sensō to Chūgoku no chūritsu mondai (Der Russisch-Japanische Krieg und das Problem der chinesischen Neutralität), in: Gunji-shi Gakkai (Hg.) Nichi-Ro Sensō (Der Russisch-Japanische Krieg), Bd. 1. Tokio 2005, S. 79-96.

Kentaro Kaneko: The Yellow Peril is the Golden Opportunity for Japan, in: North American Review 179 (1904), S. 641-648.

Kennan, George: War by Prearrangement, in: Outlook 77 (13. August 1904).

Kennan, George: A Japanese Naval School, in: Outlook 77 (27. August 1904).

Kennan, George: Japanese Tea-Houses and Russian Prisoners, in: Outlook 78 (10. September 1904).

Kennedy, M.: The Military Side of Japanese Life. London 1924.

Kirby, David: „En munsbit, hvilken af Ryssen utslukades." Independence as Ideal and Reality in Finland, in: Hecker-Stampehl, Jan u. a. (Hg.): 1809 und die Folgen. Finnland zwischen Schweden, Russland und Deutschland. Berlin 2011, S. 143-154.

Kipp, Jacob W.: Soviet Military Doctrine and the Origins of Operational Art, 1917-1936, in: Frank, Willard C. u. Gillette, Philip S. (Hg.): Soviet Military Doctrine from Lenin to Gorbachev, 1915-1991. Westport, CT 1992, S. 85-132.

Kokoshin, Andrei A.: Soviet Strategic Thought, 1917-91. Cambridge, MA/ London 1999.

Kokovtsov, Vladīmīr Nikolaevich: Out of My Past: The Memoirs of Count Kokovtsov. Stanford 1935.

Komori Tokuji: Akashi Motojirô, 2 Bde., Tokio 1928.

Konishi Sho: Translingual World Order: Language without Culture in Post-Russo-Japanese War Japan, in: The Journal of Asian Studies 72:1 (2013), S. 91–114.

Kowner, Rotem: Becoming an Honorary Civilized Nation: Remaking Japan's Military Image During the Russo-Japanese War, 1904-1905,
http://www.mconway.net/page1/page14/files/Russo%20Japanese%20War.pdf (acc. 24.06.2015).

Kowner, Rotem: Between a Colonial Clash and World War Zero: The Impact of the Russo-Japanese War in a Global Perspective, in: Kowner, Rotem (Hg.): The Impact of the Russo-Japanese War. London u. a. 2007, S. 1-25.

Kowner, Rotem: The Impact of the War on Naval Warfare, in: Kowner, Rotem (Hg.): The Impact of the Russo-Japanese War. London u. a. 2007, S. 269-289.

Kowner, Rotem: The War as a Turning Point in Modern Japanese History, in: Kowner, Rotem (Hg.): The Impact of the Russo-Japanese War. London u. a. 2007, S. 29-46.

Kreiner, Josef: Der Ort des Russisch-Japanischen Krieges in der japanischen Geschichte, in: Kreiner, Josef (Hg.): Der Russisch-Japanische Krieg (1904/05). Göttingen 2005, S. 53-76.

Kublin, Hyman: The Japanese Socialists and the Russo-Japanese War, in: The Journal of Modern History 22:4 (1950), S. 322-339.

Kujala, Antti: March Separately – Strike Together. The Paris and Geneva Conferences Held by the Russian and Minority Nationalities' Revolutionary and Opposition Parties, 1904-1905, in: Akashi Motojirô: Rakka ryûsui. Colonel Akashi's Report on His Secret Cooperation with the Russian Revolutionary Parties during the Russo-Japanese War, üs. von Inaba Chiharu und hggv. Olavi K. Fält und Antti Kujala. Helsinki, 1988, S. 85-167.

Kujala, Antti: The Letters of Colonel Akashi and His Aide Major Nagao Preserved in Finland and Sweden, in: Akashi Motojirô: Rakka ryûsui. Colonel Akashi's Report on His Secret Cooperation with the Russian Revolutionary Parties during the Russo-Japanese War, üs. von Inaba Chiharu und hggv. Olavi K. Fält und Antti Kujala. Helsinki, 1988, S. 169-175.

Kujala, Antti: The Japanese General Staff and the Issue of Concerted Anti-Government Action in the Russian Empire, in: Steinberg, John W. u. a. (Hg.): The Russo-Japanese War in Global Perspective. World War Zero Bd. 1, History of Warfare Bd. 29. Leiden u. a. 2005, S. 261-280.

Kuropatkin, Aleksej: The Russian Army and the Japanese War, 2 Bde. London 1909.

Kusber, Jan: Der russisch-japanische Krieg 1904-1905 in Publizistik und Historiographie: Anmerkungen zur Literatur über den „kleinen siegreichen Krieg", in: Jahrbücher für Geschichte Osteuropas 42:2 (1994), S. 217-234.

Kusber, Jan: Russian Forces and the German Buildup at the Outbreak of World War I, in: Ehlert, Hans u. a. (Hg.): The Schlieffen Plan: International Perspectives on the German Strategy for World War I. Lexington 2014, S. 247-260.

Laffan, Michael: Tokyo as a Shared Mecca of Modernity: War Echoes in the Colonial Malay World, in: Kowner, Rotem (Hg.): The Impact of the Russo-Japanese War. London u. a. 2007, S. 219-238.

Lensen, George Alexander: Japan and Tsarist Russia – the Changing Relationships, 1875-1917, in: Jahrbücher für Geschichte Osteuropas 10:3 (1962), S. 337-348.

Lensen, Geroge Alexander (Hg.): Korea and Manchuria between Russia and Japan, 1895-1904: The Observations of Sir Ernest Satow. Tokio 1966.

Lepsius, Johannes u. a. (Hg.): Die Große Politik der Europäischen Kabinette 1871-1914. Sammlung der Diplomatischen Akten des Auswärtigen Amtes. Berlin 1922-1927).

Levitskii, N. A.: Russko-Iaponskaia voina 1904-1905 gg. Moskau 1936.

Li Narangoa, The Power of Imagination: Whose Northeast and Whose Manchuria?, in: Inner Asia 4:1 (2002), S. 3-25.

Lieven, Dominic/Papastratigakis, Nicholas: The Russian Far Eastern Squadron's Operational Plan, in: Steinberg, John W. u. a. (Hg.): The Russo-Japanese War in Global Perspective. World War Zero Bd. 1, History of Warfare Bd. 29. Leiden u. a. 2005, S. 203-227.

London, Jack: Japanese Officers Consider Everything a Military Secret, in: San Francisco Examiner (26. Juni 1904).

Lone, Stewart: The Japanese Military during the Russo-Japanese War, 1904-05: A Reconsideration of Command Politics and Public Images, in: Aspects of the Russo-Japanese War, Suntory Center Discussion Paper No. IS/98/351 (Juli 1998), S. 3-18.

Lone, Stewart: Japan's First Modern War. Army and Society in the Conflict with China, 1894-95. London 1994.

Long, James: Franco-Russian Relations during the Russo-Japanese War, in: The Slavonic and East European Review 52:127 (1974), S. 213-233.

Lothes, Hauptmann: Befestigte Flottenstützpunkte am Beispiel der Kwantung-Halbinsel (Port Arthur 1898-1904), in: Vierteljahreshefte für Truppenführung und Heereskunde 7 (1905), S. 556-577.

Lukoianov, Igor V.: The Bezobrazovtsky, in: Steinberg, John W. u. a. (Hg.): The Russo-Japanese War in Global Perspective. World War Zero Bd. 1, History of Warfare Bd. 29. Leiden u. a. 2005, S. 65-86.

Lukoianov, Igor V.: The Portsmouth Peace, in: Hockley, Allen/Ercison, Steven (Hg.): The Treaty of Portsmouth and Its Legacies. Hanover, NH 2008, S. 41-61.

Luntinen, Pertti/Menning, Bruce W.: The Russian Navy at War, 1904-05, in: Steinberg, John W. u. a. (Hg.): The Russo-Japanese War in Global Perspective. World War Zero Bd. 1, History of Warfare Bd. 29. Leiden u. a. 2005, S. 229-259.

MacDonald, Claude: The Japanese Detachment during the Defence of the Peking Legations 1900, in: Transactions and Proceedings of the Japan Society 12 (1913), S. 2-20.

Mahan, Alfred T.: The Influence of Sea Power Upon History. Boston 1918.

May, Ernest R.: The Far Eastern Policy of the United States in the Period of the Russo-Japanese War: A Russian View, in: The American Historical Review 62:2 (1957), S. 345-351.

Marks, Steven G.: 'Bravo, Brave Tiger of the East!'. The Russo-Japanese War and the Rise of Nationalism in British Egypt and India, in: Steinberg, John W. u. a. (Hg.): The Russo-Japanese War in Global Perspective. World War Zero Bd. 1, History of Warfare Bd. 29. Leiden u. a. 2005, S. 609-627.

Martynov, E. I. Iz pechal'nogo opyta Russko-Iaponskoi voiny. St. Petersburg 1906.

Matsui Masato: The Russo-Japanese Agreement of 1907: Its Causes and the Progress of Negotiations, in: Modern Asian Studies 6:1 (1972), S. 33-48.

Matsukata Yoshihisa Tak: Human Bullets, General Nogi, and the Myth of Port Arthur, in: Steinberg, John W. u. a. (Hg.): The Russo-Japanese War in Global Perspective. World War Zero Bd. 1, History of Warfare Bd. 29. Leiden u. a. 2005, S. 179-201.

Matsumura Masayoshi: Nichi-Ro Sensõ to Kaneko Kentarõ: kõhõ gaikõ no kenkyū (Kaneko Kentarõ und der Russisch-Japanische Krieg). Tokio 1987.

Matsumoto Uhei, Shizen no hito Komura Jutarō (Der Mensch Komura Jutarō) Tokio 1914.

McCully, Newton A.: The McCully Report: The Russo Japanese War, 1904-05. Annapolis 1977.

McDonald, David: Tsushima's Echoes: Asian Defeat and Tsarist Foreign Policy, in: Steinberg, John W. u. a. (Hg.): The Russo-Japanese War in Global Perspective. World War Zero Bd. 1, History of Warfare Bd. 29. Leiden u. a. 2005, S. 545-563.

Menning, Bruce: Bayonets Before Bullets: The Imperial Russian Army, 1861-1914. Bloomington 1992.

Menning, Bruce W./Steinberg, John W.: Lessons Lessened: The Near-Term Military Legacy of 1904-5 in Imperial Russia, in: Hockley, Allen/Ercison, Steven (Hg.): The Treaty of Portsmouth and Its Legacies. Hanover, NH 2008, S. 77-97.

Menning, Bruce W.: Neither Mahan nor Moltke: Strategy in the Russo-Japanese War, in: Steinberg, John W. u.a. (Hg.): The Russo-Japanese War in Global Perspective. World War Zero Bd. 1, History of Warfare Bd. 29. Leiden u.a. 2005, S. 129-156.

Metcalfe, Richard L.: Who Feel Great Truths and Tell Them, in: The Commoner (10. November 1905).

Mikhailovich, Grand Duke Aleksandr: Once a Grand Duke. New York 1932.

Military Correspondent of The Times: The War in the Far East 1904-1905. New York 1905.

Miller, Edward S.: Japan's other Victory: Overseas Financing of the Russo-Japanese War, in: Steinberg, John W. u.a. (Hg.): The Russo-Japanese War in Global Perspective. World War Zero Bd. 1, History of Warfare Bd. 29. Leiden u.a. 2005, S. 465-483.

Mombauer, Annika: The Moltke Plan: A Modified Schlieffen Plan with Identical Aims?, in: Ehlert, Hans u.a. (Hg.): The Schlieffen Plan: International Perspectives on the German Strategy for World War I. Lexington 2014, S. 43-65.

Morison, Elting E. (Hg.): The Letters of Theodore Roosevelt, 8 Bde. Cambridge, MA 1951-1954.

Mosolov, A. A.: At the Court of the Last Tsar: Being the Memoirs of A. A. Mossolov. London 1935.

Negrier, François Oscar de: Lessons of the Russo-Japanese War. London 1906.

Neznamov, Aleksandr A.: Iz opyta Russko-iaponskoi voiny (Zametki ofitsera general'nogo shtaba). St. Petersburg 1906.

Nish, Ian: The Origins of the Russo-Japanese War. London 1985.

Nish, Ian: China and the Russo-Japanese War, in: On the Periphery of the Russo-Japanese War, Part I, Suntory Center Discussion Paper No. IS/04/475 (April 2004), S. 1-16.

Nish, Ian: Stretching out the Yalu: A contested Frontier, 1900-1903, in: Steinberg, John W. u.a. (Hg.): The Russo-Japanese War in Global Perspective. World War Zero Bd. 1, History of Warfare Bd. 29. Leiden u.a. 2005, S. 45-64.

Nish, Ian: The Russo-Japanese War: Planning, Performance and Peace-Making, in: Kreiner, Josef: Der Russisch-Japanische Krieg (1904/05). Göttingen 2005, S. 11-25. Oleinikov, Dmitrii: The War in Russian Historical Memory, in: Steinberg, John W. u.a. (Hg.): The Russo-Japanese War in Global Perspective. World War Zero Bd. 1, History of Warfare Bd. 29. Leiden u.a. 2005, S. 509-522.

Numata Takazō: Nichi-Ro rikusen shinshi (Neue Geschichte der Landschlachten des Russisch-Japanischen Krieges). Tokio 2004.

Okamoto Shumpei: The Japanese Oligarchy and the Russo-Japanese War. New York 1970.

Okuma Shigenobu: Japanese Problems, in: North American Review 180 (1905), S. 161-165.
Ortner, M. Christian: Die Kriegs- und Aufmarschpläne Österreich-Ungarns, Deutschlands, Frankreichs und Russlands im Juli 1914, in: Karner, Stefan/ Lesiak, Philipp (Hg.): Erster Weltkrieg: Globaler Konflikt – Lokale Folgen – Neue Perspektiven. Innsbruck u. a. 2014, S. 45-61.
Otte, Thomas G.: The Fragmenting of the Old World Order: Britain, the Great Powers, and the War, in: Kowner, Rotem (Hg.): The Impact of the Russo-Japanese War. London 2007, S. 91-108.
Ōyama Azusa (Hg.): Yamagata Aritomo ikensho (Die gesammelten Gedanken Yamagata Aritomos).Tokio 1966.
Papastratagakis, Nicholas: Russian Imperialism and Naval Power: Military Strategy and the Build-Up to the Russo-Japanese War. London 2011.
Parsons, Edward B.: Roosevelt's Containment of the Russo-Japanese War, in: Pacific Historical Review 38:1 (1969), S. 21-44.
Partner, Simon: Peasants into Citizens? The Meiji Village in the Russo-Japanese War, in: Monumenta Nipponica 62:2 (2007), S. 179-209.
Pavlov, Dimitrii B.: Japanese Money and the Russian Revolution, 1904-1905, in: Acta Slavica Iaponica 11 (1993), S. 79-87.
Peters, Carl: Der Friede zwischen Japan und Rußland, in: Gesammelte Schriften, Bd. 3. München 1944, S. 366-369.
Peters, Carl: Der Ostasiatische Krieg und Europa, in: Gesammelte Schriften, Bd. 3. München 1944, S. 345-350.
Peters, Carl: Deutschland und die Mächte, in: Gesammelte Schriften, Bd. 3. München 1944, S. 340-344.
Plamper, Jan: Fear: Soldiers and Emotion in Early Twentieth-Century Russian Military Psychology, in: Slavic Review 68:2 (2009), S. 259-283.
Podoler, Guy/Robinson, Michael: On the Confluence of History and Memory: The Significance of the War for Korea, in: Kowner, Rotem (Hg.): The Impact of the Russo-Japanese War. London 2007, S. 183-198.
Pollock, A. W. A.: The Russo-Japanese War: Its Lessons for Great Britain and the United States, in: The North American Review 180:579 (1905), S. 243-248.
Polmann, Hans: Der Küstenkrieg und das strategische Zusammenwirken von Heer und Flotte im russisch-japanischen Kriege 1904/05. Berlin 1912.
Quincy, Josiah: Japan's Magnanimity Challenges the World's Admiration, in: The San Juan Islander, (16. Dezember 1905), S. 4.
Ragsdale, Kathryn: Marriage, the Newspaper Business, and the Nation-State: Ideology in the Late Meiji Serialized Katei Shōsetsu, in: Journal of Japanese Studies 24:2 (1998), S. 229-255.
Rawlinson, John L.: China's Struggle for Naval Development, 1839-1895. Cambridge, MA 1967.
Regan, Geoffrey: The Guinness Book of Decisive Battles. New York 1992.
Reventlow, Ernst: Der russisch-japanische Krieg: Armeeausgabe. Berlin 1906.
Rodell, Paul A.: Inspiration for Nationalist Aspirations? Southeast Asia and the 1905 Japanese Victory, in: Steinberg, John W. u. a. (Hg.): The Russo-Japanese War in Global Perspective. World War Zero Bd. 1, History of Warfare Bd. 29. Leiden u. a. 2005, S. 629-654.

Roosevelt, Theodore: An Autobiography. New York 1920.

Roxby, Percy M.: The Far Eastern Question in its Geographical Setting. II. – Outlines of the Historical Geography of the Far East from 1850 to the Russo-Japanese War (Continued), in: The Geographical Teacher 10:4 (1920), S. 142-150.

Sablinsky, Walter: The Road to Bloody Sunday: Father Gapon and the St. Petersburg Massacre of 1905. Princeton 1976.

Sakurai Tadayoshi: Human Bullets. A Soldier's Story of Port Arthur (Boston/ New York: Houghton, Mifflin and Company, 1907).

Sareen, T. R.: India and the War, in: Kowner, Rotem (Hg.): The Impact of the Russo-Japanese War. London u. a. 2007, S. 239-250.

Saul, Norman E.: The Kittery Peace, in: Steinberg, John W. u. a. (Hg.): The Russo-Japanese War in Global Perspective. World War Zero Bd. 1, History of Warfare Bd. 29. Leiden u. a. 2005, S. 485-507.

Schattenberg, Susanne: Die Sprache der Diplomatie oder Das Wunder von Portsmouth. Überlegungen zu einer Kulturgeschichte der Außenpolitik, in: Jahrbücher für Geschichte Osteuropas 56:1 (2008), S. 3-26.

Schencking, J. Charles: Interservice Rivalry and Politics in Post-War Japan, in: Steinberg, John W. u. a. (Hg.): The Russo-Japanese War in Global Perspective. World War Zero Bd. 1, History of Warfare Bd. 29. Leiden u. a. 2005, S. 565-590.

Scherr, Barry P.: The Russo-Japanese War and the Russian Literary Imagination, in: Steinberg, John W. u. a. (Hg.): The Russo-Japanese War in Global Perspective. World War Zero Bd. 1, History of Warfare Bd. 29. Leiden u. a. 2005, S. 425-446.

Schiffrin, Harold Z.: The Impact of the War on China, in: Kowner, Rotem (Hg.): The Impact of the Russo-Japanese War. London u. a. 2007, S. 169-182.

Schimmelpenninck van der Oye, David: The Immediate Origins of the War, in: Steinberg, John W. u. a. (Hg.): The Russo-Japanese War in Global Perspective. World War Zero Bd. 1, History of Warfare Bd. 29. Leiden u. a. 2005, S. 23-44.

Schimmelpenninck van der Oye, David: Rewriting the Russo-Japanese War: A Centenary Retrospective, in: Russian Review 67:1 (2008), S. 78-87.

Seligmann, Matthew S.: Germany, the Russo-Japanese War, and the Road to the Great War, in: Kowner, Rotem (Hg.): The Impact of the Russo-Japanese War. London u. a. 2007, S. 109-123.

Semenoff, Vladimir: The Russo-Japanese War at Sea 1904-5, 2 Bde. Driffield 2014 [Rasplata, 1909].

Semenoff, Vladimir: The Battle of Tsu-Shima. New York 1917.

Sergeev, Evgeni Yurievich: Russian Military Intelligence in the War with Japan, 1904-1905, in: Steinberg, John W. u. a. (Hg.): The Russo-Japanese War in Global Perspective. World War Zero Bd. 1, History of Warfare Bd. 29. Leiden u. a. 2005, S. 281-304.

Sheffy, Yigal: A Model not to Follow: The European Armies and the Lessons of the War, in: Kowner, Rotem (Hg.): The Impact of the Russo-Japanese War. London u. a. 2007, S. 253-268.

Shichor, Yitzhak: Ironies of History: The War and the Origins of East Asian Radicalism, in Kowner, Rotem (Hg.): The Impact of the Russo-Japanese War. London u.a. 2007, S. 199-218.

Shimomura Fujio: Nichi-Ro Sensō (Der Russisch-Japanische Krieg). Tokio 1966.

Sinkler, George: The Racial Attitudes of American Presidents: From Abraham Lincoln to Theodore Roosevelt. New York 1971.

Sisemore, James D.: The Russo-Japanese War, Lessons not Learned. Masterarbeit U.S. Army Command and General Staff College, Fort Leavenworth, Kansas, 2003.

Shimazu Naoko: Japanese Society at War: Death, Memory, and the Russo-Japanese War. Cambridge 2009.

Shimazu Naoko, 'Love Thy Enemy': Japanese Perceptions of Russia, in: Steinberg, John W. u.a. (Hg.): The Russo-Japanese War in Global Perspective. World War Zero Bd. 1, History of Warfare Bd. 29. Leiden u.a. 2005, S. 365-384.

Shimazu Naoko: Patriotic and Despondent: Japanese Society at War, 1904-5, in: Russian Review 67:1 (2008), S. 34-49.

Shites, Richard: Russian Representations of the Japanese Enemy, in: Steinberg, John W. u.a. (Hg.): The Russo-Japanese War in Global Perspective. World War Zero Bd. 1, History of Warfare Bd. 29. Leiden u.a. 2005, S. 395-410.

Snow, Karen A.: Russian Commercial Shipping and Singapore, 1905-1916, in: Journal of South-east Asian Studies 29:1 (1998), S. 44-62.

Snyder, Jack K.: The Ideology of the Offensive: Military Decision Making and the Disasters of 1914. Ithaca 1984.

Spance, William R.: The Russo-Japanese War: The Emergence of Japanese Imperial Power, in: Journal of Military and Strategic Studies, 6:3 (2004), S. 1-24.

Sprotte, Maik-Hendrik et al. (Hg.): Der Russisch-Japanische Krieg, 1904/05: Anbruch einer neuen Zeit? Wiesbaden 2007.

Stalin, Josef: Über den Großen Vaterländischen Krieg der Sowjetunion, 3. Ausg., Moskau 1946.

Steinberg, Jonathan: Germany and the Russo-Japanese War, in: The American Historical Review 75:7 (1970), S. 1965-1986.

Steinberg, John W.: The Operational Overview, in: Steinberg, John W. u.a. (Hg.): The Russo-Japanese War in Global Perspective. World War Zero Bd. 1, History of Warfare Bd. 29. Leiden u.a. 2005, S. 105-128.

Steinberg, John W.: Was the Russo-Japanese War World War Zero?, in: Russian Review 67:1 (2008), S. 1-7.

Sun Yat-Sen: Memoirs of a Chinese Revolutionary. A Programme of a National Reconstruction for China. Taipei 1953.

Suzuki S.: Notes On Experiences During The Russo-Japanese Naval War, 1904-5, in: The British Medical Journal 2:2339 (1905), S. 1125-1130.

Svechin, A. A.: Strategiia XX veka na pervom etape: Planirovanie voiny i operatsii na sushe i na more v 1904-1905 gg. Moskau 1937.

Teramoto Yasutoshi: Japanese Diplomacy Before and After the War: The Turning Point on the Road to the Pacific War, in: Hockley, Allen/Ercison, Steven

(Hg.): The Treaty of Portsmouth and Its Legacies. Hanover, NH 2008, S. 24-40.

Tettau, Freiherr Eberhard von: Achtzehn Monate beim Heere Russlands, 2 Bde. Berlin 1907-1908.

The Historical Section of the Committee of Imperial Defence (Hg.): Official History of the Russo-Japanese War. 6 Bde. London 1910-1920.

Thorson, Winston B.: Pacific Northwest Opinion on the Russo-Japanese War of 1904-1905, in: The Pacific Northwest Quarterly 35:4 (1944), S. 305-322.

Thorson, Winston B.: American Public Opinion and the Portsmouth Peace Conference, in: The American Historical Review 53:3 (1948), S. 439-464.

Togo Kazuhiko: The Contemporary Implications of the Russo-Japanese War: A Japanese Perspective, in: Hockley, Allen/Ercison, Steven (Hg.): The Treaty of Portsmouth and Its Legacies. Hanover, NH 2008, S. 157-182.

Tokutomi Ichirō (Hg.): Kōshaku Katsura Tarō den (Die Biographie von Katsura Tarō), 3. Bde. Tokio 1917.

Tolstoy's Letter on the Russo-Japanese War, The Advocate of Peace 66:9 (1904), S. 158-159.

Tovy, Tal/Halevi, Sharon: America's First Cold War: The Emergence of a New Rivalry, in: Kowner, Rotem (Hg.): The Impact of the Russo-Japanese War. London u.a. 2007, S. 137-152.

Towle, Philip: British Observers of the Russo-Japanese War, in: Aspects of the Russo-Japanese War, Suntory Center Discussion Paper No. IS/98/351 (Juli 1998), S. 19-28.

Towle, Philip: The Russo-Japanese War and the Defence of India, in: Military Affairs 44:3 (1980), S. 111-117.

Trani, Eugene P./ Davis, Donald E.: Roosevelt and the U.S. Role: Perception Makes Policy, in: Hockley, Allen/Ercison, Steven (Hg.): The Treaty of Portsmouth and Its Legacies. Hanover, NH 2008, S. 62-74.

Trani, Eugene P.: The Treaty of Portsmouth: An Adventure in American Diplomacy. Lexington 1969.

Treves, Frederick: Medical Aspects Of The Russo-Japanese War, in: The British Medical Journal 1:2267 (1904), S. 1395-1396.

Tsuchiya Yoshifuru: Teikoku no tasogare, mikan no kokumin: Nichi-Ro Sensō, Daiichiji kakumei to roshia no shakai (Die Dämmerung eines Imperiums, die unvollendete Nation: Der Russisch-Japanische Krieg, die erste Revolution und die russische Gesellschaft). Tokio 2012.

Ulak, James: Battling Blocks: Representations of the War in Woodblock Art, in: Steinberg, John W. u.a. (Hg.): The Russo-Japanese War in Global Perspective. World War Zero Bd. 1, History of Warfare Bd. 29. Leiden u.a. 2005, S. 385-394.

Valliant, Robert B.: The Selling of Japan: Japanese Manipulation of Western Opinion, 1900-1905, in: Monumenta Nipponica 29:4 (1974), S.415-438.

Venier, Pascal: The Geographical Pivot of History and Early Twentieth Century Geopolitical Culture, in: The Geographical Journal 170, 4 (2004), S. 330-336.

Vernadsky, George (Hg.): A Source Book for Russian History from Early Times to 1917. 3 Bde. New Haven 1972.

Villiers, Frederic: Port Arthur: Three Months with the Besiegers. London 1905.

Voenno-istoricheskaia komissiia po opisaniiu Russko-iaponskoi voiny: Russko-iaponskaia voina 1904 1905 gg., 9 Bde. St. Petersburg 1910-1913.

Wallach, Jehuda L.: The Theories of Clausewitz and Schlieffen and their Impact on the German Conduct of the two World Wars. Westport, CT 1986.

Warner, Denis u. Peggy: The Tide at Sunrise. A History of the Russo-Japanese War, 1904-1905. New York 1974.

Wells, David: The Russo-Japanese War inRussian Literature, in: Wells, David u. Wilson, Sandra (Hg.): The Russo-Japanese War in Cultural Perspective, 1904-05. Houndsmills, 1999, S. 108-133.

White, John A.: The Diplomacy of the Russo-Japanese War. Princeton 1964.

White, John A.: Portsmouth 1905: Peace or Truce? in: *Journal of Peace Research*, 6:4 (1969), S. 359-365.

Wilgus, Mary: After the War - A World Problem, in: The Journal of Education 62:16 (1905), S. 440-441.

Witte, Sergei; Erinnerungen, Berlin 1923, S.239.

Wolff, David: Intelligence Intermediaries: The Competition for Chinese Spies, in: Steinberg, John W. u.a. (Hg.): The Russo-Japanese War in Global Perspective. World War Zero Bd. 1, History of Warfare Bd. 29. Leiden u.a. 2005, S. 305-330.

Wolff, David: Cultural and Social History on Total War's Global Battlefield, in: Russian Review 67:1 (2008), S. 70-77.

Wolff, David: Cultural and Social History on Total War's Global Battlefield, in: Russian Review 67:1 (2008), S. 70-77.

Wolff, David: Riding Rough: Portsmouth, Regionalism, and the Borth of Anti-Americanism in Northeast Asia, in: Hockley, Allen/Ercison, Steven (Hg.): The Treaty of Portsmouth and Its Legacies. Hanover, NH 2008, S. 125-141.

Wrangel, Gustav: The Cavalry in the Russo- Japanese War; Lessons and Critical Considerations. London 1907.

Wright, Donald: 'That Vital Spark': Japanese Patriotism, the Russian Officer Corps and the Lessons of the Russo-Japanese War, in: Steinberg, John W. u.a. (Hg.): The Russo-Japanese War in Global Perspective. World War Zero Bd. 1, History of Warfare Bd. 29. Leiden u.a. 2005, S. 591-608.

Wright, Seppings H. C.: With Togo: The Story of Seven Months' Active Service under His Command. London 1905.

Yi Sunhan: Kankoku no Chūritsu Seisaku to Nichiro Sensō (Koreas Neutralitätspolitik und der Russisch-Japanische Krieg), in: Nichiro Sensō Kenkyūkai (Hg.): *Nichiro Sensō Kenkyū no shin-shiten* (Neue Forschungsperspektiven auf den Russisch-Japanischen Krieg). Yokohama 2005, S. 278–291.

Yokote Shinji: Political Legacies of the Portsmouth Treaty, in: Hockley, Allen/ Ercison, Steven (Hg.): The Treaty of Portsmouth and Its Legacies. Hanover, NH 2008, S. 106-122.

Yomiura Shinbun Shuzaihan: Kenshō Nichi-Ro Sensō (Eine Untersuchung des Russisch-Japanischen Krieges). Tokio 2005.

Zuber, Terence: The Schlieffen Plan Reconsidered, in: War in History 6:3 (1999), S. 262-305.

Zuber, Terence: Terence Holmes Reinvents the Schlieffen Plan, in: War in History 8:4 (2001), S. 468-476.
Zuber, Terence: Inventing the Schlieffen Plan: German War Planning, 1871-1914. Oxfordu. a. 2002.
Zuber, Terence: Terence Holmes Reinvents the Schlieffen Plan – Again, in: War in History 10:1 (2003), S. 222-232.
Zuber, Terence: German War Planning, 1891-1914: Sources and Interpretations. Woodbridge u. a. 2004.
Zuber, Terence: The Schlieffen Plan Was an Orphan, in: War in History 11:2 (2004), S. 220-225.
Zuber, Terence: The Real German War Plan 1904-14. Stroud 2011.

Abbildungsnachweis

1, 2, 9: Arthur Mee, J. A. Hammerton, A. D. Innes: Harmsworth History of the World, 7 Bde., London 1907-1909; 3: Le Petit Journal , 5. Juni 1904; 4: Le Patriote Illustré, 10. Juli 1904; 5: The British Library Board; 6, 11 Library of Congress; 7, 8, 12, 14: tsushima.su; 9 Encyclopedia Britannica (1910/11); 13: www.istpravda.ru; 15: Fotografie Samuel Gilmore Perkins, University of Kentucky; 16: Wikimedia Commons, public domain; 17: Archiv fotografij korablej russkogo i sovetskogo VMF; 18: Mikasa Memorial Museum, Yokosuka; 19: Hälfte einer stereoskopischen Fotografie des Verlags Underwood & Underwood, New York (1905), Library of Congress; 20: Collection of P.H. Proctor. Creative Commons Lizenz CC BY-SA 2.5; 21: www.portsmouthpeace-treaty.org; 22: www.russianshanghai.com; 23: Wikimedia Commons, Vargher. Creative Commons Lizenz CC BY-SA 3.0; 24: Tokyo Watcher at the English language Wikipedia. Creative Commons Lizenz CC BY-SA 3.0

Index